大梁庄村志

《大梁庄村志》编修委员会　编

方志出版社
Publishing House of Local Records

图书在版编目（CIP）数据

大梁庄村志 /《大梁庄村志》编修委员会编 .—北京：方志出版社，2024.1

ISBN 978-7-5144-6212-8

Ⅰ.①大… Ⅱ.①大… Ⅲ.①村史—西青区 Ⅳ.①K292.15

中国国家版本馆 CIP 数据核字（2024）第 016373 号

责任编辑：王海荣
责任校对：张玉霞
责任印制：梅中英
出 版 者：方志出版社
地　　址：北京市朝阳区潘家园东里 9 号（国家方志馆 4 层）
邮　　编：100021
网　　址：http://www.zgfzcb.cn
发　　行：方志出版社图书营销中心（010-67110500）
印　　刷：北京中科印刷有限公司
开　　本：787 毫米 ×1092 毫米 1/16
印　　张：21.5
字　　数：427 千字
版　　次：2024 年 1 月第 1 版
印　　次：2024 年 1 月第 1 次印刷
定　　价：168.00 元

大梁庄村在天津市位置示意图（中北镇镇志办提供）

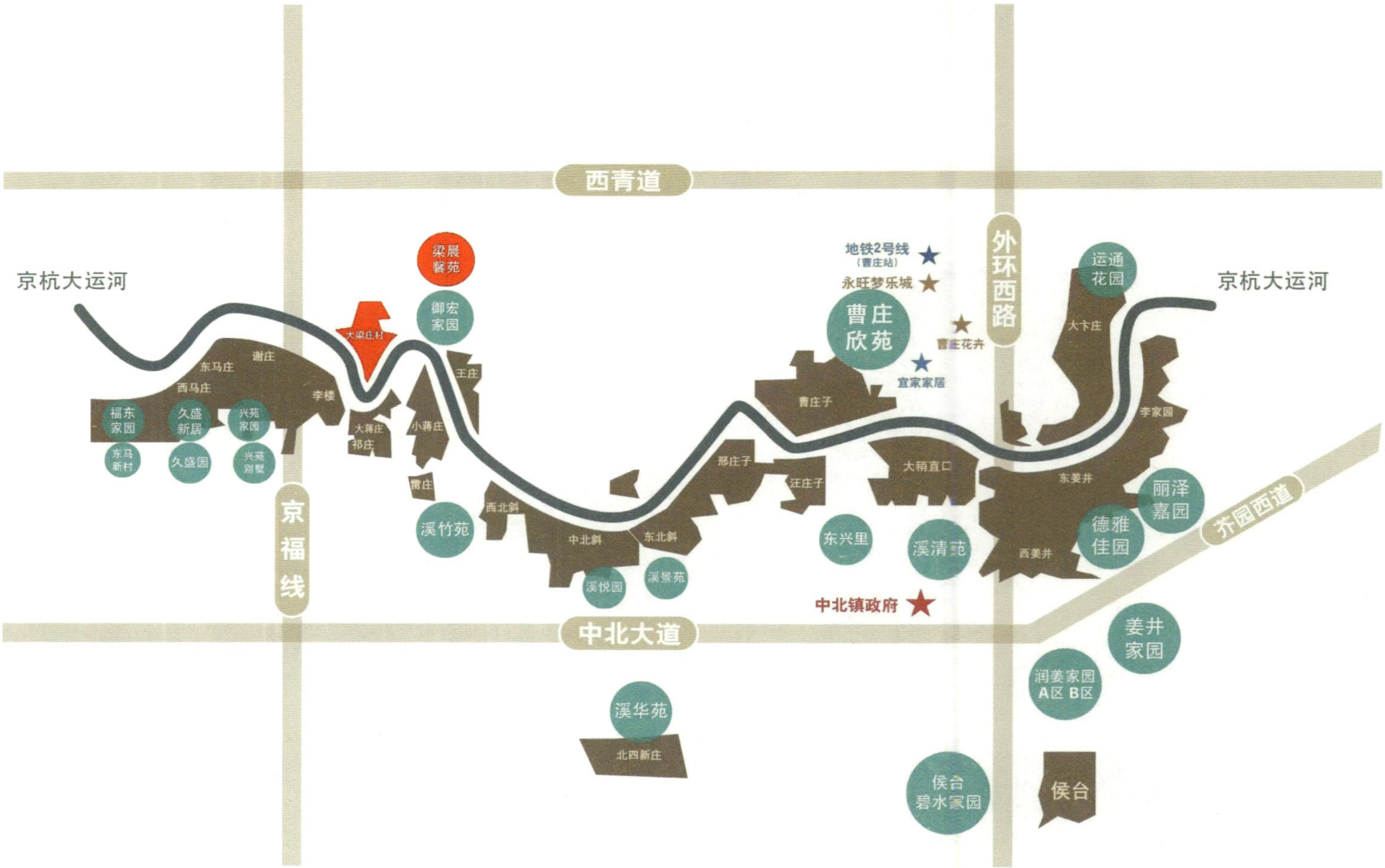

大梁庄村及新居梁晨馨苑在中北镇地理位置图（中北镇镇志办提供）

大梁庄村老村宅鸟瞰图（李淑起摄于 2010 年）

大梁庄村新居——梁晨馨苑（李淑起摄于 2018 年）

梁晨馨苑四季美景（韩宝霞、王学云、李淑起摄于 2018 年）

梁晨馨苑村民健身广场（韩宝霞摄于 2018 年）

梁晨馨苑儿童娱乐广场（韩宝霞摄于 2018 年）

梁晨馨苑 5 万平方米地下车库一角（李冬摄于 2018 年）

大棚内的豆角
（李冬摄于 2010 年）

西红柿（韩宝霞摄于 2010 年）

露地菜花（韩宝霞摄于 2010 年）

玉米（韩宝霞摄于 2010 年）

胡萝卜（李冬摄于 2010 年）

油麦菜（韩宝霞摄于 2010 年）

天津市源鑫鑫电子有限公司
（李冬摄于 2018 年）

天津 NDF 精密模具有限公司
（李冬摄于 2018 年）

天津市华天世纪机械有限公司车间
（韩宝霞摄于 2018 年）

天津市万里汽车车轮工贸有限公司
（韩宝霞摄于 2018 年）

天津市华天世纪机械有限公司（李冬摄于 2018 年）

大梁庄村工业园鸟瞰图（姚景义摄于 2018 年）

大梁庄村合唱团参加中北镇第六届群众歌曲大赛（李淑起摄于 2014 年）

大梁庄村代表队参加中北镇第十一届全民运动会开幕式（李冬摄于 2010 年）

大梁庄村舞蹈队参加西青大舞台演出（邓卫莹摄于 2014 年）

村民在新居梁晨馨苑多功能广场排练舞蹈（王学云摄于 2018 年）

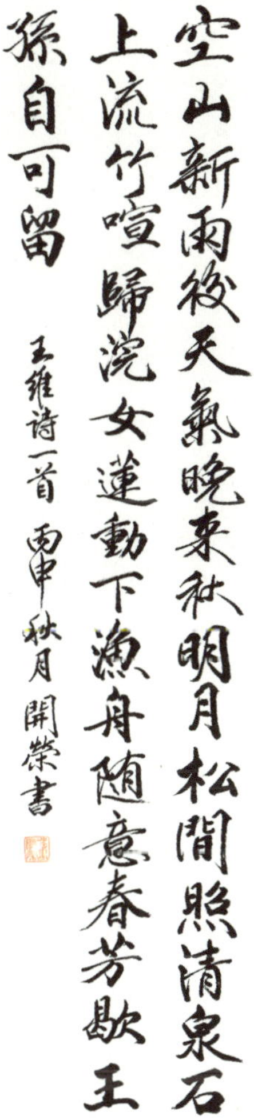

董开荣及其书法作品（韩宝霞摄于 2018 年）

朱凤英及其铅笔画作品（韩宝霞摄于 2018 年）

新党员入党宣誓（陈成宝摄于 2010 年）

领导关怀（李冬摄于 2016 年）

村志编写人员与百岁老人董开弟（右二）座谈（王学云摄于 2017 年）

2006 年，大梁庄村在中北镇第九届全运会上获团体第二名

2006 年，大梁庄村在中北镇第九届
全运会上获五子棋比赛团体二等奖

2013 年，大梁庄村在中北镇第五届
红歌大赛上获二等奖

集体荣誉（韩宝霞摄于 2018 年）

还迁时的笑脸（李淑起摄于 2018 年）

西青区村村建档修志工程领导小组组长及成员单位

组　　长：李　清（2020 年 7 月—　）
　　　　　张　劲（2017 年 3 月至 2019 年 3 月）
副 组 长：齐中波（2021 年 8 月—　）
　　　　　惠　冰（2017 年 3 月至 2019 年 9 月）
　　　　　杜全胜（2019 年 12 月—　）
　　　　　高　艳（2017 年 3 月—　）
成员单位：区档案局　区档案馆　区委督查室
　　　　　区民政局　区农业农村委　区融媒体中心
　　　　　西营门街　李七庄街　杨柳青镇
　　　　　辛口镇　中北镇　张家窝镇
　　　　　精武镇　大寺镇　王稳庄镇

西青区村村建档修志工程领导小组办公室成员

主　　任：孙国春（2017 年 3 月至 2018 年 2 月）
　　　　　林小琳（2018 年 2 月至 2019 年 8 月）
　　　　　杨鸣起（2019 年 8 月—　）
　　　　　李　颍（2020 年 7 月至 2021 年 2 月）
　　　　　许树松（2021 年 3 月—　）
副 主 任：谷大丽（2017 年 3 月至 2018 年 9 月）
　　　　　薛安鲁（2017 年 3 月至 2020 年 8 月）
　　　　　边秀文（2018 年 9 月—　）
　　　　　范秀敏（2020 年 8 月—　）

中北镇村村建档修志工程领导小组组长及成员单位

组　　长： 李宏昌（2021 年 10 月—　）
刘振河（2021 年 7 月至 2021 年 10 月）
李德成（2017 年 4 月至 2018 年 1 月）
林佐维（2018 年 1 月至 2021 年 7 月）

副 组 长： 孙秀山（2021 年 10 月—　）
王炳建（2021 年 7 月至 2021 年 10 月）
李胜润（2017 年 4 月至 2019 年 7 月）
于永梅（2017 年 4 月至 2021 年 7 月）
梁子平（2019 年 7 月—　）
尚　云（2021 年 7 月—　）

成员单位： 党委办公室　政府办公室　档案室
三资服务中心　农服中心　统计办
三产办　民政办　广播站以及各村

领导小组下设办公室，办公室设在镇志办，办公室主任由庞庆燕担任

《大梁庄村志》审验组成员

组　长：李宏昌　刘振河　李德成　林佐维　林小琳
杨鸣起

副组长：孙秀山　王炳建　李胜润　于永梅　梁子平
尚　云　薛安鲁　范秀敏

成　员：王洪海　张绍祖　张　明　谢连华　庞庆燕

《大梁庄村志》编修委员会

主　任：侯树枫（2017 年 4 月至 2018 年 12 月）
赵清海（2019 年 1 月至 11 月）
李　冬（2019 年 12 月—　）

副主任：王学云（2017 年 4 月至 2021 年 4 月）
李玉良（2021 年 4 月—　）

委　员：王学云　杨玉章　李玉良　董学强
李俊生　李　冬　赵清海

《大梁庄村志》编修工作人员

主　　编： 韩宝霞

副 主 编： 姜树林（2017 年 4 月至 2018 年 12 月）

成　　员： 石蕴山　石景起　肖汉阳　范茵树

资料提供： 董学强　崔晓蕊　邓卫莹　李玉良
杨玉章　李明俊　李俊生　李　冬
刘　方　石蕴山　王学云　王明珠

口述提供： 邓建国　董开弟　范茵华　范茵树
李自阳　李加孝　刘桂敏　刘忠苓
石蕴山　石景运　石景起　吴　昱
肖汉阳　张双林　董开来　董玉玲

图照提供： 邓卫莹　韩宝霞　李淑起　李　冬
刘　方　沈普宁　石蕴山　肖汉阳
杨玉章　杨婷婷　于贺江　张瀛方
张春林

序一

村村建档修志工程卷帙浩繁，内容宏富。整个工程历时三载，经广大村志工作者辛勤编纂、精心琢磨，终于付梓出版。这是西青区社会主义精神文明建设的重要成果，体现了全区在文化工程建设、文化自信方面取得的重要成绩，在此，予以祝贺！

村志，是整个方志编写中的一个分支，明代即有了乡村志的雏形。历代政府多注重“官志”的编修，而作为乡土聚落的村志极少在正史典册中出现。自20世纪80年代始，村志的立身及地位逐步得到认同，随着经济社会的不断发展和城乡一体化进程的加快，部分省市的村志编修已在较大范围内开展。但作为一个地区，西青区将“村村建档修志”作为一项系统工程，举全区之力，用三年的时间，在全区162个村庄全面铺开推动，这在全市乃至全国尚属空前。

村村修志工程，是西青区深入贯彻落实习近平新时代中国特色社会主义思想和党的十九大精神的具体实施，是推进乡村振兴和文化强区战略的生动实践，也是全面推动全区档案事业和地方志事业科学发展的一项创新举措。村志编修系统记述了村落发展的变化和改革开放的进程，全面展现了西青区厚重的历史文化底蕴，是认识全区农村社会变革和经济发展的重要途径，为全区“乡村振兴战略”和新型小康村建设提供了历史智慧和现实借鉴。村村修志工程，契合了城市化进程中抢救村落文化，做好文化传承的当前态势；回应了随着经济社会不断发展，广大村民渴望诉说家乡情怀、展现村庄历史的文化需求。这一工程对于铭记历史，“记住乡音、留住乡愁”，激发民众爱乡情怀，必将带来重大而深远的影响。

纵观全志，资料广征博引，据事实录，彰盛事、志伟绩，寓成功得失，分是非曲直，系统反映了各村面貌，是一部部村落发展的百科全书。村志在编修体例上因地制宜、不拘一格，突出时代特点和村情特色；在编写机制上，重视本村人写本村志，同时提倡开门修志，博采众长，广泛吸纳社会专业力量，推动村志编修工作有效开展，创造出一批独具村味乡韵的精品文化成果。这不仅为后人留下了大量珍贵的史料，弥补了正史文献中对村庄记述之缺环，同时也为全区政治、经济和社会的发展提供了强大的精神动力和智力支持。

衷心地感谢方志出版社、天津市志办领导、村志工程各级组织者，各方专业人士以及广大的村志编纂者。“修志问道，以启未来”，区委区政府愿与全区人民以史为鉴、同心同德，与时俱进、开拓创新，用勤劳和智慧创造西青更加美好的未来。

中共天津市西青区委员会
天津市西青区人民政府
2019 年 3 月

序二

《大梁庄村志》历经数年，数易其稿，而今成书。这是大梁庄村精神文明建设的一大成果。结束了大梁庄村无村志的历史，是一件大事，可喜可贺。

《大梁庄村志》运用辩证唯物主义和历史唯物主义的立场、观点和方法，坚持实事求是的精神，记述了历史沿革、地理人口、政治经济、文化教育等方面的概况。记述了六百多年间村落里的先人与往事、民情与习俗。记述了中共十一届三中全会以后，大梁庄村的干部群众坚定不移地走改革开放的道路，抓住机遇、同心同德、群策群力、艰苦奋斗，充分利用天时、地利、人和的条件，发展农业、工业和租赁业，用勤劳的双手和智慧，描绘出一幅绚丽的画卷。大梁庄村在经济发展战略上迈出了历史性步伐，使全村经济实现了跨越式发展。村民彻底告别了贫穷，摆脱了落后，过上了幸福生活。《大梁庄村志》重点记述这一历史性的变化，适应时代的需求，使之资政、存史、用今传后、惠及子孙。这对大梁庄的干部群众铭记乡愁、认识村情、探索规律、正确决策大有裨益。

修志是一项浩繁的文字工程。为了修好村志，修志人员深入实际、查档阅卷、广征博采、调查考证、核其名实、订故拓新、理其指要，在掌握大量材料的基础上，以详今略古、详独略同的原则编修村志，完成了较大的文字工程。新村志的问世，是大梁庄村一笔宝贵的精神财富。它的出版，为后人了解和感悟大梁庄村的历史发展提供了一部较为完整的文献档案。“书一方人和事，激千秋爱与憎”，使人“去恶而从善，舍邪而就正”，激发村民思乡爱土之情，鼓舞村民为建设美好家乡，为祖国的建设贡献自己的聪明才智。

斗转星移，六百多年来，村中传统的生产和生活方式、风俗习惯以及许多往事，都随着时光的流逝而未得保留；还由于多年没有档案，许多反映村庄域情文化的第一手材料和信息未能保存，使村志编写留下难以弥补的缺陷。

我们谨向《大梁庄村志》的编写者以及为村志编写出版提供过帮助的人士表示衷心的感谢。

中共天津市西青区中北镇大梁庄村党总支

天津市西青区中北镇大梁庄村民委员会

2018 年 11 月

凡　例

一、本志以马克思列宁主义、毛泽东思想、邓小平理论、“三个代表”重要思想、科学发展观、习近平新时代中国特色社会主义思想为指导，坚持辩证唯物主义和历史唯物主义的立场、观点和方法，贯彻实事求是的思想路线，力求思想性、科学性和资料性统一。

二、本志坚持“实事求是、秉笔直书”的原则，详今略古，详近略远，详特略同。重点突出新中国成立后的史实，特别是1978年中共十一届三中全会以后，大梁庄村经济、政治、文化、社会生活等多方面的发展变化。

三、本志上限随史实上溯，下限为2018年。

四、本志采取志、述、记、传、图、表、录等体裁，以志为主，除“引文”外，采用规范的现代语体文记述。

五、本志全书首立概述、大事记，中设16章，章下设节、目，部分目下设条目，末缀附录、后记。

六、本志纪年，中华民国以前先书历史纪年，其后括注公元纪年。中华民国成立后均使用公元纪年。志书中“××年代”，凡未加世纪者均指20世纪的年代。“解放前”“解放后”系指1949年1月天津解放前后。“新中国成立前”“新中国成立后”系指1949年10月1日中华人民共和国成立前后。

七、本志人物传记严格遵循“生不立传”的原则，只限于对大梁庄村建设作出重要贡献并获得区级以上劳动模范荣誉称号者。人物简介只限于大梁庄村参加抗美援朝出国作战军人、道德模范人物。人物名录只限于大梁庄村籍获得科级以上职务和中级以上专业技术职称者。

八、本志大事记以编年体为主，辅以纪事本末体。

九、本志中统计资料以统计部门的数据为准，统计部门未作统计的，采用大梁庄村提供的数据。数字用法、标点符号用法分别采用国家标准《出版物上数字用法》

（GB/T 15835 —2011）、《标点符号用法》（GB/T 15834 —2011），计量单位采用国家技术监督局 1993 年 12 月发布的《量和单位》系列国家标准，考虑到社会使用习惯，“亩”不统一换算。考虑到社会使用习惯，“亩”不统一换算。

十、本志中的资料来源于有关档案、志书、其他地情资料书籍及访谈记录等。涉事单位及当事人，限于篇幅，不一一注明出处。

十一、本志称谓、记事概以第三人称记述，人物直书其姓名，必要时前面冠以职务、职称。所记地域、机构、团体、组织等名称以当时称谓为准。频繁使用者的名称，于首次使用时用全称，并同时括注简称，之后使用简称。

目 录

概　述

一

大梁庄村位于天津市西青区西北部，北纬 39° 08′ 13.37″，东经 117° 02′ 40.24″，距天津市区 8.5 公里、西青区政府 3 公里。东与王庄毗邻，西与 104 国道相接，南与南运河畔相接，北至西青道。老村宅东西宽 350 米，南北长 500 米，面积为 250 亩。村域总面积共 1709.82 亩（含老村宅）。新居 2018 年建成，占地面积 120.12 亩，总建筑面积 20.6654 万平方米，其中村民住宅楼 13 栋 1760 套，住宅建筑面积 15.2922 万平方米。2018 年 12 月 1 日，全村共有 863 户 2492 人。其中，农业户籍 802 户 2272 人，非农业户籍 61 户 220 人。村民以汉族为主，此外还有少量回族、蒙古族人口。村域内交通十分便捷，104 国道、春光路、星光路呈川字形南北通过，老津杨公路、阜盛道、阜锦道、西青道东西跨越村域。境内公路、铁路纵横交错成网，通往杨柳青镇、天津市区及全国各地。村域地势平整，风景美丽，是生态宜居之地。优越的交通和地理环境为大梁庄村经济发展提供了得天独厚的条件。

二

大梁庄从村落形成至今已有 600 多年的历史。数百年来，先民生产方式单一，以开荒种地为生，由于生产力落后，耕作条件差，常常十年九歉。正常年景粮食亩产不足半百，水旱之年甚至颗粒无收，村民生活苦不堪言。新中国成立后，大梁庄村民在村级党组织和各级党委、政府的领导下，团结奋斗，拼搏进取，努力发展农业生产。20 世纪 50 年代后，大梁庄村民开垦荒地、深翻土地、改良土壤、兴修水利，实行生产民主，合理分配土地，大搞科学种田，农业生产得到发展。50 年代粮食亩产 50 公斤，60年代达到140公斤。粮食蔬菜产量逐年增长，由过去的不足变成自足进而有余。70年代，全村掀起“农业学大寨”热潮，大梁庄村领导带领村民大搞农田基本建设，1700亩园田旱田普遍改造两遍。为了多产，大梁庄村集思广益，全体村民发展生猪养殖，为农业改良土壤提供充足的有机肥源，实现了增产增收。农业出现了猪发展、肥源足，粮、菜、猪三贡献的良好势头。此后连续多年粮食亩产超千斤，受到区、乡两级政府的多次表彰。1982年，大梁庄蔬菜保护地面积居全乡首位，村民所种的西红柿被誉为中北斜乡九大名菜之一。是年，大梁庄村实行家庭联产承包责任制，旱田分地到户。1983年，园田分地到户，农民种田有了自主性，种田劲头十足，蔬菜生产出现了多季节、多品种、多样化的种植方式，花卉种植面积也不断增加，农业生产呈现出一派繁忙景象，有效提高了园田的产出率，增加了农民的现金收入。1991年，村委会将旱田收归集体所有，改为种植水稻，每年收稻谷15余万公斤，平均亩产585公斤。据《中北斜乡志》记载，1995年，大梁庄村蔬菜年收入410万元，当年户均6800元，人均2000元。1996年至2010年，蔬菜上市量共计58629吨，年均上市量3908.6吨，比1974年提高1.37倍。1994年，大梁庄村被评为天津市明星小康村。2010年，大梁庄村平改拆迁，农户土地收归集体所有，村民种粮种菜已成为历史的记忆。

新中国成立前至20世纪50年代中期，大梁庄村没有工业，只有一些零星的小作坊。50年代末期至70年代末期，村办工业时起时伏，被称为副业生产，生产的产品都是为农业服务，如编耙厂、铁业组、农机组等。中共十一届三中全会后，大梁庄村干部带领村民大办乡村工业。1981年，建津西勋章胶印印刷厂；1982年，建津西兴华电子工业橡胶件厂；1985年，建兴华电缆厂；1989年，建兴华汽车冲压件厂和天津市点火线圈西厂。村办企业的发展壮大了集体经济，改善了村民生活，解决了大梁庄村劳动力就业问题。据1995年资料记载，大梁庄村工业营业收入达1763万元，工资总额205万元，职工人数513人。1999年12月，大梁庄村委会对村办企业陆续进行产权制度改革。企业原有的债权债务随同转让资金全部转移给原经营者或优胜竞标者，房屋建筑物采取租赁形式租赁给原经营者或优胜竞标者。2002年3月，村办企业改制全部完成。

随着村办企业的陆续改制，大梁庄村领导班子着眼于村工业园区建设与改造，实施“七通一平”工程，努力为私营企业、个体企业、三资企业提供良好的发展条件，以壮大集体经济。2015年，村域内共有企业54家，职工2719人。其中，销售收入2000万元以上的企业22家，职工2507人，年产值11.19亿元。村域内企业的不断发展，为大梁庄村经济的增长源源不断地输送着新的血液。

大梁庄村努力发展商饮服务业和租赁业。2004 年，村域内从事商饮服务业的企业、商户有 42 家，从业人数 296 人，利税总额 1131 万元。2016 年，企业、商户发展至 146 家，从业人数 1010 人，利税总额 2525.8 万元。2001 年至 2018 年，大梁庄村共出租厂房 11.82 万平方米，出租土地 87 亩。2018 年，村集体租赁年收入达 2000 余万元。

三

尊师重教，素为村内风尚。清宣统三年（1911），大梁庄村内建立小学堂，校名为“民立二十初等小学堂”，是村内最早建立的学校。1912 年，校名改为“公立十一小学”，于金波任校长、董事长，有教师 1 人、教室 1 间、学生 28 人，学校经费主要靠庙产收入。由于当时村内农户大多数家庭比较贫困，学龄儿童入学率很低，且多数儿童只读一两年，村民文化水平很低。

解放后，教育事业不断发展，政府多次整合教育资源，加大对教育的投入。1950 年，全村儿童入学 70 人，占学龄儿童总数的 64%，1968 年，学龄儿童入学率达到 89%，1983 年达到 100%。1986 年，国家实行九年义务教育，村民更加重视子女上学。1990 年至 2018 年，大梁庄村民子女中小学入学率、巩固率、毕业率均达 100%。

进入 21 世纪，村民在多年的生产实践中越来越感受到知识的力量和作用，支持子女上好学、多上学、多深造在村中已蔚然成风。近十年，大梁庄村每年读高中、中专、中等技术学校的学生有 40 余人，上专科、本科的人数逐年增加。解放后至 2018 年，村籍大学毕业生和在读生共 235 人。其中，大专毕业生 83 人，本科毕业生 110 人，硕士研究生毕业 6 人，专科、本科在读 36 人。取得学士学位 76 人，取得硕士学位 4 人。近十年，大专以上毕业生和在读生共 146 人，是改革开放前的 48.7 倍，是解放后 50 年总和的 1.61 倍。大梁庄村两委班子鼓励村民子女从小接受良好的教育，成年后更好地学习和掌握现代科技文化知识，为建设祖国、建设家乡贡献力量。1974 年始，陆续出台一系列教育补贴政策，补贴资金逐步提高。2010 年，大梁庄村农业户口在校大学生每人每年补贴增加到 3000 元，在校高中、中专生每人每年补贴增加到1260元。2014年，村民子女入一类、二类幼儿园每人每月补贴480元，入三类幼儿园每人每月补贴300元，在校大学生每人每年补贴增加到5000元。2018年，在校研究生每人每年补贴5000元。

明清和民国时期，村域内天灾人祸频繁，村民长期处于缺医少药状态，一遇病患流行，便求神问卜，服土方、“仙药”，得不到医治而亡故的患者很多。抗日战争时期，村民生活贫困交加，民不聊生。解放后境内建起卫生院，方便村民就医。1965年，大梁庄村成立村级诊所红医站，有赤脚医生2人，一般常见病村民不出村就可以得到诊治。60年代后期，儿童乙型肝炎流行传染严重，村红医站医生挨家挨户为患病儿童打针送药，30余名儿童全部得到治愈。村内婴幼儿各种疫苗的接种和疫病的防治率均达到100%。2005年，大梁庄村民参加新型农村合作医疗，参合率100%。2009年，大梁庄村民参加城乡居民医疗保险和城市企业职工医疗保险，参保率100%。村民患病在完成基本医疗保险第一次报销后，区、镇、村还分别给予医疗补助。村集体还对重大疾病患者的医疗费自费部分给予一定比例的补助，彻底解决村民因患病造成的经济负担，杜绝了因病致贫。村两委班子连续40年坚持为村中育龄妇女安排做生殖健康检查，连续8年为60周岁以上村民查体，许多疾病得到早期治疗。2004年，大梁庄村被评为西青区农民健康查体先进单位。医疗条件的改善，使村民身体素质逐步提高。解放前，大梁庄村民平均寿命不足50岁。据2018年统计，大梁庄村61～70岁老人有304人，71～80岁老人有161人，81～90岁老人有31人，91～100岁老人有3人。2018年，村内百岁老寿星还健在，村民的平均寿命比新中国成立前提高近29岁。村庄内外环境经过多年治理，变得干净整洁。2007年，大梁庄村被评为天津市市级卫生村。

新中国成立前，大梁庄村民迫于生计终日辛劳，很难享受到文化体育生活。新中国成立后，大梁庄村成立业余剧团，有队员45人，每天晚上和农闲时间排练节目，有评剧、歌剧、京剧、秧歌，还有时尚的小节目，村民文化生活十分丰富。60年代，大梁庄村业余剧团改为宣传队，自编自演的节目在附近小有名气，很受欢迎，经常被西郊区、北郊区一带邀请演出。1972年，宣传队解散。后如遇重大节日，党支部分管宣传工作的委员会提前组织村民排练各种节目，为节日增添喜庆色彩。改革开放后，大梁庄村的文化活动更为丰富多彩。88人的合唱队连续7届参加中北镇群众歌曲大赛，舞蹈队连续5届参加邻里节演出，多次参加镇、区组织的舞蹈大赛等群众文化活动，多次获奖。2006年，大梁庄村建立农家书屋，至2018年共有图书4518册，村民不出村便可获得各种知识。电脑、手机发展十分迅速，村中70多岁的老人用微信、上网也不足为奇。体育健身活动越来越受到村民的重视，村内有场地、有设施，能满足不同年龄的村民进行体育健身活动。大梁庄村民连续 13 届参加中北镇全民运动会，连续 5 届参加“9・19”万人健步走。大梁庄村在中北镇“和谐杯”第九届全民运动会上获团体总分第二名。

四

大梁庄村紧邻千年古镇杨柳青，距天津城区也很近，历史上发生过数次兵战，村民常遭兵灾之苦。村民住土房，睡土炕，过着半年糠菜半年粮的生活，遇灾荒战乱便流离失所、背井离乡。村中逃荒逃战的人多数杳无音信，饿死病死在路上。新中国成立后，百废俱兴，生产逐年发展，村民生活逐年改善。饮食由填饱肚子到多样化营养型发展，住房面积由解放初期的人均 4 平方米增加至 69.59 平方米，是解放初期的 17.4 倍。2012 年，大梁庄村按照中北镇政府的要求，启动新居建设。本着高起点规划、高标准建设、高效能管理的原则，吸纳众多村已有的设计经验，在中北镇村庄规划区内，选新址建设居民住宅楼——梁晨馨苑。世世代代面朝黄土背朝天的农民，2018 年 10 月迁居入住现代化、花园式高层住宅小区，村容村貌焕然一新，街路全部硬化、亮化、美化。

老人生活得到很大改善。1984 年，大梁庄村开始对 60 周岁以上老人实行村级退休待遇，男性每人每月 15 元，女性每人每月 10 元；2005 年，男女平等，统一为每人每月 100 元；2018 年，80 周岁以下老人每人每月 1200 元，80 周岁以上老人每人每月 1300 元。

2006 年至 2018 年，村委会为符合条件的村民 1236 人上缴城镇职工养老保险，为 212 人办理城乡养老保险。村民到法定退休年龄可以领取一定数额养老金，且随着经济发展养老金不断提高。截至 2018 年，村民每人每月领取养老金最高 1700 余元，最低 800 余元。全村 730 名退休老人生活全部得到保障。

今日的大梁庄村人民生活富足安宁。勤劳、智慧、朴实的大梁庄儿女在各级党委政府的领导下，正满怀信心地建设自己可爱的家乡，为实现中华民族伟大复兴的中国梦而不懈奋斗。

大事记

元

至元三十年（1293）

大运河修通，流经梁家庄村域，有先民依河而居。

明

永乐初年

明永乐初年，梁姓人家到此地定居。随后又有山西、山东、河南、河北、安徽等地的移民迁入村境内，占地立庄逐渐发展为村落。因梁姓到得较早，定名为梁家庄。

永乐五年（1407）

是年，境内大水，淹没农田，粮食歉收，发生饥荒。

永乐九年（1411）

是年，疏浚京杭大运河，以济漕运，运河流经境内。

天顺三年（1459）

是年，旱风强烈，麦尽枯，村域麦田颗粒无收。

成化十三年（1477）

是年，朝廷管理河道的工部郎中杨恭调集军队、民工 4000 余人，加固南运河河堤。

成化十四年（1478）

是年，天阴连雨，河水泛滥，农田被淹，陆可行舟。

成化十八年（1482）

是年，久雨，村域洼地受灾严重。

弘治七年（1494）

是年，发生蝗灾，飞蝗满天，禾苗被食，歉收。

弘治十四年（1501）

是年，南运河水漫溢，境内秋禾绝收。

正德六年（1511）

是年，地震，有声如雷，民房摇动，受损严重。

嘉靖二年（1523）

是年，境内风沙蔽天，田中积沙尺许，影响春播。

嘉靖六年（1527）

是年，境内大旱，飞蝗成灾，禾苗损失严重。

嘉靖二十五年（1546）

是年，境内大水，远近居民漂溺甚众。

嘉靖三十三年（1554）

是年，境内大水，秋禾无收，瘟疫流行。

嘉靖三十七年（1558）

是年，境内久下大雨，禾苗淹没，房屋坍毁。

隆庆四年（1570）

是年，境内大水，村庄田地被淹，沦为泽国。

万历十四年（1586）

是年夏，境内连雨，大水，农田被淹没。

万历十九年（1591）

是年夏，境内大蝗群飞满天，声若雷雨，流粪遍地，禾稼被食几尽。

万历二十年（1592）

是年，境内大水，河堤多决，平地成川，田化为湖，村民生命和财产损失惨重。

天启三年（1623）

是年，受天津地震影响，村内民房受损。

崇祯十一年（1638）

是年，境内飞蝗蔽天，大饥，人捕以为食。

清

顺治十年（1653）

是年夏，河水满溢，境内水深丈余，房屋坍塌。

顺治十一年（1654）

是年，大水决河堤，境内桑田行舟，损失惨重。

康熙十八年（1679）

是年，平谷、三河一带发生强烈地震，境内，房屋受损坍塌，人畜伤亡较重。

康熙三十九年（1700）

是年，天津大水，殃及境内村庄农田。

雍正三年（1725）

十二月，朝廷户部议定加固南运河，以利泄洪。

乾隆元年（1736）

是年，天津县设巡检，梁家庄隶属杨柳青巡检。

乾隆四年（1739）

是年，天津县依据地域将所辖村庄划为东、西、南、北四路。梁家庄被划入西路管辖。

乾隆七年（1742）

四月，加宽天津、静海两县境内的南运河纤道，有碍民居一律估价拆除。

乾隆十三年（1748）

是年，番薯（红薯）引种天津县，梁家庄开始栽种。

乾隆二十年（1755）

是年，直隶总督衙门在南运河设立渠长，每10里立渠长2人，从坐落村庄中选择老成晓事者充任，并将河堤工段分编字号，组织农夫在河堤栽柳植树。

乾隆三十五年（1770）

是年，南运河水漫堤顶，境内村庄农田被淹。

嘉庆十年（1805）

是年，天津县各河泛滥，境内沦为泽国，朝廷抚恤天津水灾难民。

道光十二年（1832）

是年，气候异常，暴凉，陡热，境内痧症大作，染病者三四日即死。旱涝灾害接踵而来。

道光二十六年（1846）

是年，《津门保甲图说》出版，书中称梁家庄为大梁家庄。

同治六年（1867）

是年，境内大旱，南运河水枯竭，河道可行车，粮食歉收。

同治十年（1871）

是年，南运河堤冲溢数口，境内村庄受灾严重。

光绪八年（1882）

是年春，大梁家庄村有少数青壮年随杨柳青“赶大营”的队伍赴新疆谋生，多数人饿死或病死在路上。

光绪九年（1883）

十月，每至黄昏，天津县境内西北射来红光一片，夜半在西南，拂晓又转东南。此异常天象延续3个月。

光绪十四年（1888）

是年，渤海湾地震波及境内，房屋动摇，人如酒醉，居民多出屋躲避。

光绪二十四年（1898）

是年，大梁家庄改为大梁庄，属天津县西乡管辖。

光绪三十年（1904）

是年，天津四乡巡警总局成立，管辖范围是海河一带及天津郊区。大梁庄村隶属巡警西局第十四区。

宣统三年（1911）

是年，大梁庄村人于金波创办天津县“民立二十初等小学堂”，有教室1间，有学生42人、教师2人，经费228两白银，校址在大梁庄村，为中北境内最早建立的小学堂之一。

中华民国

1912年

5月，大梁庄村“民立二十初等小学堂”，经重修后改为“公立十一小学”，有教室1间，有学生28人、教师1人，学校经费主要靠庙产收入。校长仍为于金波。

是年，运河沿岸村庄均属天津县西乡管辖，乡下设区，大梁庄村属西乡第十四区。

1917年

9月21日，深夜12点多，风涌水狂，南运河在大将村东侧决口30余丈，平地水深丈余，大梁庄村平房倒塌，庐舍为墟，一片汪洋。

1924年

7月23日，子牙河决堤，村庄农田被淹。村民房屋受损严重。

1925年

是年，天津县划分为8个区，大梁庄村隶属天津县第三区管辖，区分所驻杨柳青。

1926年

5月，天津市区发生地震，波及境内村庄。

9月，霍乱在天津地区流行。当局对到天津的内河船只实行检疫。

1927年

3—4月，春旱，粮价暴涨，村民生活困苦。

1928年

是年，飞蝗成群，境内庄稼多被毁食。

1934年

是年，大梁庄村隶属天津县第三区第三十一乡。

1939年

8月8日，因上游连降暴雨，南运河水位猛涨，侵华日军将马庄南运河河堤炸开，洪水淹没农田、村庄，冲入天津市区。境域内村庄秋禾无收，村民四处逃难。

1941年

9月，日伪在天津强化乡政机构，实行联村大编乡，大梁庄村被编入伪大稍直口乡。

1945年

10月，中共冀中区委员会在境内建立天津县第六区，大梁庄村隶属第六区。一批县委、区委、市委干部进入六区开展工作，如发展党员、建立组织、阻断交通、开展减租减息、斗争地主等。

12月，国民党政府改变日伪时期的区划，大梁庄村属天津县第三分区东北斜乡。

1948年

12月20日，大梁庄境内获得解放，成立支前委员会。

是月28日，中国人民解放军东北野战军第八纵队二十四师七十团进驻杨柳青及大梁庄村周边村庄。

1949年

1月4日，解放天津战役开始。大梁庄村民积极支前，捐献门板、粮食等物资，迎接天津解放。

是月，大梁庄村建村公所，石维治任村长。

是月，大梁庄村建立农民协会，农民协会组织村民开展“诉苦会，挖苦根”活动，宣传和贯彻党的土改政策。

是月，大梁庄村成立第一个党小组，梁少春任组长。

2月，人民解放军一个连进驻大梁庄村。

3月25日，大梁庄村开展“四十天农村运动”，没收地主土地和生产资料，分给贫农、雇农。

4月，境域内人民解放军召开誓师大会，会后大军南下。

9月，大梁庄村成立第一个党支部，梁少春任党支部书记。

中华人民共和国

1949年

10月1日，中华人民共和国成立。大梁庄村民敲锣打鼓在村内举行庆祝活动。

是月中旬，村内开展镇压反革命的宣传工作。

12月，村内开展扫盲运动，以娃娃组、炕头组等形式进行识字学习。

1950年

1月，大梁庄村青年纷纷报名参军，抗美援朝、保家卫国，有8名青年应征入伍。

8月，大梁庄村隶属河北省天津县第五区。

是年，大梁庄组建第一个业余评剧团，于万友任团长。

1951年

10月29日，大梁庄村干部参加天津县委组织的土改动员大会。

11月下旬，土改工作队进驻大梁庄村，开展土改工作。

1952年

1月，大梁庄村土改工作完成。

是年，大梁庄村人董开弟获评唐山市甲等劳动模范。

1953年

3月，大梁庄村第一个互助组成立，石维治任组长。

是月，村民选举产生村民代表会，由村民代表会选举产生村政委员会。

5月15日，天津县撤销，大梁庄村属津西郊区管辖。

是月，大梁庄村隶属津西郊区大梁庄乡。

是年，村民观看第一场露天电影《保卫家乡》。

1954年

6月，大梁庄村民在农业生产上第一次使用手动喷雾器。

1955年

3月，大梁庄村成立五星、谊光、同心、新立4个初级农业合作社。

是月，境内开始流通新版人民币，收回旧版人民币，新币分为主币、辅币共11种，新币1元等于旧币1万元。

6月，津西郊区改为天津市西郊区，大梁庄村属天津市西郊区管辖。

9月8日，农业部派飞机到境域内灭蝗。

1956年

1月，大梁庄村成立高级农业合作社。

2月，大梁庄村建立第一支卫生清洁队。

3月，大梁庄村北津保公路北线由国家投资修建，是年7月通车。此路穿越大梁庄村地界。

7月，村内开展扫盲运动，分组在村内小学校集中进行识字学习。

1957年

3月，大梁庄村建立编耙厂、联合炼焦厂。

4月，大梁庄村集体购买第一辆胶轮大车。

5月，大梁庄村民自主研发第一台摞稻机。

6月，大梁庄村家家户户通了电，电灯取代了煤油灯。

7月，大梁庄村建立广播站，第一任播音员为李桂芹。

1958年

3月，大梁庄村北津保公路由国家投资翻修，修缮后命名为西青道。

4月，李楼乡与大梁庄乡合并，称李楼乡，大梁庄村属李楼乡管辖。

5月，大梁庄村设一个生产大队，独立核算，自负盈亏。

8月，大梁庄村属于红旗人民公社。

9月，天津市实行新的行政区划，裁撤西郊区行政建制，东风、红旗2个公社并入南开区。大梁庄村属南开区红旗公社李楼乡管辖。

10 月，大梁庄村建立集体大食堂，实行供给制。

1959 年

9 月，毛主席视察“蛤蟆洼”，村干部徐国新、侯冠武在视察现场听取毛主席“洼地种稻，可以增产”的指示。

1961 年

3 月，大梁庄村集体安装第一步手摇电话机。

5 月，大梁庄村实行三级所有、队为基础的制度。

6 月，大梁庄村取消公共食堂和供给制。

是年，大梁庄村集体首次放宅基地 60 余户。

1962 年

2 月 1 日，天津市恢复郊区行政建制，大梁庄村属天津市西郊区中北斜公社管辖。

8 月，大梁庄村石景岩大学毕业，是大梁庄村第一个获得学士学位的村民。

是年，大梁庄村社员李士海购买村内第一辆人力小拉车。

1963 年

1 月，大梁庄村属李楼公社管辖。

3 月 26 日，《天津日报》报道大梁庄依靠社员民主理财、增产节约，促进农业生产的经验。

8 月，久下大雨，农田被淹，大梁庄村安置静海县等地泄洪区转移的灾民。

1964 年

1 月，大梁庄村开展“四清”运动。

3 月，大梁庄村开展“农业学大寨”运动。

5 月，舟桥部队在大梁庄村西建第一座木桥。

6 月，大梁庄村成功打第一口深水井。

1965 年

3 月，村内建水塔 1 座，村民饮用干净的机井水，结束从南运河取水的历史。

是年，大梁庄村成立贫下中农协会（简称贫协），于凤岑任贫协主席。

是年，大梁庄村建立红医站，第一任赤脚医生为张双林。

9 月，“四清”工作组进驻大梁庄村开展工作。

11 月，大梁庄村木业组社员共同研发一台扬场机，效率较人力扬场高两倍，且不受气候影响。

1966 年

2 月，村集体购买第一台手扶拖拉机。

3 月，国家出资修筑大梁庄村西 104 国道。此路穿越大梁庄地界。

4 月，村集体购置第一台 21 寸黑白电视机。

11 月，大梁庄村改名为向阳大队。

是年，张家祥的父亲逝世后遗体火化，成为向阳大队第一个实行火化的村民。

1967 年

2 月，向阳大队建立铁业组。

3 月，驻津部队派解放军战士到村内开展“三支两军”工作。

8 月，向阳大队派贫下中农进驻学校参与学校管理。

1968 年

1 月，向阳大队建立“一元化”领导的革命委员会。

6 月，旱情严重，南运河断流，向阳大队农业减收。

1969 年

2 月，向阳大队建立橡胶厂。

是月，向阳大队分配制度实行大队统一核算。

4 月，向阳大队建立第一支篮球队。

7 月，向阳大队隶属九一九公社。

8 月 29 日，河北省霸县的龙卷风由西南至东北穿越九一九公社境内，向阳大队园田受损严重。

9 月，村内开展庆祝毛泽东主席视察 10 周年活动，张贴标语，演文艺节目。

1970 年

9 月，向阳大队深入开展“农业学大寨”运动。

11 月，向阳大队社员参加全区开展的南运河清淤工程。

1971 年

1 月 24 日，向阳大队党员代表参加九一九公社第三届党代会。

2 月，向阳大队改为大梁庄。

1972 年

1 月，大梁庄村建立农机组。

是年春，大旱，村域河道干枯，村民挖井抗旱。

6 月，西郊区在大梁庄村农田里召开农业现场经验交流会。

是月，大梁庄村建立长兴橡塑制品厂。

是年秋，村域黏虫成灾，村中男女老少齐上阵除虫，用敌敌畏拌炉灰灭虫，一天灭虫面积达 1000 余亩。

12 月，大梁庄大队解除统一核算。

1973 年

1 月，大梁庄村划分为 8 个生产队。每个生产队为独立核算单位。

2 月，大梁庄集体购置第一辆解放牌大汽车。

3 月，大梁庄大搞农田基本建设，挖沟修台田。

6 月，石蕴山随西青农林局领导到宝坻县介绍大梁庄村农业生产工作经验。

10 月，大梁庄粮食亩产达 340 公斤。

1974 年

6 月，西郊区在大梁庄村农田里召开农业现场经验交流会。

10 月，大梁庄粮食亩产第一次超千斤。

1975 年

3 月，大梁庄村成立科技组，高昌武任第一任组长。

1976 年

1 月，大梁庄村组建基建队，为村民修建房屋。

7 月 28 日，唐山大地震波及大梁庄村，倒塌房屋 17 间、集体厂房 8 间，受损房屋 1107 间。社员全部搬入防震棚居住。

9 月 18 日，大梁庄社员臂戴黑纱到公社大院内设置的灵堂悼念毛主席。

1977 年

1 月，大梁庄村建立养猪场。

10 月，大梁庄村开展农田水利大会战。

1978 年

1 月，大梁庄村建立汽车改制厂。

5月，大梁庄村开展蔬菜科研实验项目（西红柿）。

12月，社员李汝新获得西郊区劳动模范称号。

1979年

3月，大梁庄村建立拔管厂。

12月，社员李汝新获得西郊区劳动模范称号。

1980年

2月，大梁庄村建立兴华电缆厂。

是年，大梁庄村杨树元第一个领取独生子女证。

1981年

6月，大梁庄村建立津西勋章胶印印刷厂。

1982年

2月，大梁庄村自来水入户。

是月，大梁庄村建立津西兴华电子工业橡胶件厂。

3月，大梁庄村旱田分地到户。

12月，社员王同香获评天津市三八红旗手。

1983年

2月，大梁庄村产生第一个个体养殖户吴洪祥。

3月，大梁庄村园田分田到户，实行家庭联产承包责任制。

12月，大梁庄村民徐国新被评为天津市农业劳动模范。

是年，侯冠武任第一届村民委员会主任。

1984年

1月，大梁庄村委会首次为村民发放退休金，男每人每月15元，女每人每月10元。

4月，董学强、董学忠购置运输车，成为大梁庄最早购置运输车的村民。

5月，大梁庄村建立拔丝制钉厂。

7月12日，九一九乡改称中北斜乡，大梁庄村隶属中北斜乡。

是日，村民梁泽青被评为天津市新长征青年突击手。

是年，大梁庄村第一次财务公开。

1985 年

3 月，大梁庄村修村北公路、村西至村东公路，全长 3200 米，宽 6 米。

1986 年

10 月 1 日，大梁庄村首次发放居民身份证。

12 月，陈金水成为大梁庄村第一个万元户。

1987 年

3 月，大梁庄村吴洪祥成为村内第一个购买摩托车的村民。

1988 年

是年，大梁庄村民董学强、董学忠成为村内首批购买家庭小客车的村民。

1989 年

2 月，大梁庄村建立天山制冷设备厂。

3 月，大梁庄村建立兴华汽车冲压件厂、天津市点火线圈西厂。

1990 年

9 月 16 日，中北斜乡举办首届农民运动会，大梁庄村男子乒乓球队获团体总分第四名，肖汉文获男子乒乓球单打第六名，梁双成获象棋比赛第二名。

12 月，大梁庄村民吴洪祥被国家科委评为“星火带头人”。

1991 年

1 月，大梁庄村制定《大梁庄村村规民约》。

6 月，大梁庄村安装闭路电视。

8 月，大梁庄村民范茵华第一个使用“大哥大”移动电话。

1992 年

3 月，大梁庄村修筑老洋车道和村内“四面成”路，重新铺设上下水管道。

9 月，大梁庄村运动员参加中北斜乡第二届“爱家乡”农民运动会。

是年，大梁庄村民张华林、李润良在村域开办第一家饭店。

1994 年

9 月，大梁庄村被评为天津市明星小康村。

1995 年

3 月，乡政府投资在南运河修筑大梁庄桥，桥长 44 米，宽 6 米，解决了大梁庄村民过河难的问题。

12 月，村民周振苓家庭被评为天津市文明家庭标兵户。

1997 年

7 月，中北斜乡撤乡设镇，大梁庄村隶属中北镇。

1998 年

1 月，吴洪伟成为大梁庄村第一位人民警察。

1999 年

12 月，梁泽青被评为天津市乡镇企业管理优秀工作者。

是月，杨树臣任大梁庄村第一届工会主席。

2000 年

3 月 9 日，大梁庄村办企业西青区长兴塑料制品厂、津西勋章胶印印刷厂、津西兴华电子工业橡胶件厂改制结束。

8 月 20 日，大梁庄村进行第四届村民委员会选举。

12 月 7 日，大梁庄村汽车冲压件厂改制结束。

2001 年

2 月 9 日，大梁庄村兴华电缆厂改制结束。

是月，大梁庄村 345 名村民联名向《今晚报》反映村北垃圾场严重污染环境问题。

是月，大梁庄村调整村民退休金，男每人每月 35 元，女每人每月 30 元。

2002 年

1 月 1 日，大梁庄村委会与华北衡器厂签订租赁协议。

2 月，大梁庄村综合农贸市场建成。

3 月 12 日，天津市点火线圈西厂改制结束。

3 月 15 日，大梁庄村出台殡葬管理有关规定。

7 月，大梁庄村调整村民退休金，男每人每月 50 元，女每人每月 45 元。

8 月，大梁庄村党支部组织村干部、全体党员学习郭宝印事迹。

9 月 6—28 日，中北镇举办“跨越杯”第七届全民运动会，大梁庄村获五子棋比赛团体第二名。

12 月，村民杨玉章被评为天津警备区预备役先进班长。

是月，村民刘厚占获得天津市文明家庭标兵称号。周振苓被评为天津市文明市民，周振苓家庭被评为天津市文明家庭标兵户。

2003 年

2 月，邓建国任大梁庄村第一任党总支书记。

3 月，大梁庄村进行第五届村民委员会选举。

4 月，“非典”疫情波及境内，村域内顺威电器厂出现的发热病人被送往天津市肺结核医院。根据上级指示，大梁庄村对在该厂上班的 20 余人的家属进行隔离，村两委采取多种控制疫情的办法，做到无扩散、无感染。大梁庄村党总支被评为“西青区抗击非典先进单位”。

7 月，大梁庄村党组织获区级先进党组织称号。

是月，大梁庄村调整村民退休金，男每人每月 60 元，女每人每月 55 元。

是月，大梁庄村委会与民营公司（斗逊）签订租赁协议。大梁庄村委会与尚德电缆、有源电子签订租赁协议。

12 月，村民周振苓家庭被评为天津市“五好”文明家庭。

2004 年

1 月 1 日，大梁庄村委会与任连群、乾瀚钢管厂签订租赁协议。

7 月，大梁庄村调整村民退休金，男每人每月 70 元，女每人每月 65 元。

10 月 1 日，大梁庄村委会与天津恩帝富精密模具有限公司签订租赁协议。

是月，坐落在村北的南开区环卫局垃圾场撤离，垃圾场所占用的土地归还大梁庄村。

12 月，民心工程户厕改造完成，范茵江被评为天津市农村户厕改造先进个人。

是月，村民周振苓被评为天津市文明市民。

2005 年

1 月，大梁庄村全体党员、村民代表会议一致通过《大梁庄村村民自治章程》。

7 月，大梁庄村委会规定村民男女退休金一律平等，每人每月 100 元。

10 月 1 日，大梁庄村委会与鑫利维铝业签订租赁协议。

2006 年

1 月 1 日，大梁庄村委会与于贺彪、杨福林签订租赁协议。

6 月 27 日，大梁庄村进行第六届村民委员会选举。

7月1日，大梁庄村调整村民退休金，每人每月150元。

8—9月，大梁庄运动队参加中北镇第九届全民运动会，并获团体总分第二名。

2007年

1月1日，大梁庄村委会与陈志宝组签订租赁协议。

2月1日，大梁庄村调整村民退休金，每人每月200元。

6月1日，大梁庄村委会与高天成组签订租赁协议。

7月1日，大梁庄村委会与李加林组、石乐友组签订租赁协议。

7月30日，李益平成为大梁庄村第一个硕士研究生。

8月31日，大梁庄村委会与耶斯电信电子有限公司签订租赁协议。

9月1日，大梁庄村获评天津市市级卫生村。

9月4日，成人学校大梁庄分校管理权使用权撤销，校舍移交给大梁庄村委会负责管理、使用、维修。

11月1日，大梁庄村委会与李加庆组签订租赁协议。

2008年

1月1日，大梁庄村调整村民退休金，每人每月400元。

4月15日，大梁庄村委会与天津有诚电子有限公司签订租赁协议。

6月15日，大梁庄村委会与河北泰斗三星电缆有限公司签订租赁协议。

7月1日，大梁庄村委会与陈金春组签订租赁协议。

2009年

1月1日，大梁庄村委会与于贺江组（百易电子）签订租赁协议。

是日，大梁庄村委会与天津迪都服装设计公司签订租赁协议。

9月，大梁庄合唱团首次参加中北镇红色歌曲大赛，并获二等奖。

5月15日，大梁庄村进行第七届村民委员会选举。

2010年

2月1日，大梁庄村民退休金调整至每人每月500元。

2月，大梁庄村秧歌队参加中北镇民间花会展演、西青区花灯会展演。

6月1日，大梁庄村委会与天津万顺物流有限公司签订租赁协议。

8月1日，大梁庄村委会与天津源鑫鑫电子有限公司签订租赁协议。

8月，大梁庄代表队获西青区“全民健身日”活动二等奖。

9月1日，大梁庄村对农业户口上专科、本科的全日制在校生每人每年给予3000元的补助，对上中专、高中、中等技校的学生每人每年给予1260元的补助。

9月，大梁庄运动员参加中北镇第十一届全民运动会。

是月，大梁庄合唱队参加中北镇第二届红歌大赛活动，村运动队参加中北镇举办的万人健步走活动。

9—10月，大梁庄村平房改造进入拆迁阶段，村民开始拆房、迁坟。

12月，村民陈阳应征入伍，结束了大梁庄村没有女兵的历史。

2011年

6月，大梁庄村收回村民土地，改归集体所有。

7月1日，大梁庄村委会与天津斗源塑胶制品厂签订租赁协议。

9月，大梁庄村合唱队参加中北镇举办的红歌大赛活动，并获三等奖。

是月，大梁庄村委会开展“关爱女孩”行动表彰会。

11月，大梁庄村成立村务监督委员会。

2012年

1月1日，大梁庄村委会与天津东富星电子有限公司签订租赁协议。

2月1日，大梁庄村民退休金调整为每人每月550元，当年满70周岁每月再加50元。

3月1日，大梁庄村委会与天津东福星不干胶标签有限公司签订租赁协议。

3月22日，大梁庄村委会与天津大荣精密电子有限公司签订租赁协议。

7月1日，大梁庄村委会与侯树强签订租赁协议。

7月11日，大梁庄村艺术团参加中北镇举办的“7·11”世界人口日文艺演出。

9月，大梁庄村合唱队88人参加了中北镇举办的红歌大赛，并获三等奖。

9月29日，大梁庄村委会与天津瑛印电子有限公司签订租赁协议。

12月4日，大梁庄老村委会、党总支、成人学校等办公用房被拆除。

2013年

2月1日，大梁庄村民退休金调整为每人每月700元。

3月1日，大梁庄村委会与金满塘生物技术科技有限公司签订租赁协议。

3月31日，大梁庄村委会与天津德奥电控成套技术有限公司签订租赁协议。

4月1日，大梁庄村委会与天津源鑫鑫电子有限公司签订租赁协议。

5月16日，大梁庄村召开党员、村民代表大会，一致通过大梁庄村《关于医疗费报销补助的规定》。

5月16日，大梁庄村召开党员、村民代表大会，一致通过收购万里车轮厂土地及地上物的决议。

10月11日，根据西青区疾病防控中心深水井水源检验报告，大梁庄村停用饮水井。

2014年

1月1日，大梁庄村委会与董学英签订租赁协议。

1月18日，大梁庄村党员、村民代表大会通过《退二胎奖励及对退休年龄的独生子女家庭父母的奖励费》的决议。

2月1日，大梁庄村民退休金调整至每人每月800元，当年满80周岁每月再增加100元。

是日，大梁庄村委会与天津菲尼斯电子产品有限公司签订租赁协议。

5月1日，大梁庄村委会与天津海工机械科技有限公司、天津易美特电子有限公司签订租赁协议。

5月2日，大梁庄村委会与施瑞克（天津）生物技术有限公司签订租赁协议。

7月20日，大梁庄村党员、村民代表大会一致通过《对农业籍老人入住养老机构进行补助》的决议，一致通过为华天机械有限公司建厂房的决议，一致通过《农业籍学龄前儿童报销保育费》的决议。

8月，大梁庄村两委决定对上专科、本科的在校生补助金增加到每人每年5000元。

10月1日，大梁庄村委会与天津青树电机设备有限公司签订租赁协议。

11月15日，大梁庄村为村内1977—1987年出生的农业户口村民补缴2005—2014年城镇职工养老保险。

12月，村民李玉良获天津市最美调查员称号。

是月，大梁庄村13名村民取得国家育婴员资格证书。

2015年

1月1日，大梁庄村委会与天津耐迪精密部品有限公司、金晶气体压缩机有限公司、嘉禾投资公司签订租赁协议。

2月1日，大梁庄村民退休金调整至每人每月850元，当年满80周岁每人每月再增加100元。

5 月 30 日，大梁庄村党总支进行换届选举。

7 月 1 日，大梁庄村委会与木材交易市场有限公司签订租赁协议。

7 月 6 日，大梁庄村收购嘉禾投资有限公司的建筑物及附属设施。

7 月 25 日，大梁庄村进行第九届村民委员会选举。

11 月 1 日，大梁庄村委会与蒋国辉签订租赁协议。

2016 年

1 月 1 日，大梁庄村委会与天津华天世纪机械有限公司、天津源鑫鑫电子有限公司、天津万里汽车车轮工贸有限公司签订租赁协议。

2 月 1 日，大梁庄村民退休金每人每月调整为 950 元。

4 月 1 日，大梁庄村开展“两学一做”学习教育。

4 月 30 日，大梁庄村收购王树立的厂房及变压器。

5 月 1 日，大梁庄村委会分别与天津鲁信电器设备安装有限公司、天津大和机电设备有限公司、天津大山精密电子有限公司签订租赁协议。

是月，侯树枫获天津市五一劳动奖章。

10 月 22 日，大梁庄村在中北工业园管委会召开党员、村民代表大会，会议通过了与天津天缆集团、河北泰斗、三星电缆有限公司签订租赁补充协议（二）的决议。

2017 年

1 月 1 日，大梁庄村委会与天津莱易得供应链管理有限公司签订租赁协议。

1 月 21 日，大梁庄在西青宾馆召开党员、村民代表大会。会议通过：1. 大梁庄村与天津市龙创包装制品贸易有限公司、天津东富星电子有限公司、天津耶斯电子有限公司、天津易美特电子有限公司签订厂房租赁协议的决议。2. 大梁庄村委托天津市恒泰诚信建筑工程有限公司为承租企业华天世纪办公楼进行重新装饰的决议。3. 大梁庄村委会委托天津市杨柳青建筑工程有限公司为承租企业小猫电缆厂厂房进行维修的决议。4. 大梁庄村委会委托天津市恒泰诚信建筑装饰工程有限公司对工业园租赁物屋面进行维修的决议。

3 月 31 日，大梁庄村在中北工业园管委会召开党员、村民代表大会，经讨论通过：1.2016 年村级财务决算和 2017 年村级财务预算报告。2. 关于星光路 27 号 A 区、B 区部分房屋租赁的决议。3. 关于梁晨馨苑西北角建村级寿寝堂的决议。4. 关于三星路 10 号、12 号房屋租赁的决议。

5 月 20 日，大梁庄召开党员、村民代表大会，王学云部署推进“两学一做”学习教育常态化制度化工作。会议通过了两项决议：1. 关于购置东风洒水车的决议。2. 关于三星路 6 号房屋租赁的决议。

7 月 22 日，大梁庄村党员、村民代表、包村干部会议在中北工业园管委会召开。会议通过了关于三星路 6 号、12 号、30 号，梁鸿路 17 号，丰光路 10 号，星光路 27 号房屋维修费等 10 项决议。

8 月 22 日，大梁庄村全体党员观看《将革命进行到底》，并组织学习讨论交流。

9 月 30 日，大梁庄村开展迎国庆爱党爱国诗歌朗诵特色党日活动。

是日，大梁庄村党员、村民代表大会通过决议：1. 关于中北工业园星光路 31 号房屋租赁的决议。2. 关于支付三星路 31 号办公楼与车间中间截断、车间安装卷帘门、作自流平地面等费用的决议。3. 关于清理农机组、勋章印刷厂、兴华汽车冲压件厂固定资产的决议。4. 关于支付三星路 20 号车间消防改造工程费用的决议。

2018 年

1 月 27 日，2017 年度村务公开、干部述职述廉大会在工业园管委会召开。

2 月 1 日，调整村民退休金为 80 周岁以下每人每月 1200 元，80 周岁以上每人每月 1300 元。

2 月 3 日，产权制度改革人员资格确认截止时间点推动会召开。

3 月 15 日，大梁庄村党员、村民代表大会通过星光路 27 号，三星路 16 号、28 号房屋租赁的决议。

4 月 15 日，大梁庄村党员、村民代表大会在中北工业园管委会召开，大会通过三项决议：1. 关于大梁庄村拆迁拆违综合治理，创卫雇用机械车辆费用的决议。2. 支付梁晨馨苑电梯维保费、电梯限速器检验费、电梯年检费的决议。3. 工业园三星路 10 号、12 号房屋租赁的决议。

5 月 15 日，大梁庄村党员、村民代表大会在中北工业园管委会召开。会议通过：1. 解除星光路 27 号、31 号房屋租赁决议。2. 梁鸿路 11 号办公楼租赁决议。3. 关于支付 2018 年工业园建设、维修等总工程费用的决议。

6 月 3 日，在雷庄村委会召开党员大会，会议通过星光路 27 号、三星路 27 号房屋租赁的决议。

是日，全体党员选举大梁庄村新一届党总支部委员会委员、书记、副书记。

7 月 8 日，大梁庄村民在梁晨馨苑选举第十届村民委员会委员、主任。

9 月 23 日，村民代表大会在中北镇工业园管委会召开，选举产生大梁庄村人民调解委员会委员、主任。

是日，村民代表大会在中北工业园管委会召开，会议通过还迁补偿费的标准、发放范围的决议。

9 月 29 日，大梁庄村委会全体工作人员组织村民在梁晨馨苑公开进行还迁楼房抽号抓阄。

10 月 9 日，大梁庄村委会全体工作人员在梁晨馨苑为村民发放新楼房钥匙、村民开始乔迁新居。

10 月 18 日，天津市火炬会计师事务所对大梁庄村集体所有资产、资金和资源进行全面清产核资。

11 月 24 日，大梁庄村党员、村民代表大会在中北镇工业园管委会召开，大会决定为全日制在校硕士研究生发放助学补助，每人每年 5000 元。

是日，全体党员、村民代表通过关于修改《大梁庄村村民自治章程（草案）》的决议。

11 月 29 日，村两委全体工作人员、党员代表、村民代表在中北工业园管委会召开了《大梁庄村志》初审会。经与会全体成员表决，一致通过村志初审。

第一章　建置　环境

早在元朝以前，村域就有先人在此生息劳作。至明永乐元年（1403），随“燕王扫北”，屯垦家属迁徙至天津，加之南运河乃漕运通道，漕船来往穿梭，水旱码头，帆樯如林，储运皇粮，名噪京畿。优越的地理环境，使越来越多各省的移民在南运河两岸聚居，逐渐形成了村落，由于村域内梁姓到得较早，村庄定名为梁家庄。清道光二十六年（1846），梁家庄改为大梁家庄。清光绪二十四年（1898），大梁家庄改为大梁庄。大梁庄村历经天津县、津西郊区、南开区、西郊区、西青区隶属变迁。2018年，大梁庄村整体还迁至梁晨馨苑小区。

村域地貌属于冲积平原类型，地势低平，土壤为潮土，经世代开垦耕耘，荒地渐成良田。境内河流、沟渠较多，南运河穿境而过。地下水资源丰富。境内属暖温带半湿润季风型气候，四季分明。年平均气温在12.6℃左右。村域内自然资源丰富，为大梁庄村民世代生息发展提供了较为良好的自然条件。

第一节　建　置

一、地理位置

（一）大梁庄村地理位置

大梁庄村老村宅位于南运河北岸，西青道南，104国道东侧，西南邻李楼村，东接王庄村。地理坐标为北纬39° 08′ 13.07″，东经117° 02′ 40.24″。东西全长350米，南北500米，村庄呈“凸”字形。老村宅距北京120公里，距滨海国际机场37公里，距雄安新区120公里，距天津市区8.5公里。村域交通便利，多条道路通往天津市区和其他省市。

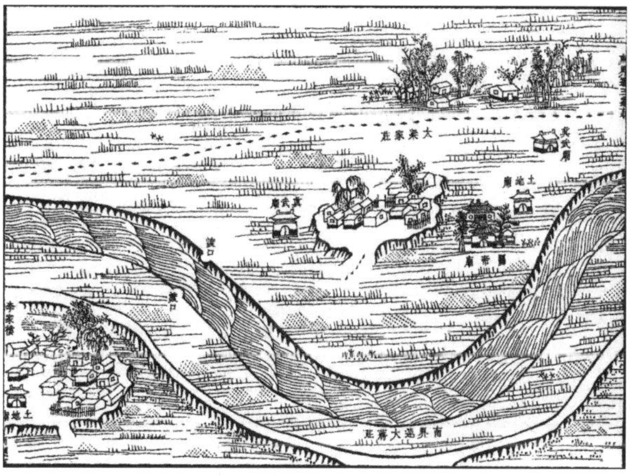

清道光二十六年（1846）大梁家庄村域示意图
（选自《津门保甲图说》）（韩宝霞提供）

清道光二十六年（1846）《津门保甲图说》记载了大梁家庄、李家楼区域的基本情况。“大蒋庄之上曰大梁家庄，其东连王家庄。河经村前，流而复曲。庐舍稍集，林木蔚然。旁设渡口，对河曰李家楼。图内庙五，村二，渡口一，南界大蒋庄。铺户四户，烟户一百八十六户，佣作六十二户，船户一户，僧人一户，共二百五十四户（大口七百一十二口，小口四百三十口）。”

（二）梁晨馨苑地理位置

2010年，大梁庄村实施平房改造，老村宅拆除。2018年9月，村民抓阄还迁后，新小区取名为梁晨馨苑。

梁晨馨苑东临春光路、京沪高铁线，西至规划路，南依南运河北岸，北接阜锦道。地理坐标为北纬39° 8′ 9″，东经117° 3′ 24″。距天津市区8公里，距天津南站9公里，距西外环3公里，地理位置优越，交通便利。

二、村庄来源

元至元三十年（1293），运河修通，有先民依河而居。明永乐元年（1403），随“燕王扫北”，屯垦家属迁徙至天津。接着又有河北、山西、山东等地的移民或屯垦，或漕运，或逃荒，或经商，陆续迁至天津，大量的移民在天津旧城的东、南、西三个方向开垦了大片沼泽荒地，并开始与当地人聚居。相传有梁、李、董、陈等数姓在天津城西8.5公里处占地立庄形成村落，因梁姓来得较早，定名为梁家庄，后因杨柳青有个小梁家庄，为加以区别，改为大梁家庄。清光绪二十四年（1898）改名为大梁庄，此村名延续至2018年。

三、村庄隶属

（一）中华民国时期

1912年，运河沿岸村庄均属天津县西乡管辖，乡下为区。大梁庄村隶属天津县西乡第十四区。

1934年，大梁庄村隶属天津县第三区第三十一乡。

1941年，日伪在天津强化乡政机构，实行联村大编乡，大梁庄村隶属伪大稍直口乡。

1945年，国民政府改变日伪时期的区划，设县、区、乡。大梁庄村隶属天津县第三分区东北斜乡。

（二）中华人民共和国时期

1949年10月，大梁庄村隶属天津县第六区。

1950 年 8 月，大梁庄村隶属天津县第五区。

1953 年 5 月，建立西郊区，境域 23 个村划分为 6 个乡，大梁庄村隶属大梁庄乡。

1958 年 4 月，李楼乡与大梁庄乡合并，称李楼乡，大梁庄村隶属李楼乡。

梁晨馨苑（韩宝霞摄于 2018 年）

1958 年 8 月，大梁庄村隶属红旗人民公社李楼管理区。

1959 年，大梁庄村隶属津西人民公社。

1962 年，大梁庄村隶属中北斜人民公社。

1963 年 3 月，中北斜人民公社划分为三个公社，即大稍直口公社、中北斜公社、李楼公社。大梁庄村隶属李楼公社。

1969 年 7 月，中北斜公社、李楼公社与大稍直口公社合并，称九一九公社，大梁庄村隶属九一九公社。

1983 年，九一九公社改为九一九乡，大梁庄村隶属九一九乡。

1984 年 7 月，九一九乡更名为中北斜乡，大梁庄村隶属中北斜乡。

1997 年 7 月至 2018 年 12 月，大梁庄村隶属中北镇。

第二节　自然环境

一、地质　地貌

（一）地层、构造

根据地质部门勘探，境域内有古生界寒武系地层、古生界石炭系 — 二叠系地层、中生界的侏罗系和白垩系地层、新生界的第三系和第四系地层。

境域内的地质结构体系属新华夏结构体系。天津平原基底横跨华北沉降带的冀中坳陷、沧县隆起和黄骅坳陷三个构造单元，西青区位于沧县隆起的北部。境内又在冀中坳陷的东部边缘。

（二）地貌特征

1. 典型平原　境内位于华北大平原北部，地貌类型包括平地、洼地、河堤、干渠、池塘、路沟等。

2. 地势低平　境域内地貌属冲积平原，地势坦荡低平，南运河北部至津浦铁路附近海拔较低，仅 2.5 ~ 3 米。

因地势低平，地面坡度很小，地下水位较高排水不畅，历史上曾发生多次洪涝灾害。解放后，境内村民不断修筑南运河段，开挖多条排灌沟渠，大大减少了洪涝灾害，村民因地制宜种植水稻、蔬菜、果木、玉米、小麦、大豆等。境内是城郊蔬菜基地，大量蔬菜运往城市销售。村民利用洼地、坑塘养鱼，为丰富天津市民生活做出了贡献。

3. 地貌年轻　境内距今 6000 年前受全新世冰后期气候变暖海平面升高的影响，曾遭受海侵沦为海洋。大约从距今 5000 年开始海水东退成陆。直至距今 3500 年海水才全部退出境域，恢复陆地面貌。境域大地曾经经历陆地平原→滨海滩涂→浅海大陆架→滨海滩涂→陆地平原的演化过程，是年轻的平原地貌。

历史上，境域村民世世代代用他们的双手和智慧开挖河渠、修筑河堤、垫村宅、修路基、挖鱼池、平整农田、开垦荒地、植树种花、美化、绿化，不断改造着村域的地貌。

二、气候　物候

（一）气候特征

1. 季风显著　境内盛行风向随季节变化而发生明显的转换。冬季受蒙古—西伯利亚高气压的影响，盛行西北风。夏季受北太平洋副热带高气压的影响，盛行东南风。春季秋季为过渡季节，风向多变。

2. 四季分明

春季　天气转暖快，冷热变化大。日照时间逐渐变长，气温回升，蒸发旺盛，风多雨少，多风沙，风速大；多年春季平均降水量为 62 ~ 63 毫米，约占全年降水量的 12.3%，易出现春旱。当北方冷空气势力较强时，会出现“倒春寒”现象，影响越冬作物的返青和春播作物生长。1961—1990 年，春季平均气温为 12.8℃。1989—2018 年，春季平均气温为 14.2℃。

夏季 潮湿多雨炎热，气温高，白天时间长。源于北太平洋的东南季风，给境内送来高温高湿的气流，形成明显的雨季，降水集中，占全年降水量的73.9%，且多大雨、暴雨、连阴雨，有时造成沥涝，偶有冰雹、大风等灾害天气发生。有的年份夏季降水量偏小，出现夏旱。1961—2000年，夏季平均气温为23.4℃。1989—2018年，夏季平均气温为26℃。

秋季 暖湿气团势力减弱，气温下降至20℃以下，降水明显减少，约占全年降水量的13%。大气稳定，晴空万里，冷暖适中，秋高气爽，有利于大秋作物和水果的成熟与收获，有的年份也出现秋旱和冰雹，季末也有雾霾天气。10月下旬出现初霜冻。1961—2000年，秋季平均气温为12.7℃。1989—2018年，秋季平均气温为13.4℃。

冬季 寒潮盛行，干燥少雪，白天时间短，河水结冰，大地封冻。一般11月西北风始占主势，翌年1月为最，平均气温0℃以下。1月最冷，平均气温为-3.8℃。低于-10℃的气温可连续数日。1961—2000年，冬季平均气温为-2.8℃。1989—2018年，冬季平均气温为-1.6℃。

（二）温度

1. 气温

平均气温 据西青区气象站观测统计，1961—2000年，气温平均值为11.5℃。夏季（6—8月）气温最高，各月均温在23.4℃以上；冬季（12月至次年2月）气温最低，各月均温在-2.8℃以下；春季各月均温为12.8℃，秋季各月均温为12.7℃，寒暖适中。1—12月各月均温分别为-5.1℃、-2.4℃、4.7℃、13.3℃、19.8℃、24.1℃、26℃、25℃、20℃、13.1℃、4.4℃、-2.4℃。1989—2018年，西青气温平均值为13℃，2017年年平均温度最高值为14.2℃。

最高气温与最低气温 境内气温在一年中高低悬殊，1961—2000年，最热月均温出现在7月，达26℃，最冷月均温出现在1月，为-5.1℃。1989—2018年，最热月出现在7月，月平均气温为27℃，最冷月出现在1月，月平均气温为-3.4℃。极端最低气温为-23.1℃，出现在1966年2月22日。2016年5月29日，境域内出现最高气温达40.5℃，突破历史同期气温极值，一举刷新60多年来5月历史同期气温极值，成为有气象记录以来最早出现的40.5℃。年极端最低气温为-16.4℃，出现在2016年1月24日。2017年，极端最高气温38.9℃出现在6月9日，极端最低气温-9.9℃出现在1月20日和22日。2018年，境内最高气温40.1℃出现在6月5日，最低气温-12.4℃出现在12月29日。

四季分配起止时间 根据候（5天为一个候）平均气温划分四季标准（候均温大

于22℃为夏季，小于10℃为冬季，10℃～20℃为春秋季），境内春季60天，始于4月6日止于6月4日；夏季92天，始于6月5日止于9月5日；秋季50天，始于9月6日止于10月25日；冬季162天，始于10月26日止于4月5日。这种划法和自然物象实际情况大致吻合。

作物生长期　境内作物生长期一般始于3月初，终于11月，全年持续270天左右。境内日平均气温稳定高于10℃以上的喜温作物生长期为190余天，一般始于4月8日，终于10月20日左右。日平均气温稳定高于15℃以上的喜温作物积极生长期为160天左右，一般始于4月28日，终于10月4日左右。日平均气温高于20℃以上的喜暖作物积极生长期为116天，始于5月23日，终于9月15日。

霜期与无霜期　境内平均初霜日为10月26日左右，终霜期为翌年4月15日左右，霜期持续170余天。无霜期约192天，长达6个多月的无霜期可以满足境内各种作物生长的需要。

2. 地温

地面温度　境内自11月至翌年1月地面温度低于气温，其余各月地面温度高于气温。年平均地面温度为13.9℃。比年平均气温11.6℃高2.3℃。地面温度全年最热月为7月，地面均温达30.1℃；最冷月为1月，地面均温为-5.6℃，境内1—12月各月地面温度分别是-5.6℃、-2.0℃、6.8℃、16.9℃、24.8℃、29.4℃、30.1℃、28.6℃、23.2℃、14.5℃、4.1℃、-3.4℃。地面极端最高温度为68℃，出现在1972年7月14日。地面极端最低温度为-27.9℃，出现在1966年2月22日。1971—2000年，年均地面温度为14.1℃。2018年平均地面温度为14.6℃。

地中温度　境内地中温度的年变化比较稳定，热量由地表向土壤深层传导。夏半年（3—9月）地温由表层向深层递减；冬半年（10月至次年2月）地温由地表层向深层递增。

冻土期　境内土壤冻结一般始于11月14日，终于3月5日。稳定冻土期为110天左右。最大冻结深度56厘米，出现在1977年2月，有3天。10厘米土层冻结最早日期12月14日，最晚1月6日。解冻期为3月6日，最早2月13日，最晚3月23日。30厘米土层冻结日期1月8日，最早12月21日，最晚2月4日。解冻日期平均在2月28日，最早1月21日，最晚3月23日。

（三）降水

1961—1990年，境内降水量年平均值561.2毫米。年最大降水量1091.1毫米，出现在1977年。年最小降水量270.4毫米，出现在1968年。年最大降水量是最小降水量的 4.03 倍。全年降水日 69.7 天。6—8 月为 35.3 天，占全年降水日的 50.7%，雨季降水量年均可达 400 ~ 500 毫米，占全年降水量的 76.1%，冬季降水日最少，6.6 天，占全年降水日的 9.47%，降水量占全年降水量的 2.2%。1989—2018 年，年平均降水量为 510.8 毫米，年降水量最大值为 755.3 毫米，出现在 2012 年，年降水量最小值为 327 毫米，出现在 1989 年。年降水量最大值与最小值相差 428.3 毫米，这说明境内降水量在年际间波动起伏较大。春季降水量占全年降水量的 12.3%，夏季降水量占全年降水量的 68.2%，秋季降水量占全年降水量的 17.7%，冬季降水量占全年降水量的 1.8%。

（四）湿度

1971—2000 年，境内平均相对湿度为 63%，1—12 月各月平均相对湿度分别是 55%、56%、55%、53%、57%、66%、79%、82%、72%、68%、64%、59%。一年中相对湿度最大值为 82%，出现在 8 月，最小值为 53%，出现在 4 月。2016 年，境内相对湿度 58%。2018 年，境内相对湿度 60%。

（五）日照、辐射

境内冬季日照短，太阳辐射弱。春季、夏季、秋季太阳高度角大，晴空较多，可以得到充足的日照和太阳辐射。1961—1990 年，境内年平均日照时数为 2730 小时。进入 7 月、8 月，雨季到来，日照时数明显减少，分别为 232.1 小时和 234.4 小时；9 月又略有增加；每年的 5 月和 6 月日照时数最多，月日照时数分别为 292.2 小时和 275.3 小时；12 月是全年最小值，为 180.6 小时。1989—2018 年，年平均日照时数为 2338 小时，年日照时数最大值为 2636.8 小时，出现在 1992 年，最小值为 1993.6 小时，出现在 2003 年。月平均日照时数最大值为 253.5 小时，出现在 5 月，最小值为 154.1 小时，出现在 12 月。日照时数最多的季节为春季，平均日照时数为 692.4 小时，占全年的 29.6%。夏季、秋季次之，分别占全年的 25.8% 和 23.7%。冬季日照时数最少，占全年的 20.9%。1989—2018 年，年平均日照时数比 1961—1990 年年平均日照时数少 392 小时。

（六）风

境内季风盛行，冬季受蒙古—西伯利亚高气压中心的支配，气压梯度由大陆指向海洋，盛行偏北风。夏季受北太平洋副热带高气压控制，气压梯度从海洋伸向内陆，多吹偏南风。春秋两季受季风交替影响，风向多变，但以西南风为主。春季大风较多，一般发生在 4 月至 5 月上旬，1971—2000 年平均为 33.5 天。据天津气象资料记载，1971—2000 年，境内风向风速年平均值为 2.7 米 / 秒，最多风向是南、西南，春季风速最大，平均风速为3.7 ~ 4.1米/秒。夏秋两季风速最小，平均风速为2.1 ~ 3.0米/秒。

风速大于17米/秒为大风，境内年平均大风日为30天左右，各月都有大风出现，春季最多，冬季其次，夏秋较少。2015年，境内出现7次大风天气，年极大风速为24.7米/秒。2016年，境内出现10次大风天气，年极大风速为19.9米/秒。

（七）物候特征

大梁庄村长期以来以农业为主，村民依据物候现象安排各种粮食蔬菜的种植、管理和收获。近些年来，随着蔬菜保护地普及，蔬菜种植时间不再取决于季节变化，可以在保护地内实现反季节种植。以下平均气温及降水量均为1979—2009年的平均值。

1. 春季

立春（2月4—5日） 为冬春交替时节，平均气温0.8℃，降水量很少，约1.6毫米，天气开始回暖，迎春花始开。

雨水（2月19—20日） 气温回升，小麦返青，大雁始鸣，耙压保墒。平均气温1.5℃，降水量5.1毫米。

惊蛰（3月5—6日） 榆树、柳树发芽，地下冬眠虫类开始苏醒，野草返青，雁北飞，蜜蜂群飞，地气通，始播种早春作物。平均气温5.5℃，降水量2.9毫米。

春分（3月21—22日） 榆树开花，柳树展叶，燕子出现，适时春播。境内农户开始在大棚内种植茄子、辣椒等蔬菜。平均气温8.8℃，降水量6.9毫米。

清明（4月5—6日） 杏树、桃树开花，枣树发芽，小麦开始拔节，玉米、花生、豆子、棉花等作物开始播种。平均气温13.9℃，降水量9.6毫米。

谷雨（4月20—21日） 进入无霜期，气温变暖，五谷破土，种菜种瓜，春播春种忙。平均气温16.9℃，降水量21.5毫米。

2. 夏季

立夏（5月5—6日） 气温持续上升，春播作物出苗、间苗，小麦孕穗“立夏见麦芒”。雷雨天气开始出现，降水量少。平均气温19.5℃，降水量18毫米。

小满（5月21—22日） 暖空气流活动增强，降水量有所增加，水稻开始插秧，桑葚成熟，布谷鸟始鸣，小麦灌浆乳熟，麦垄套种。平均气温22.8℃，降水量20.5毫米。

芒种（6月5—6日） 气温高，常有干热风，天气多变，易出现雷雨天气。“芒种三天见麦茬”“小麦剃了头”，麦熟收割忙。春玉米拔节，村民抓紧夏种和春播作物的田间管理。平均气温 24.4℃，降水量 42 毫米。

夏至（6 月 21—22 日） 一年中白天最长的一天，易出现雷雨天气，野草野菜生长速度快，农民忙除草，开始种植晚玉米等作物，蝉、蟋蟀始鸣。平均气温 25.6℃，降水量 65.5 毫米。

小暑（7 月 7—8 日） 温度升高、天气闷热，降水量增加，汛期到来。头伏种萝卜，二伏种菜，三伏种荞麦。平均气温 26.5℃，降水量 78 毫米。

大暑（7 月 23—24 日） 全年中最炎热的时期，高温、高湿、雷雨多。正值中伏前后，主汛期，玉米开花，谷子抽穗，水稻拔节，种植萝卜、秋菜等作物。平均气温 26.7℃，降水量 82 毫米。

3. 秋季

立秋（8 月 7—8 日） 气温有所下降，早晚凉爽，但有时也有高温天气，俗称“秋傻子”。“立秋揪棉花头”，夏玉米抽穗开花，开始种大白菜。平均温度 25.5℃，降水量 69 毫米。

处暑（8 月 23—24 日） 气温下降，天气凉爽，雨水少；秋高气爽，大秋作物开始成熟，棉花吐絮，芦苇扬花。平均温度 23.9℃，降水量 33.7 毫米。

白露（9 月 8—9 日） 天气渐凉，雨水少，青蛙终鸣，大秋作物棉花、果品等开始收获。做好种麦准备。平均温度 20.8℃，降水量 21.2 毫米。

秋分（9 月 23—24 日） 天气晴朗、凉爽，蝉终鸣。境内开始播种冬小麦。昼夜温差大，有利于大白菜生长。平均气温 17.6℃，降水量 18.6 毫米。

寒露（10 月 8—9 日） 气温继续下降，芦苇始枯，燕子南飞，蟋蟀终鸣，水稻成熟，开始收割，大白菜进入包心期。平均气温 14℃，降水量 10.6 毫米。

霜降（10 月 23—24 日） 气温低，植物生长期结束，树叶落地，有霜冻现象出现，收获萝卜等秋菜。“霜降翻地冻虫害”，平均气温 9.8℃，降水量 6.2 毫米。

4. 冬季

立冬（11 月 7—8 日） 土壤夜冻昼化，适合冬灌，可使小麦安全越冬。“立冬不砍菜，冻坏别见怪。”此时节抓紧抢收大白菜。平均气温 4.6℃，降水量 8.8 毫米。

小雪（11 月 22—23 日） “小雪封地”，形成冻土层。气温继续下降，西北风多，降水量少。平均气温 1.1℃，降水量 2.9 毫米。

大雪（12 月 7—8 日） “大雪封河”，河流全部结冰。冻土层加深，降水量少。平均气温 -1.5℃，降水量 2.1 毫米。

冬至（12 月 22—23 日） 冬至是一年中最短的一天，数九开始。西北风多，天气寒冷，降水量少。平均气温 -3.1℃，降水量 1.4 毫米。

小寒（1 月 5—6 日） 进入全年最冷时期，有寒潮，西北风多，偶伴降雪。平均气温 -4.1℃，降水量 1.3 毫米。

大寒（1 月 20—21 日） 气温最低时期。经常有寒潮出现，夜间气温可在 -10℃以下，白天气温 0℃左右，西北风多，降水量少，平均气温 -3.4℃，降水量 0.9 毫米。

三、自然资源

境内土地资源、水资源及野生动植物资源比较丰富，为大梁庄村民世代生息发展提供较为良好的自然条件。

（一）土地资源

大梁庄村土地大致范围在南运河以北、104 国道以东（西侧有一小部分土地）星光路以西、津浦铁路以南，共有土地 1709.82 亩（含老村宅）。村域土壤属潮土，大面积土地在南运河北部，占蛤蟆洼土地的 1/3 以上。母质为近代河流冲积物，地下水参与了成土过程，形成半水成土壤。多年来境内村民多用含泥沙较多的运河水灌溉，形成菜园潮土。新中国成立初期蛤蟆洼地盐渍化程度严重，经过勤劳的大梁庄村民的多次农田基本建设，降低了水位，增施大量的农家肥，深翻土地，引用运河水灌溉，土壤肥力普遍提高，大部分土地由盐渍化潮土逐渐变为普通潮土和菜园潮土。大梁庄土地大部分属于轻壤质潮土，适合种植各种作物。

2018 年年底统计，大梁庄村工业、商业等建筑用地 271 亩，外单位或个人租用土地 165 亩，占全村土地总面积的 39.2%。

（二）水资源

1. 地表水

地表水 主要来源于大气降水、河渠洼淀。

境内年降水量最大时期为汛期，约占全年总降水量的 80%，平均 485 毫米。大气降水不能满足和维持境内生产和生活需要。

境内主要河流是南运河，从东向西穿境而过。属二级河道，上口宽 40 余米，底宽 14 米，河堤标高 6 ~ 7 米，流量每秒 20 立方米。境内河道曾建有外环线南运河桥、曹庄大桥、大梁庄桥、李楼桥等。20 世纪 50 年代南运河平均年径流量 1.3 亿立方米，为保障境域村民的生产生活用水起了重要作用。1958 年海河拦河大坝合龙，南运河过境水量大大减少。1965 年独流减河扩浚后，南运河穿越减河的三箱涵洞废除，上游水中断。后来由子牙河泵站将水抽到东引河再入南运河，从东向西上溯，供境内村庄农业用水和排水。村域内有大干渠 3 条，全长共 15.5 公里，主要用于农业排灌。

2. 地下水

境内地下水资源主要源于大气降水补给，其次是河渠渗透及农业灌溉回归水。储存形式主要为第四系砂层孔隙水。根据第四系地层划分及沉积规律的特点，境内地下水由浅入深划分为 1 个咸水组和 5 个淡水组。地表至 60 ~ 70 米为咸水组，底界面埋深 60 ~ 70 米。咸水层下为淡水含水组。

南运河大梁庄段（韩宝霞摄于 2017 年）

地下水开采，始于 1964 年，止于 2008 年，村域内共打机井 9 眼，其中，村民生活用水井 2 眼，农业灌溉用水井 7 眼。2015—2017 年，为制止地下水过度开采，防止地面下沉，大梁庄共封填机井 8 眼，保留 1 眼。

（三）野生动植物资源

1. 动物资源

哺乳类：狐狸、獾、黄鼬、野兔、刺猬、大仓鼠、田鼠、老鼠、蝙蝠、野狸子等。

鸟类：杜鹃、黄鹂、喜鹊、山斑鸠、伯劳、啄木鸟、普通翠鸟、家燕、芦莺、柳莺、绣眼、百灵、黄雀、鹌鹑、朱雀、乌鸦、猫头鹰、鸽子、大雁、灰背隼、白鹳、野鸭、天鹅等 30 余种。其中麻雀最多，抬头可见，喜鹊次之。

两栖和爬行类：青蛙、蟾蜍、蜥蜴、蛇、鳖等。

昆虫类：蜜蜂、黄蜂、蝴蝶、螳螂、蝉、蟋蟀、油葫芦、蜻蜓、蜉蝣、蝗虫、蚊、蝇、金龟子、天牛、瓢虫、棉铃虫、蚜虫、枣尺蠖、梨尺蠖、国槐尺蠖、梨星毛虫、梨小食心虫、桃小食心虫、苹果小食心虫、玉米螟、二化螟、褐稻虱、叩头虫、绿豆象、蚂蚁、蟑螂、蝼蛄、美国白蛾、潮虫等30余种。

鱼类：鲢、鳙、草鱼、鲤、翘嘴红鲌、梭鱼、麦穗、棒花、白条、长春鳊、鲇鱼鲶、刀鱼、泥鳅、黑鱼、圆尾斗鱼、罗非鱼、银鱼、鲂鱼、鳜鱼、黄鳝等30余种。

软体动物：河蚌、三角帆蚌、剑状矛蚌、河螺、中国菜田螺、狭口螺、椭圆萝卜螺、蜗牛等。

2. 植物资源

境内河道、堤坡、沟旁、道旁、田间地头、荒地池塘等到处可见野生植物。有芦苇草、蒲蓬草、稗草、狗尾草、星星草、白茅草、三棱草、节节草、马绊草、灯芯草、补血草、益母草、虎尾草、车前草、枸杞、白刺、马蔺、葎草、茜草、曼陀罗、野豆类、野西瓜苗、马齿苋、苋菜、蒲公英、大蓟、小蓟、苣荬菜、苦菜、苍耳、牵牛花、旋花、旋复花、荠菜、马唐、酸模草、蛇床、黄花蒿、香蒿、艾蒿、灰菜、猪毛菜、碱蓬、薄荷、大叶草、地黄、地锦、大麻、苜蓿、菖蒲、紫萍、凤眼莲、浮萍、隐藻属、螺旋藻属、扁裸藻属、小环藻属、绿球藻属、纤维藻属、蓝球藻属、鱼腥藻属、裂面藻属、多甲藻属、衣藻属、四月藻等近百种。

村域内树木品种较多，乔木有杨树、柳树、榆树、槐树、椿树、白蜡、青蜡、法桐、泡桐、松树、柏树、合欢树等。灌木有木槿、紫穗槐、冬青、黄剑、玫瑰、丁香、小刺梅、荆条、西府海棠、碧桃、金银木、太阳李、迎春花等。

四、自然灾害

（一）气象灾害

明永乐五年（1407），境内大水，农田被淹，粮食收成锐减，发生饥荒。

明天顺三年（1459），旱风强烈，麦田枯竭，小麦颗粒无收。

明成化十四年（1478），天阴连雨，河水泛滥，村庄农田被淹，陆可行舟，粮食绝收。

明成化十八年（1482），连天降雨，蛤蟆洼涝灾严重，粮食歉收。

明弘治十四年（1501），南运河水漫溢，村庄农田被淹，秋禾绝收。

明嘉靖二年（1523），境内风沙蔽天，田中积沙较多，影响春播。

明嘉靖二十五年（1546），境内大水，远近居民漂溺甚众，秋禾绝收，村民生命和财产损失惨重。

明嘉靖三十三年（1554），境内大水，秋禾无收，瘟疫流行。

明嘉靖三十七年（1558），境内久下大雨，禾苗淹没，房屋坍毁严重。

明隆庆四年（1570），境内大水，村庄农田被淹，沦为泽国。

明万历十四年（1586），夏季连雨，境内大水，农田被淹，粮食绝收。

明万历二十年（1592），境内大水，河堤多决，平地成川，田化为湖，村民财产损失惨重。

清顺治十年（1653）夏，境内河水满溢，境内农田水深丈余，房屋坍塌。

清顺治十一年（1654），境内大水决堤，桑田行舟，村民财产损失惨重。

清康熙三十九年（1700），天津大水，殃及境内村庄，农田粮食歉收，发生饥荒。

清乾隆三十五年（1770），久下大雨，南运河水漫堤顶，境内村庄农田被淹，发生饥荒。

清嘉庆十年（1805），天津县各河泛滥，境内沦为泽国，发生饥荒，清廷抚恤天津县灾民。

清道光十二年（1832），境内气候异常，暴凉，陡热，痧症大作，染病者三四日即亡。旱涝灾害接踵而至。

清同治六年（1867），大旱，南运河枯竭，河道可行车，粮食歉收。

清同治十年（1871），南运河河堤冲溢数口，境内受灾严重。

1917年9月21日,《益世报》刊载的《西乡灾民呼吁声》记载:“九月二十一日晚十二钟余，风涌水狂，溃堤三十余丈，平地水深丈余，民房倒塌，庐舍为墟，一片汪洋。”

1927年春，干旱无雨，粮价暴涨，村民生活困苦。

1937年9月2日，境内连降暴雨，农田被淹。

1939年，因上游连降暴雨，南运河水位猛涨，侵华日军将马庄南运河河堤炸开，洪水淹没境内农田、村庄，河水冲入天津市区，境域内村庄秋禾无收。村民四处逃难。

1953年8月，境内降水量大而集中。农作物受损，减收三成。

1968年夏，旱情严重，南运河断流。

1969年，龙卷风穿越中北境内，园田受损。

1972年，境内降水量小、形成春旱，村庄稼减收四成。

1977年8月，境内降水量大，农田积水，庄稼减收二成。

1982年，境内干旱，春播作物减收三成左右，夏播作物减收三成。

（二）虫灾

明弘治七年（1494），境内发生蝗灾，飞蝗满天，农田禾苗被食，粮食歉收。

明嘉靖六年（1527），境内大旱，飞蝗成灾，禾苗受损严重，粮食歉收。

明崇祯十一年（1638），境内飞蝗满天，禾苗被食，村民大饥，人捕蝗为食。

1928年，境内飞蝗成群，庄稼多被毁食，粮食歉收。

1972年，大旱，黏虫成灾，毁食庄稼，村中男女老少齐上阵灭虫。

（三）震灾

境内从西晋元康四年（294）至1996年共发生5级以上地震18次，3级至5级地震89次，震中均在境外，均为周围地震所波及。1966年3月邢台大地震波及境内，有明显震感，但损失不大。1976年7月，唐山大地震波及境内，损失较大。

明正德六年（1511），地震波及境内，有声如雷，民房摇动，受损严重。

明天启三年（1623），天津地震，波及境内。

清康熙十八年（1679），平谷、三河一带发生强烈地震，波及境内，房屋受损坍塌，人畜伤亡较重。

清光绪十四年（1888），渤海湾地震波及境内，房屋动摇，人如酒醉，居民多出屋躲避。

1926年5月，天津市区发生地震，波及境内村庄。

1976年7月28日3点42分，唐山发生7.8级强烈地震，波及境内，大梁庄村房屋建筑受损严重，倒塌民房17间，受损房屋1018间，倒塌集体厂房8间，集体用房受损84间。大梁庄村在地震中倒塌和受损房屋共1127间，占大梁庄村房屋总数的73.2%。

第二章　姓氏　人口

建村以来，大梁庄姓氏由十几个发展至123个，其中李、董、陈、刘为村中的四大姓氏。四大姓氏人口共1117人，占全村近一半人口。

清道光二十六年（1846），大梁庄村和李楼村共254户1142人。1934年，全村共有人口761人。1951年，大梁庄村共有人口929人。此后20年，大梁庄人口增长较快，形成生育高峰。20世纪70年代中期实行计划生育，人口生育向低增长转变。90年代后期，随着村工业园区的建设发展，村里从事农业生产的人口大幅减少，从事工商服务业的人口居多。截至2018年12月1日，全村人口共2492人。其中，汉族2490人，少数民族2人；初中、高中文化程度1728人，大专以上文化程度234人，村民文化素质显著提升。

第一节　姓　氏

一、姓氏

2006年，大梁庄共有姓氏101个。2018年，大梁庄共有姓氏123个。12年间增加22个姓氏。李、董、陈、刘四大姓氏共增加人口81人，其中李姓增加30人，董姓增加14人，陈姓增加18人，刘姓增加19人。

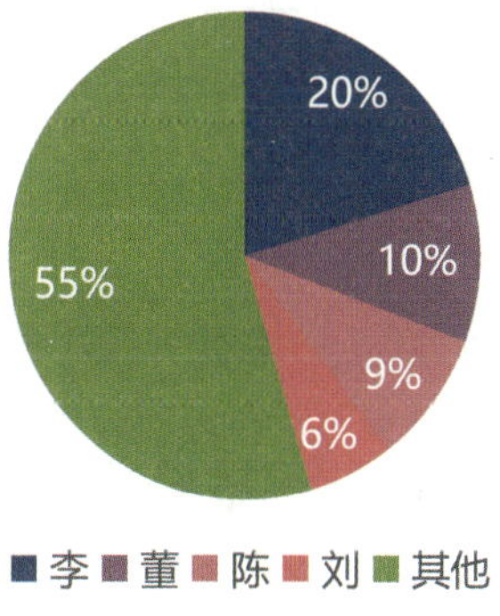

图2-1　2006年大梁庄人口姓氏比例示意图

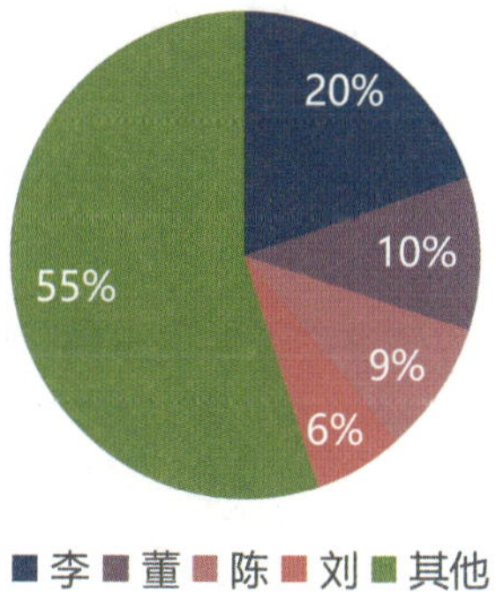

图2-2　2018年大梁庄人口姓氏比例示意图

2006年大梁庄村姓氏人数情况表

表 2–1　　　　单位：人

姓氏	人数	姓氏	人数	姓氏	人数	姓氏	人数	姓氏	人数
李	461	屈	17	冯	5	兰	2	渠	1
董	239	祁	16	魏	5	秦	2	时	1
陈	202	曹	15	杜	5	沙	2	金	1
刘	134	侯	14	武	5	汪	2	严	1
张	121	朱	14	姚	5	牛	2	华	1
王	109	闫	13	郑	5	蔡	2	经	1
杨	101	安	12	鲍	4	史	2	荣	1
石	78	郝	11	付	4	陆	2	关	1
高	62	胡	11	许	4	方	2	鞠	1
肖	58	程	11	宫	4	黄	2	阮	1
范	51	马	11	尹	4	苏	2	丰	1
薛	50	邓	10	岳	4	孔	2	霍	1
于	42	潘	10	崔	3	乔	2	桑	1
孟	36	韩	8	季	3	谢	2	仉	1
周	34	白	8	傅	3	唐	1	佟	1
贾	32	訾	8	毕	3	邢	1	郜	1
孙	27	何	7	顾	3	纪	1	栗	1
赵	26	任	7	罗	3	倪	1		
徐	25	庞	6	郭	3	邱	1		
吴	20	齐	6	袁	3	翟	1		
梁	19	宋	6	沈	3	解	1		

说明：2006年全村姓氏共101个，总人口2281人

2018年大梁庄村姓氏人数情况表

表 2–2　　　　单位：人

姓氏	人数	姓氏	人数	姓氏	人数	姓氏	人数	姓氏	人数
李	491	张	132	高	69	于	42	赵	30
董	253	王	130	肖	59	周	34	徐	29
陈	220	杨	118	薛	54	孙	33	吴	28
刘	153	石	77	范	46	贾	32	孟	27

续表 2-2

姓氏	人数	姓氏	人数	姓氏	人数	姓氏	人数	姓氏	人数
梁	20	姚	7	解	3	邱	1	荣	1
屈	18	魏	6	金	3	裴	1	桑	1
侯	17	昝	6	陆	3	渠	1	尚	1
曹	15	郑	6	罗	3	曲	1	时	1
邓	14	鲍	6	乔	3	卢	1	陶	1
闫	14	崔	6	苏	3	毛	1	靳	1
祁	13	杜	6	孔	2	苗	1	经	1
朱	13	冯	6	芦	2	倪	1	鞠	1
按	12	宫	6	史	2	牛	1	佟	1
郝	12	宋	6	汪	2	皮	1	邢	1
程	11	郭	5	谢	2	秦	1	运	1
马	11	齐	5	翟	2	尔	1	展	1
潘	11	袁	5	方	2	房	1	仉	1
白	10	岳	5	顾	2	丰	1	喇	1
韩	9	傅	4	黄	2	关	1	兰	1
胡	9	沈	4	姜	2	管	1	栗	1
何	8	许	4	蔡	1	哈斯	1	支	1
武	8	尹	4	畅	1	华	1	祝	1
庞	7	毕	3	戴	1	霍	1	左	1
任	7	付	3	廉	1	纪	1		
沙	7	季	3	林	1	殷	1		

说明：2018 年全村姓氏共 123 个，总人口 2492 人

二、民族

2018 年，大梁庄村民以汉族为主，汉族人口 2490 人，少数民族人数极少，仅有蒙古族 1 人、回族 1 人。

三、家谱

（一）刘姓来历

刘姓是村中四大姓氏之一。据《刘氏族谱》记载，清顺治七年（1650），始祖刘

泰来从山西省洪洞县迁至山东省武城县师家庄村。刘泰来落籍师家庄，生二子，分别是刘同和、刘同心。后经世代繁衍，2014年已达十六世。1931年，刘氏十一世刘宝和携妻、子、女逃荒至天津县大梁庄村，并在此定居，生息劳作。2014年，天津市西青区大梁庄村刘氏支派入谱男性44人。

（二）《刘氏族谱》

《刘氏族谱》已有368年历史，其间虽经多次天灾人祸，但由于刘氏历代先人重视续修族谱，使刘氏家族至今支派分明，世系不乱。“文化大革命”时期，十三世裔刘俊岭，妥善保存了《刘氏族谱》。2014年，由十二世刘书印、刘书春，十三世刘虎岭、刘越岭等主持续修《刘氏族谱》。至2014年，刘氏族谱入谱男性352人。

第二节　人　口

一、人口规模

据《中北斜乡志》记载，清道光二十六年（1846），大梁庄村和李楼村两村共254户1142人。1951年，大梁庄村有184户929人。1964年，全村有267户1436人。1990年，全村有595户2144人。1995年，全村有675户2091人。2010年，全村有792户2138人。2018年，全村有863户2492人，其中农业人口802户2272人（男1115人、女1157人），非农业人口61户220人（男106人、女114人）。大梁庄村是中北镇的中型规模村。

1846—2018年部分年份大梁庄村人口数量情况表

表2-3

年份	总户数（户）	总人数（人）	男（人）	女（人）	备注
1846	254	1142			大梁庄、李楼二村
1934	178	761			
1951	184	929	445	484	
1964	267	1436			

续表 2-3

年份	总户数（户）	总人数（人）	男（人）	女（人）	备注
1995	675	2091	1045	1046	
2010	792	2138	1065	1073	
2018	863	2492	1221	1271	

二、人口构成

（一）性别

2018 年，全村农业人口共 2272 人，男女性别比总体基本平衡，男 1115 人，女 1157 人。在不同的年龄段性别比不平衡。如 1 ~ 10 岁男 145 人、女 109 人，男性多于女性。11 ~ 20 岁男 92 人、女 68 人，男性多于女性。71 ~ 80 岁男 68 人、女 93 人，女性多于男性。81 ~ 90 岁男 10 人、女 21 人，女性多于男性。

（二）年龄

截至 2018 年 12 月 1 日，大梁庄村农业人口中 51 ~ 60 岁年龄段人数居首位，457 人。第二位，41 ~ 50 岁年龄段 340 人。第三位，21 ~ 30 岁年龄段 307 人。第四位，61 ~ 70 岁年龄段 304 人。村中年龄最大者董开弟老人 2018 年年底 100 周岁，老人语言表达清晰，身体状况良好。

2018 年 12 月 1 日大梁庄村农业人口各年龄阶段人数情况表

表 2-4

年龄段	总人数（人）	男（人）	女（人）
1 ~ 10岁	254	145	109
11 ~ 20岁	160	92	68
21 ~ 30岁	307	144	163
31 ~ 40岁	255	129	126
41 ~ 50岁	340	160	180
51 ~ 60岁	457	216	241
61 ~ 70岁	304	149	155
71 ~ 80岁	161	68	93
81 ~ 90岁	31	10	21
91 ~ 100岁	3	2	1
合计	2272	1115	1157

（三）文化素质

解放前，大梁庄儿童入学率仅为 40% ~ 50%，绝大多数学生的文化水平只达到小学 1 ~ 2 年级水平，文盲占 50% ~ 60%。

解放后，党和政府十分重视国民文化素质的提高。一是在全民中进行扫盲识字学习活动，村中无论老、中、青、少，凡是没有文化的一律参加扫盲识字班的学习；二是努力提高适龄儿童的入学率。据资料记载，1950 年，大梁庄村儿童入学率达 64%，20 世纪 60 年代末达 90%，80 年代儿童入学率达 98.86%，巩固率达 98.6%，毕业率达 95%。至 90 年代，儿童入学率、巩固率、毕业率均达 100%。村民的文化素质大幅度提高。

2018 年，大梁庄村小学生在学 133 人，初中、高中、中专在学 116 人，大专以上在读 33 人。

2018 年，全村共有 2492 人，其中学龄前儿童 171 人，小学以下文化程度 359 人，初中、高中文化程度 1728 人，大专以上文化程度 234 人。

（四）职业分布

2018 年，全村劳动力共 1118 人，其中在企业工作 808 人，务农 10 人，事业单位 17 人，公务员 3 人，村委会工作人员 12 人，大专以上在读 33 人，待业 235 人。

三、家庭结构

解放前，村内富户多为大家庭，但人口不多，一般 10 ~ 15 人。大家庭崇尚子孙共饮，以四世同堂为荣。家庭结构依父系血缘由一位年高辈尊的男人当家，称为户主或家长，居于支配地位，其他成员处于依附地位。家长亡故后，一般由长子继任家长，父母在世时，兄弟婚后仍在一起生活。父母去世后且兄弟都已完婚方能分家各爨，自立门户。由于过去结婚年龄没有法律限制，富户人家子弟结婚较早，有的男子十七八岁就得子，四世同堂也不罕见。村内大多数农户为了生计，婚后即与父母分居，另立门户，自谋生路。据统计，大梁庄村清道光二十六年（1846），户均 4.5 人；1934 年，户均 4.28 人。

解放初期，由于生产关系的变革，大梁庄村以两代人组成的家庭居多，三代人组成的家庭较少。据统计，1951 年，大梁庄村户均 5.05 人；1964 年，户均 5.38 人。

改革开放后“兄弟分居”“父子分居”者多，以一夫一妻一子（女）为主要家庭结构，三口之家者居多，1 ~ 2 人之家者次之，5 ~ 6 人之家者居少。父母与已婚子女一起生活的很少。1990 年，大梁庄村户均 3.6 人；1995 年，户均 3.1 人；2010 年，

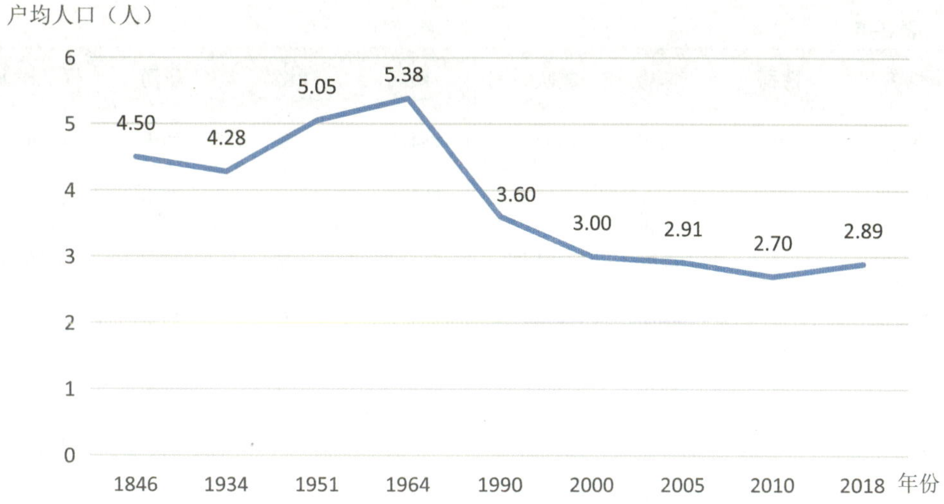

图 2-3 1846—2018 年部分年份大梁庄村家庭结构户均人口示意图

户均 2.70 人；2018 年，户均 2.89 人。

四、人口变动

最早在大梁庄村居住的是梁家，后续有李家、董家、陈家、刘家等在此居住。随着社会的进步与发展，人口数量不断发生变化，总体趋势是在不断增长。1934 年，大梁庄共有人口 761 人，1951 年 929 人，1993 年 2077 人，2000 年 2167 人，2010 年 2138 人，2018 年发展至 2492 人。

（一）自然变动

据近几年资料显示，大梁庄村在人口自然变动中，出生人数大于死亡人数。2010 年出生 21 人，死亡 16 人。2014 年出生 31 人，死亡 18 人。2018 年出生 30 人，死亡 19 人。2010—2018 年，全村总计出生 246 人，总计死亡 145 人。

（二）机械变动

资料显示年年变动不一。一是婚嫁年年频繁变动，二是知青落户与选调，变化较大。1957 年知青 3 人到大梁庄落户，1969 年有 6 人，20 世纪 70 年代迁入大梁庄的知识青年共 51 人。1977 年后落实政策，一部分知青选调到企业事业单位，部分病退回津，一部分顶替回津，户口大部分迁入市区。2010 年，大梁庄村迁入 19 人，迁出 9 人。2013 年，迁入 22 人，迁出 21 人。2017 年，迁入 14 人，迁出 15 人。2010—2017 年，总计迁入 141 人，迁出 104 人。人口机械变动总趋势是迁入人口多于迁出人口。

1957—1977 年大梁庄插队知识青年一览表

表 2-5

姓名	性别	学历	插队时间	姓名	性别	学历	插队时间
吴煜	男	高中	1957年	赵林国	女	初中	1974年
贾汉松	男	高中	1957年	陈智华	女	高中	1975年
张精世	男	高中	1957年	张会书	女	初中	1976年
韩泽远	男	初中	1969年	季克凤	女	初中	1976年
代原祥	男	初中	1969年	徐景苓	男	初中	1976年
李恩海	男	初中	1969年	赵玉芹	女	初中	1977年
赵亭友	男	初中	1969年	赵得宝	女	高中	1976年
侯学敏	女	初中	1969年	赵胜利	女	高中	1976年
李桂兰	女	初中	1969年	邸克峰	男	高中	1976年
柳万成	男	初中	1970年	董际忠	男	高中	1976年
张得利	男	高中	1970年	陈文忠	女	高中	1976年
周建新	男	初中	1970年	徐一栋	男	高中	1976年
张德宝	男	初中	1970年	邵桂荣	女	高中	1976年
邓秋稳	女	初中	1970年	田晓伟	女	高中	1976年
杨立琴	女	初中	1970年	宋厚长	男	高中	1977年
杨立霞	女	初中	1970年	宫心国	男	高中	1977年
王友起	女	小学	1970年	杨静	女	高中	1977年
杨金玲	女	初中	1970年	杜金香	女	高中	1977年
齐会领	女	初中	1970年	徐彩苓	女	高中	1977年
吴祝和	男	初中	1973年	李治忠	男	高中	1977年
尚桂发	女	初中	1974年	许庆会	男	高中	1977年
张爱萍	女	高中	1977年	韩淑娴	女	高中	1977年

续表 2-5

姓名	性别	学历	插队时间	姓名	性别	学历	插队时间
邢义年	男	高中	1977年	李玉昌	男	高中	1977年
黄林宝	男	高中	1977年	白玉强	男	高中	1977年
李玉海	男	高中	1977年	陈富刚	男	高中	1977年
郑树利	男	高中	1977年	饶志华	女	高中	1977年
周会玲	女	高中	1977年	赵玉兰	女	高中	1977年
郭润宝	男	高中	1977年	张爱琴	女	高中	1977年
刘克让	男	高中	1977年	赵芝云	女	高中	1977年
段玉玲	女	高中	1977年	李玉忠	男	高中	1977年

说明：由于档案资料不全，人员统计可能有疏漏

（三）外来人口

中共十一届三中全会以后，随着改革开放的深入，到天津务工的各地农民逐年增加。1990 年，大梁庄村陆续建设农贸市场、木材市场、村北工业园，外来务工人口迅猛增长。

2010 年，全村有外来人口 360 人，其中村内居住外来人口 120 人（30 人从事养殖业，35 人经营小生意，55 人在村北企业打工），木材市场长期居住外来人口 240 人，多数人从事家具制作、木材经销，部分人员在市场内打工。

第三节　人口生育

一、生育情况

解放前，人口生育处于自由状态，村民生育多则 10 个，少则 5 ~ 6 个。由于经济和医疗卫生条件极差，新生儿死亡率较高，存活率较低。人口增长比较缓慢。

新中国成立后至 1954 年，国家鼓励生育，加之医疗卫生事业的发展，形成了生

育高峰，人口迅速增长。1982 年，计划生育写入宪法，独生子女政策全面实施。2002 年《大梁庄村村规民约》中，明确规定了计划生育的内容，2005 年，计划生育相关政策措施列入了《大梁庄村村民自治章程》。1993 年，大梁庄总人口 2077 人；2015 年，2237 人。22 年间人口生育情况保持平稳，年均增长 7.27 人。截至 2015 年 12 月 31 日，全村有 792 户，其中有 545 户领取独生子女证，领证率 100%。2016 年，二孩生育政策全面放开，3 年来全村共出生二孩 40 人，其中男 20 人、女 20 人。

二、生育政策

20 世纪 70 年代初，国家倡导每对夫妇生 2 ~ 3 个孩子，1982 年，将计划生育作为基本国策，提倡一对夫妇只生一个孩子，农村可以放宽为双农户第一胎是女孩的，间隔四年可再生一个。1980 年 9 月 25 日，中共中央发出公开信，提倡“一对夫妇只生一个孩子”。

宣传计划生育政策（李茜提供）

三、生育情况

1980—2015 年，全村 500 余户育龄夫妇只生一胎，领独生子女证 100%。1996 年，全村已婚育龄妇女 551 人，一孩生育率 87%。2010—2015 年，全村已婚育龄妇女年均 504 人，年均生育 26 人，年均出生率 5.16‰。2016 年，国家实施全面二孩政策，每对夫妇可以生两个孩子。全村已婚育龄妇女 494 人，一孩生育 13 人，一孩生育率 2.6%；二孩生育 9 人，二孩生育率 1.8%。2017 年，已婚育龄妇女 447 人，一孩生育 15 人，一孩生育率 3.6%；二孩生育 19 人，二孩生育率 4.3%。2018 年，已婚育龄妇女 471 人，一孩生育 10 人，一孩生育率 2.1%；二孩生育 12 人，二孩生育率 2.5%。

四、奖励措施

（一）计划生育奖励

20 世纪 70 年代末期，大梁庄村提倡一对夫妇生育一个孩子，可以领取独生子女证。领取独生子女证的农户，村委会每年给予工分奖励。2005 年，中北镇政府对镇域各村的独生子女父母每人每月给予5元的补贴，发放至独生子女14周岁。自80年代实行计划生育以来，大梁庄村根据集体经济发展状况，不断调整提高村民计划生育的奖励及优惠政策。2008年，大梁庄村将计划生育的奖励政策列入《大梁庄村村民自治章程》中。

（二）独生子女家庭奖励

村委会规定，凡子女在2015年12月31日之前出生的独生子女家庭，其父母为农业户口的，到退休年龄，村委会每月为该家庭父母分别发放200元奖励金，国家每人每月补贴200元（单农户可一方享受上述待遇）。

慰问单亲困难家庭（邓卫莹摄）

大梁庄村“关爱女孩”表彰大会（邓卫莹摄）

五、获奖情况

（一）集体获奖

1982 年，大梁庄村获评区级计划生育先进集体。1989 年，获评区级计划生育三无村。1993 年，获评区级计划生育合格村。1996 年，获评区级计划生育先进单位。

（二）个人获奖

区级、区局级计划生育先进个人、先进工作者：

王桐香　何壁仑　陈金爱　许恩彦　王善兰　范茵华　孟兆敏

贾永俊　肖汉利　张会玲　王明芬　李淑凤　吴灵梅　郝春香

高云红　杨春女　陈二焕　刘福荣　倪顺芬　张远莉　赵宝银

李加珍　董丽芹　王学云　侯树枫

第三章　农　业

农业是大梁庄人祖祖辈辈生存的基础，无论是遇到旱灾、涝灾，还是虫灾，大梁庄人不断排除各种困难，采取各种措施，搞好农业生产。

20 世纪 70 年代，大梁庄粮食亩产逐年增长，亩产超千斤。蔬菜种植品种多，精耕细作，产量连年提高，为天津市菜篮子工程做出贡献。80 年代，粮食作物和蔬菜种植各占半壁江山。90 年代末期，少数村民退菜种花。2010 年平改拆迁后，土地收回，种植业无存。

养殖业起步于 80 年代初期，有水产和畜牧养殖。养鸡专业户吴洪祥从事养殖 30 余年，出售禽蛋 2800 余吨，出售禽肉 150 余吨，丰富了天津市民的生活。1990 年，吴洪祥被国家科委评为“星火带头人”。

第一节 生产关系

生产关系的基础是生产资料所有制关系，在不同的历史时期，生产资料所有制形式也不尽相同。

一、封建土地制度

（一）土地制度

明朝、清朝及民国时期，境域内土地有买卖、典当、租赁、抵押等。

1. 土地买卖

土地买卖是封建私有制合法的有偿地权转让。出卖土地者多为生活所迫的农民，买方多为有权有势有钱者。

2. 土地典当

土地典当即土地活卖。农民受经济压迫时，将个人田地典出而失去耕种权，只保留赎权，但粮食不过户，仍由出典人向官纳粮，赎期一般为 3 年左右，非期满不得赎回。

3. 土地租赁

农民无地或少地，不敷耕种，多向地主、富农租借地耕种。农民租地耕种，要缴纳地租，地租有实物地租和货币地租两种。实物地租，产量越高地租越高，园田地租一般四六分（租地者四，出租者六），旱地地租三七分（租地者三，出租者七）。货币地租，每年固定租额，春秋两季缴纳，不管旱涝，分文不少，比实物地租更残酷。

4. 土地抵押

农民生活困苦，借债时将仅有的少量田地抵押，田单交付给债权人作为抵押。债期内，土地仍由自己耕种，按期付息；期满，付清债款，收回田单。无力偿还时，以土地相抵。

（二）剥削方式

封建社会，村域内的剥削方式主要有中间剥削、高利贷、雇工剥削等。

1. 中间剥削

有两种。一是佃富农（地贩子）从地主手中租出土地后，再转手出租，通过虚放亩数、提高租金从中渔利。二是农民向地主租地时，要经其管事，每租一亩要给管事一些酬粮。

2. 高利贷

高利贷分为贷款、贷粮两种。贷款的利息一般是3分，有的高达5分。贷款时必须以“红契”做抵押，到期不交利息，就“本利一起滚”，三年还不上就“三年本利停”，“红契”归地主所有。贷粮，春借一斗，秋还一斗五至二斗；或是春借一斗高粱，秋还一斗五小麦。

3. 雇工剥削

无地少地农民，为生计所迫，经劳力市场或他人介绍，受雇于地主富农，俗称扛活的。按工期长短分为长工（年工）、短工（月工、日工）两种，他们劳动繁重，工时长，雇佣金很低。

二、土地改革

1951年11月下旬，土改工作队到大梁庄开展土改工作。1952年1月25日，完成土改工作。根据政策界定4户富农、4户地主。在土地分配中，大梁庄村农会按照政策留给地主同贫农雇农一样份额的土地房屋及生产工具，没收其多余的土地、房屋及大型生产资料，分给无地或少地的农民。对于富农没收其出租的土地，其他生活资料均不没收。通过土地改革，大梁庄村的贫雇农分到了土地、房屋、牲畜和农具等。大梁庄村农民共获得土地860亩。

三、农业合作化

土改后，村民生产情绪高涨。1953年，农民自愿结合成立互助组（5户左右为一组）以解决劳动力、牲畜、农具不足的问题，促进生产发展。

1955年年初，大梁庄村成立五星、谊光、同心、新立4个初级农业合作社，各户的劳动力、土地、大型农具等入社。初级农业合作社制定了基本的管理制度和收益分配方法，主要是土地入股，农具由社租用，土地打破户界，统一使用，社员参加劳动评工计分。每年年终从总收入中提取5%为公积金，1%为公益金。分红采取在总收入中扣除成本和农业税、公积金、公益金后按劳动力、土地分红的办法。各初级农业合作社采取分红的比例不同，有劳六物四的，有劳七物三的，新立社实行劳八物二。初级农业合作社根据自愿互利、经营规模适度的原则，显示了集体生产的优越性。谊光社入社32户90人，入社土地226.13亩、牲畜7头，石景洪任社长；同心社入社25户63人，入社土地180.19亩、牲畜7头；新立社入社23户，入社土地256.5亩、牲畜8头，徐国新任社长；五星社入社30户，入社土地200余亩，杨洪林任社长。

1956年1月，成立高级农业合作社，高级农业合作社以村为单位组成，土地归集体所有。入社村民不再拥有土地。入社后实行“各尽所能、按劳分配”的原则，另外，按人头分给各户一点“自留地”，其所有权仍属集体。高级农业合作社推行新式农具，推广良种，改进种植技术，改土治碱，植树造林，提高了抵御自然灾害的能力。全体村民坚定不移地走上合作化道路。

四、人民公社

1958年8月，成立人民公社，实行“政社合一”体制，村为生产大队。生产大队负责村内农业生产、民政、民兵、治安、文教、妇联、卫生等事务。大梁庄村隶属红旗人民公社。人民公社成立后实行工、农、商、学、兵五位一体的管理制度，劳动军事化。男女劳力编班、排、连。10月村内建立集体大食堂，成立托儿所。集体大食堂的供给制造成无节制的挥霍浪费，几乎将逐步建立起来的公共积累消耗殆尽。社员实行工资制，月工资分三等，一等6元，二等5元，三等4元。1961年6月，大梁庄取消公共食堂，以生产小队为独立核算单位，实行按劳分配。1969—1972年，全村设4个排，以排为单位，实行大队统一核算。1973年，全村划分为8个生产队，以生产队为独立核算单位，社员评工计分，按全年工分计算全年收入，年终结算，此方法沿用至 1982 年。

五、家庭联产承包责任制

1982—1983 年，大梁庄村实行家庭联产承包责任制，分田到户，男劳力每人分园田 0.7 亩，女劳力每人 0.5 亩，旱田每人 0.2 亩。农业的种植、生产、收获均以家庭为单位，从此改变了农业生产集体经营的劳作方式。

六、土地流转

21 世纪初，村工业园区建设速度加快，村域内部分土地开始流转，转为工业用地，其中土地转让 180 亩，土地出租 165 亩，自建厂房出租 271 亩。2010 年，平改拆迁后，村域内剩余耕地收回，由集体统一管理。

七、农村集体产权制度改革

2018 年 2 月 3 日 9 时，大梁庄村成立集体产权制度改革领导小组。根据天津市、西青区关于农村集体产权制度改革的相关规定，大梁庄村于 2 月 3 日下午，召开了党员、村民代表大会，传达了市、区、镇有关农村集体产权制度改革精神，部署村集体产权制度改革一系列工作，确定产权制度改革人员资格截止时间点，拉开了村集体产权制度改革的序幕。这次改革的重点，一是对村集体所有资产、资金和资源进行清产核资，清产核资基准日为 2018 年 2 月 28 日；二是资格认定；三是建立新的农村集体经济组织。

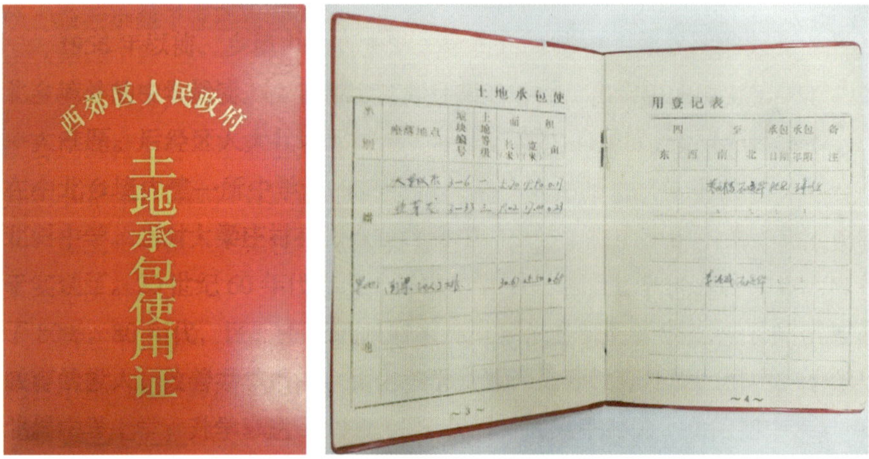

西郊区人民政府土地承包使用证（石蕴山提供）

第二节 生产条件

一、劳动力

解放后，经过土地改革，大梁庄村民分得土地，种田的积极性高涨。区、乡、村各级领导发动和组织广大村民大搞水利设施的兴建、农田改造、平坟开荒等。耕地面积不断增加，地力不断提升。村中直接从事农业生产的劳动力大大增加。直至20世纪70年代末，村中从事农业生产的劳动力占劳动力总数的93%。80年代后村镇企业迅速发展，村中50%以上的劳动力在村镇企业上班，工作之余从事农业生产。进入21世纪，民营企业、合资企业、独资企业发展迅速，村中85%的劳动力在企业工作，从事农业生产及其他经营性生产的劳动力仅占劳动力总数的15%。2010年，平改拆迁、耕地收回，从事农业种植劳动力极少。

2004—2018年，大梁庄从事企业工作的劳动力年均1223人，占劳动力总数的86.3%。2006年，从事企事业工作的劳动力占劳动力总数的81.75%。2015年，最高达到92.01%。2018年，达82.27%。

2004—2018年大梁庄农业人口劳动力从业情况表

表3–1 单位：人

年度	农业人口	劳动力	从事企事业工作人员	其中	
				男	女
2004	2100	1245	1063	556	507
2005	2109	1327	1087	540	547
2006	2109	1326	1084	544	540
2007	2126	1387	1170	591	579
2008	2133	1403	1240	627	613
2009	2112	1400	1240	627	613
2010	2129	1456	1217	615	602
2011	2138	1471	1226	621	605

续表 3-1

年度	农业人口	劳动力	从事企事业工作人员	其中	
				男	女
2012	2175	1576	1395	769	626
2013	2200	1575	1413	781	632
2014	2223	1578	1421	784	637
2015	2237	1590	1463	782	681
2016	2274	1325	1125	607	518
2017	2264	1325	1095	597	498
2018	2272	1269	1044	567	477

二、耕地

1951 年，大梁庄村有 184 户 929 人，有耕地近 900 亩，人均耕地不足 1 亩。20 世纪 50 年代党和政府积极鼓励农民开垦荒地，改土治碱，耕地数量有所增加。60—70 年代，大梁庄兴修水利，改良土壤，平坟拓耕，开展农田大会战，土地有机质含量不断提高，地力增强，耕地面积增长较快。70 年代末期，土地面积达 2000 亩，比解放初期增加 1.22 倍，人均 1.14 亩左右。改革开放后，村工业园建设用地、国家建设用地增加，耕地面积逐渐减少。2006 年，全村共有耕地 1280.8 亩，人均 0.6 亩。2010 年，大梁庄平改拆迁，土地收回集体所有。

三、农田水利设施

解放前，大梁庄村域内无农田水利设施，洪涝旱灾任其肆虐，平均 2 ~ 3 年就发生一次大的自然灾害。解放后，尤其是成立高级农业合作社后，广大村民改造自然，利用自然，创造一切条件，力争农业旱涝保收。1956—1976 年，大梁庄社员与杨柳青、李楼、王庄、曹庄等社员共同开挖大干渠 3 条，全长共 15.5 公里。中排干渠 2 条，全长 10 公里（含园田排干渠 1 条，全长 4 公里）。大梁庄社员开挖斗渠 2 条、毛渠 20 条、防渗渠 31 条，共 17230 米。

（一）大干渠

1. 隐贤村至曹庄大干渠

1965 年，村中主要劳动力与杨柳青、王庄、曹庄等村劳动力共同开挖村北大干渠 1 条，上口宽 12 米，底宽 2 米，深 3 米，全长 7 公里，从子牙河调水灌溉农田，途经隐贤村、杨柳青、大梁庄、王庄。

2. 安家地至南运河大干渠

1966 年，由于南运河断流，大梁庄社员与杨柳青、李楼等村的社员开挖从安家地至南运河大干渠 1 条，上口宽 8 米，底宽 1.8 米，全长约 2.5 公里。从子牙河调水至南运河，大梁庄的农田由南运河泵站提水浇灌。

3. 西青道公路排干渠

1968 年，大梁庄社员与杨柳青、王庄、曹庄等村的社员共同开挖杨柳青至曹庄村排干渠，上口宽 12 米，底宽 2 米，深 3 米，全长 6 公里。途经杨柳青、大梁庄、王庄、曹庄等村。此渠在每年雨季汛期排泄，对缓解蛤蟆洼大量积水起了重要作用。

（二）中排干渠

1. 杨柳青至曹庄排干渠

1968 年，大梁庄社员与杨柳青、王庄、曹庄等村的社员共同开挖杨柳青至曹庄排干渠，上口宽12米，底宽2米，深3米，全长6公里。途经杨柳青、大梁庄、王庄、曹庄等村庄。此渠在历年的排涝中发挥了重要作用。

2. 园田排干渠

1969 年，大梁庄社员与杨柳青、王庄、曹庄等村社员共同开挖从安家地至曹庄园田排干渠，上口宽 8 米，底宽 1.5 米，深 3 米，全长 4 公里。主要用于途经村庄的园田排水。

（三）毛渠、斗渠、防渗渠

20 世纪 50—70 年代，大梁庄社员在村域地界内共开挖斗渠 2 条，每条长 500 米；毛渠 20 条，每条长 300 米；防渗渠 31 条，每条长 330 米。这些斗渠、毛渠、防渗渠，为确保大梁庄粮食生产、蔬菜生产的双丰收，起到不可估量的作用。

（四）农用机井

20 世纪 60—80 年代，大梁庄村共打机井 9 眼，2 眼用于社员生活用水，7 眼用于农业抗旱。

四、农机具

（一）传统农用工具

从明永乐元年（1403）梁家庄村落形成至 20 世纪 50 年代，大梁庄村农业生产条件十分落后，村民生活贫困。农业使用的生产工具简单而粗笨。600 年来，一直延续传统的耕作方式，畜力作为主要动力，犁、耧、耙算是大型农具。多数村民家中养不起牲畜，只能靠人力劳作耕种。村民在贫瘠的土地上，一把镰刀，一把锄，面朝黄土背朝天，听凭自然灾害的侵袭，靠天吃饭。传统的农具有耠子、犁、耙、锄、镐、锨、镰刀、划拉子、铲刀、铡刀、砘子、磙子、辘轳、筛子、背筐、粪叉、粪笆、水斗、水车、独轮车、木轮大车等。

（二）现代农机具

新中国成立后，党和政府充分调动农民生产的积极性、主动性、创造性，依靠集体力量，改土治碱，开挖河渠引水进田，与此同时不断改进农业生产工具，掀起农业机械化的高潮，村民使用的生产工具不断更新，机械化程度不断提高。

20 世纪 90 年代使用的农用三轮车（村委会提供）

1. 耕作机械

20 世纪 60—70 年代，大梁庄村有链轨拖拉机 1 台、20 拖拉机 2 台、铁牛 55 型拖拉机 1 台、手扶拖拉机 1 台。

2. 排灌机械

南运河渡口泵站：安装 22 千瓦、30 千瓦 2 台水泵，出水口径分别是 12 寸、15 寸。

中排干八号门泵站：安装 2 台水泵，出水口径分别是 12 寸、8 寸。

公路排干八号门泵站：安装 2 台水泵，出水口径均为 16 寸。

渡槽泵站：安装水泵 1 台，出水口径 12 寸；安装轴流泵 1 台，出水口径 8 寸。

中排干北泵站：安装轴流泵 1 台，出水口径 8 寸。

村北园田泵站：安装 4 台水泵，出水口径均为 6 寸。

3. 收获机械

20 世纪 60 年代，大梁庄社员用自己的智慧研制出一台三节摞稻机，提高了生产效率，周边社员前来参观学习。1965 年，村木业组研制出一台扬场机，比人力扬场效率提高两倍，且不受气候影响。60—70 年代，村集体购买扬场机 16 台、脱粒机 1 台。

4. 植保机械

20 世纪 60 年代初，大梁庄村有手动喷雾器 40 余台、机动喷粉机 5 台，主要用于防治农业病虫害。1982—1983 年，村民分田到户，手动喷雾器家家户户都有，全村共有800余台。2010年平改拆迁后土地收回，植保机械退出历史舞台。

5. 运输机械

20世纪50年代初期，村中的粮菜用4分条大车运输。1958年，村中有胶轮大车30辆，用于运输粮食蔬菜等。60—70年代，村中有拖拉机4台、解放牌汽车1辆、人力小拉车550辆。1983年，实行联产承包责任制后，家家户户购买电动三轮车运输蔬菜粮食等农产品。90年代，村民开始购买农用三轮车，至2000年，全村共有农用三轮车100余辆。

五、肥料

（一）有机肥

新中国成立初期，大梁庄村农田施肥主要用农家粪肥、草木灰、人粪尿、炕坯灰等。少量使用饼肥（大豆、花生、芝麻、棉花籽饼等）。

20世纪60年代后生产队施用圈肥：有牲畜圈肥，有用脏土、城市垃圾、杂草落叶堆积发酵而成的“封肥”，还用人粪尿与垃圾混合、经堆闷高温发酵后制成的有机肥料。

（二）无机肥

20世纪50—60年代，大梁庄农业用的无机肥有硫酸铵、硝酸铵、尿素、氯化铵等。70年代使用的无机肥有磷肥、钾肥、氨肥等。改革开放后村民普遍使用氮磷钾复合肥和美国二胺。据统计，2004—2010年，大梁庄村农业共用氮肥95吨、钾肥20吨、磷肥54吨、复合肥105吨。

六、农药

解放初期，农业防治病虫害，社员常使用硝灰土、六六粉等。20世纪60—70年代，农作物防治病虫害开始使用“1605”、敌百虫、敌敌畏、甲胺磷、呋喃丹剧毒产品。80年代后，使用菊酯类高效低毒产品。2000年后，新农药种类较多，也有少数村民使用生物农药。2004—2010年，全村共用农药8.7吨。

七、农膜

1978年，大梁庄村开始建大棚，使用农膜和地膜。1988年，农用薄膜和地膜普遍使用，多数家庭购买天津第二塑料制品厂生产的农膜。据统计，2004—2010年，大梁庄共用农用薄膜71吨、地膜60吨。

第三节 种 植

一、蔬菜种植

（一）种植

新中国成立初期，大梁庄村蔬菜主要种植在南运河北岸，种类很少，有大蒜、大白菜、土豆、老倭瓜、豆角等，收入甚少。20 世纪 70 年代，园田面积增加，但主要种植的是大路菜，大白菜为当家品种，各生产队的下半年园田种植，一半以上是大白菜，冬季储存，一直卖到转年正月。据资料统计，1995 年，大梁庄村蔬菜种植面积为 1982 亩（包括重播），总产值 410 万元，居全乡 19 个有园田村的第三名。生产的蔬菜品种有早春菜（小白菜、茴香、水萝卜、菠菜、香菜），春夏菜（茄子、辣椒、西红柿、黄瓜、圆白菜、豆角、芹菜、油菜、生笋、冬瓜、韭菜等），秋菜（菜花、圆白菜、菠菜、豆角、大白菜、生笋、胡萝卜、韭菜等），越冬菜（老根菠菜、香菜、羊角葱等）。蔬菜保护地生产在 20 世纪 70 年代中期基本没有，只有露地生产，季节性强，产量也低。70 年代末期，政府鼓励农民发展保护地生产。大梁庄各生产队开始建蔬菜大棚和地膜覆盖。1982 年，大梁庄村保护地生产居全乡首位。1995 年，大梁庄村蔬菜保护地面积有 922 亩，其中大棚 143 亩，中小棚 164 亩，地膜覆盖 615 亩。进入 21 世纪，由于土地流转，保护地面积有所减少，种植品种增加了许多，有茼蒿、生菜、油麦菜、西兰花等。2001 年，大梁庄蔬菜产量达 5340 吨，保护地种植大大提高了蔬菜产量，增

大棚蔬菜种植（李冬摄于 2009 年）

加了农民收入。

（二）销售

中华民国时期和新中国成立初期，蔬菜销售主要靠村内养船户李焕庄承运，主要起大早下货，按时运到停靠船只的码头，菜筐上拴好菜主的姓名布条即可，后由船主装船运到天津小西关或东浮桥、金汤桥菜市场，批发给蔬菜商贩。1964 年以后，河水逐年减少，结束了船运蔬菜的历史。

1956 年，开始实行蔬菜产销挂钩，蔬菜种植销售纳入国家计划，市、区将各类蔬菜的上市量下达到公社，公社再将指标分配给各村。20 世纪 60 年代至 80 年代初，大梁庄村先用马车或汽车将菜运到小园卡口评价，评价后再运到市内副食店，1982 年，改在李家园评价。

1981 年，蔬菜上市，实行大统小活政策，“大统”即大路菜（如茄子、豆角、大白菜等）实行大统，定任务，定上市时间。“小活”（如香菜、茴香等）实行开放，农民可以自行出售。1991 年，除大白菜外全部开放。1992 年，蔬菜出售取消统购，全部开放。

20 世纪 80 年代末期，蔬菜销售除少部分到市区零售外，大部分蔬菜到曹庄、东北斜批发市场和运河南公路边批发。2005 年以后，村民生产的蔬菜在村北市场、杨柳青等市场销售。

（三）收入

解放初期主要种植大白菜、大蒜等，除村民自食外，销往天津市区，但因种植面积很小，收入有限。20 世纪 60—70 年代，蔬菜的销售以生产队为单位，长期的计划经济体制束缚了生产力的发展，再加上低指标、自然灾害等因素的影响，村民的收入虽然比新中国成立前后有所增加，但仍是低水平，那时一家几口人，有男、女劳力各一人，男的一年赚 3000 多工分，女的 2000 多工分，共 5000 多工分，收入高的生产队一分值为一角八分，一户一年最多收入 900 元，减去全年的支出（每月开支、粮食款、菜款、医药费、电费等），一户一年剩 100 ~ 200 元，有的家庭还亏款。20 世纪 70 年代末，由于蔬菜种植面积和品种的增加，每亩收入 500 元。从 80 年代至 20 世纪末，是大梁庄村蔬菜收入最好的时期。一是党的改革开放政策好；二是由计划经济转为市场经济，极大地调动了农民的生产积极性。种植品种多样，销售地点和价格灵活，农民根据市场的需要，不断调整种植品种，哪里的市场价格高就到哪里卖，收入得到很大提高，有的农民把旱田改为园田，有的开荒种菜，使菜田面积不断扩大，蔬菜收入已成为村民的主要经济来源。据《中北斜乡志》记载，1995 年，大梁庄村蔬菜年收入 410 万元，当年户均收入 6800 元，人均 2000 元。

21 世纪，大梁庄村因工业园建设用地、国家建设用地等，蔬菜种植面积减少，蔬菜收入随之减少，村中 80% 以上的劳动力向企业转移，2006 年，大梁庄蔬菜产值 217 万元。

二、粮食种植

解放前大多数村民为佃户，靠打工和租地为生。那时的土地多是坟地、洼地、碱地，收入甚少。粮食种植品种较少，有玉米、高粱、小麦、豆类等。1951 年土改，农户分到了土地，直到 1955 年初级农业合作社时，大梁庄村的同心、新立、谊光、五星 4 个初级农业合作社共有土地近 900 亩，由于生产条件落后，种植的品种少，产量低。年景好时每亩产粮 100 公斤，遇上旱涝年歉收。

1978 年大梁庄村麦田（石蕴山提供）

1956 年到 1959 年，大梁庄村增加水稻种植。1959 年 9 月 19 日，毛泽东主席到蛤蟆洼视察，并作了“洼地种稻，可以增产”的指示。1960 年，蛤蟆洼的稻田改为蔬菜场，不久后又改为种植旱田。20 世纪 70 年代，村民种粮的积极性普遍高涨。种植面积和产量逐年提高，即使在旱涝年份也能保障粮食丰收。据资料记载，大梁庄村 1973 年粮食总产量为 42.5 万公

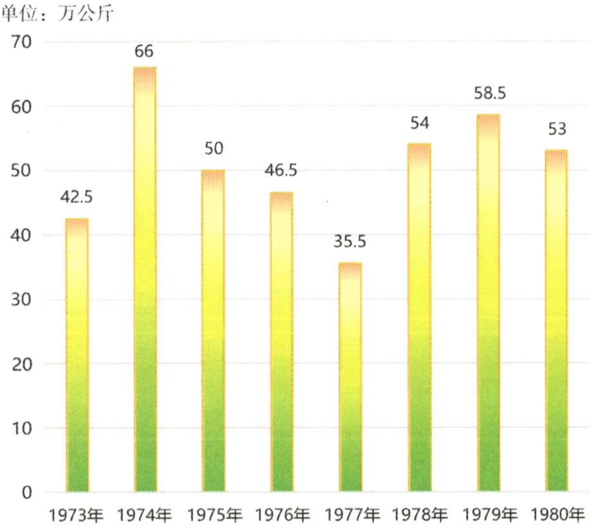

图 3-1　1973—1980 年大梁庄村粮食产量示意图

斤，1974 年为 66 万公斤，1975 年为 50 万公斤，1976 年为 46.5 万公斤，1977 年为 35.5 万公斤，1978 年为 54 万公斤，1979 年为 58.5 万公斤，1980 年为 53 万公斤。粮食品种为上季小麦，下季玉米、高粱、水稻、谷子、大豆等。粮食生产当时在全乡各村中名列榜首。区、乡多次在大梁庄村农田召开粮食生产现场经验交流会，连续多年受到市、区、乡表彰。

1982 年，开始旱地分田到户，实行家庭联产承包责任制，因当时粮食不值钱，部分农户不种粮，出现部分耕地撂荒，上级政府多次强调不能撂荒耕地。1991 年，村委会将农户的旱田收回，由村委会集体承包耕种。种植水稻，平均亩产 585 公斤，每年收稻谷 30 万公斤，分给村民每人 50 公斤。1999 年，由于工业园区建设，大梁庄村种植水稻的历史结束。大豆、玉米、蔬菜等农作物的种植一直延续到 2010 年土地收回。

三、花卉种植

1998 年，大梁庄村有 2 户人家种植花卉，2009 年发展到 30 余户人家种植，种植的主要品种是菊花，种植面积达 30 余亩，亩收入 1 万余元。2010 年 7 月，大梁庄村平改收地，花卉种植结束。

2003 年村民种植的菊花（王学云提供）

第四节　收　入

据资料记载，1974 年，大梁庄大队第八生产队农业收入 5.11 万元，副业收入 1.79 万元，牧业收入 180.70 元，其他收入 421.06 元，全年集体收入共 6.96 万元。

1983 年，村民分田到户，农户的粮菜种植收入不断提高，农业以生产队集体生产经营的方式结束。

2010 年，平改拆迁土地收回，农业收入甚微，村中主要劳动力向企事业单位转移。

1974 年大梁庄大队第八生产队农业收入情况表

表 3-2

品种	数量（公斤）	收入							平均价格（元）
		万	千	百	十	元	角	分	
弯子	14723.5		4	2	3	9	1	2	0.28
豌豆	991			2	8	1	1	4	0.28
王瓜	67					4	6	9	0.06
茄子	37135.5		3	1	6	0	9	2	0.086
柿子	63240.5		5	2	8	6	4	4	0.084
辣椒	11981		1	2	8	7	5	3	0.108
苤蓝	8243.5		1	2	1	4	1	3	0.148
旱萝卜	2842.5			1	2	5	0	7	0.044
土豆	1130			1	1	3	0	0	0.10
蒜薹	50				2	9	3	8	0.58
大葱	2512.5			1	2	9	6	8	0.52
韭菜	13820		2	6	3	8	6	8	0.19
芹菜	2882.5			4	4	7	6	2	0.56
菜花	11145		1	6	2	9	7	0	0.146
卷心菜	23562.5		1	5	6	1	4	6	0.062
青麻叶	83014		6	8	8	0	4	7	0.082
菠菜	21396.5		2	9	3	5	9	6	0.138
大麦	400				8	0	0	0	0.20
小麦	41479	1	1	8	1	4	1	2	0.28
谷子	900.5			2	5	2	1	4	0.28
玉米	29791.5		6	0	4	4	1	7	0.20
高粱	3645			7	3	9	8	0	0.176
黄豆	312.5				6	2	5	0	0.20
黑豆	625			1	6	2	5	0	0.26
合计		5	1	1	2	0	2	2	

说明：以上摘录大梁庄大队第八生产队存留账目

1974 年大梁庄大队第八生产队收益分配情况表

表 3–3

项目	收入							支出						
	万	千	百	十	元	角	分	万	千	百	十	元	角	分
农业收入转来	5	1	1	2	0	2	2							
牧业收入转来			1	8	0	7	0							
副业收入转来	1	7	4	5	6	5	7							
其他收入转来			4	2	1	0	6							
农业支出转来								2	5	0	4	8	1	8
牧业支出转来										8	1	1	5	2
副业支出转来										2	1	4	2	1
其他支出转来										1	6	4	9	8
税金转来										9	6	9	5	1
管理费转来										3	7	2	6	7
1974年提取公积金									2	7	6	6	5	7
1974年提取公益金										3	4	6	0	0
1974年提取储备粮基金									1	0	3	8	0	0
1974年社员分配								3	6	8	0	4	2	1
付社员务工找齐款										6	4	2	7	0
累计	6	9	5	9	9	6	1	6	9	5	9	9	6	1

说明：以上摘录 1974 年 12 月 31 日大梁庄大队第八生产队存留账目

第五节　养殖业

一、集体养殖

1985 年，大梁庄村养鱼 20 亩，产量 6.6 吨，产值 2.2 万元。有养殖户 3 户，渔业人口 10 人，渔业劳力 3 人，渔船 2 只。1997—2005 年，水产养殖总产量 109 吨。

1985 年，大梁庄村鸡存栏 5000 只，产蛋 50 吨，产值 19.5 万元。2001—2016 年，大梁庄村鸡存栏共 11.13 万只，禽蛋产量共 909 吨。1985 年，大梁庄村羊出栏 60 只。2016 年，羊存栏 29 只，出栏 330 只。

1985年，大梁庄村猪存栏178头，出栏455头。2001年，生猪存栏278头，出栏1107头。2006—2015年，大梁庄村生猪出栏共2262头。1997年至2002年，肉类总产量413.4吨。

二、养鸡专业户

大梁庄村民吴洪祥是中北镇最早的养鸡专业户。1983年，从事蛋鸡、肉杂鸡及孵化鸡的养殖，养殖的品种有伊莎褐、海兰、爱维茵、肉杂鸡等。1987年，开始自繁肉杂鸡，每年孵化出500多只雏鸡，除一部分养殖外，其余全部出售。30年来，他坚持科学喂养，保证饲料质量，合理配置，科学管理，对禽舍和各种用具定期消毒，并按国家卫生防疫标准按时为鸡接种疫苗，预防鸡的新城疫病、法氏病、传支病、马力克氏病等。禽流感期间，也没有动摇养殖决心。1985—1995年，禽蛋产量共1320吨，鸡肉总产量58吨，年均解决劳动力就业20余人。1996—2016年，禽蛋产量共1558吨。吴洪祥多次受到市、区、镇的表彰。1990年，吴洪祥被国家科委评为“星火带头人”。

第四章　工商租赁业

1956年以前，大梁庄村没有村办工业。1957—1970年，大梁庄村陆续办起一些副业小厂。1971—1990年，村办工业逐年发展，成为村集体收入来源之一。1999年年底，村办企业有6家。2000—2002年，6家村办企业先后完成改制。2001年，村建工业园区，招商引资发展经济，截至2018年已有57家企业入驻村工业园。

解放前，全村有小商铺1户。1956年，国营供销社驻村，支援农业生产，开展副业生产自救，方便村民生活。2006年，驻村供销社进行经营体制改革，采取租壳卖瓤的形式租赁给经营者。

20世纪90年代后期，村域内多种所有制工商服务业蓬勃发展，形成较大的交易市场，包括酒店、餐饮、物流等多个种类。村民出租房屋住宅，村集体出租土地、标准厂房等。2018年，村集体租赁收入已达2000余万元，比2010年翻一番，村民得到实惠。

第一节　工　业

一、村办工业

（一）发展状况

新中国成立前至20世纪50年代中期，大梁庄村没有工业，只有一些零星的加工小作坊，如缝鞋、锔盆、补锅、焊接农具等。从20世纪50年代后期至70年代村工业生产时起时伏。即使建了村办企业，规模也很小，生产的产品多是为农业服务，如编粑厂、铁业组、电焊组等。1978年12月，中共十一届三中全会召开，全党工作重心转移到经济建设上来，大梁庄村的经济开始走上全面发展道路，村办企业逐步发展起来。

1957年，大梁庄村建立编粑厂，主要是编粪粑、大车挡板。同年与王庄、东嘴村建立联合炼焦厂，主要是生产焦炭。1967年，大梁庄村建立铁业组，主要是维修农具。1972年，建长兴橡塑制品厂，主要生产橡胶软管。1976年，建立基建队，主要为村民修建房屋。1977年，建养猪场，主要从事生猪养殖。同年建立农机组，主要从事大型农具使用和运输。1978年，建立汽车改制厂，主要加工生产汽车车厢。

1979 年，建立拔管厂，主要生产铁管。1980 年，建兴华电缆厂，主要生产和加工电线电缆。1981 年，建津西勋章胶印印刷厂，主要生产和加工印刷制品。1984 年，建拔丝制钉厂。1986 年，建津西兴华电子工业橡胶件厂，主要生产高压胶管件。1988 年，建天山制冷设备厂。1989 年，建兴华汽车冲压件厂，主要生产和加工汽车配件。同年建恒洋塑料制品厂，主要生产和加工汽车点火器材、除霜管和泡沫垫。20 世纪 60 年代至 20 世纪末，有的村办企业随着科技的发展已被淘汰，有的企业由于经营经验不足和技术落后而倒闭，有的企业因不适应经济的快速发展而退出历史舞台。截至 2000 年，大梁庄村办集体企业还有 6 家。40 多年来，大梁庄村办工业的兴办不但增加了集体收入，改善了村民生活，同时也解决了大梁庄村劳动力就业问题。据 1995 年资料记载，大梁庄村工业营业收入达 1763 万元，工资总额 205 万元，职工人数 513 人。2000 年，村办工业销售收入 4003 万元，从业人数 300 余人。2000—2002 年，大梁庄村 6 家村办企业陆续完成产权制度改革。大梁庄村委会委托天津市联兴审计事务所、天津市全通有限责任会计师事务所、天津市天企有限责任资产评估事务所，分别对 6 家村办企业的全部资产进行了评估。有的企业整体以议标的形式有偿转让给经营者，村集体把厂区的房屋建筑物土地租赁给原经营者。有的企业采取公开竞标的形式，村集体将资产有偿转让给优胜竞标者经营（房屋建筑土地除外）。

1957—2002 年大梁庄村村办企业一览表

表 4-1

企业名称	起止时间	经营方式	主要产品
大梁村编耙厂	1957—1968年	制造	粪耙、大车挡板
联合炼焦厂	1957—1961年	制造	焦炭
大梁庄村铁业组	1967—1978年	制造、维修	农具
长兴橡塑制品厂	1972—2000年	制造	橡胶杂品
大梁庄村基建队	1976—1980年	建造	修建房屋
大梁庄村农机组	1977—1978年	维修、运输	杂品运输
大梁庄村养猪场	1977—1985年	养殖	生猪
汽车改制厂	1978—1997年	加工	车厢
大梁庄村拔管厂	1979—1982年	制造	铁管
天津市兴华电缆厂	1980—2001年	制造	电线、电缆
天津市津西勋章胶印印刷厂	1981—2000年	加工、制造	印刷制品

续表 4-1

企业名称	起止时间	经营方式	主要产品
大梁庄村拔丝制钉厂	1984—1987年	制造	铁钉
天津市津西兴华电子工业橡胶件厂	1986—2000年	制造	高压胶管件
天山制冷设备厂	1988—1993年	加工	制冷设备
天津市兴华汽车冲压件厂	1989—2000年	制造加工	汽车配件
天津市恒洋塑料制品厂	1989—2002年	制造、加工	汽车点火器材、除霜管、泡沫垫

（二）主要村办企业简介

1. 天津市西青区长兴橡塑制品厂

天津市西青区长兴橡塑制品厂（李冬摄于 2010 年）

天津市西青区长兴橡塑制品厂系大梁庄村办企业，厂址在大梁庄村北。1972 年建厂，建筑面积 1.4014 万平方米，占地面积 2.515 万平方米，共有职工 16 人。企业注册资金 19.25 万元。企业负责人为李汝胜，主要生产橡胶软管。1999 年，企业改制迫在眉睫，根据长兴橡塑制品厂的实际情况，经村党支部、村委会研究，将企业采取设备、流动资产转让，房屋土地以租赁的形式进行改造的意见上报中北镇体改委，得到中北镇政府批准。1999 年 11 月 15 日，天津市联兴审计事务所对长兴橡塑制品厂整体资产（房屋建筑物除外）进行了评估，其资产总额 60.7 万元（不含房屋建筑物、企业用地、水电基础设施），负债 22.2 万元，净资产 38.5 万元。大梁庄村两委按照西青区有关优惠政策，优惠原经营者 3.85 万元，实际产权转让金额 34.65 万元，企业原有的债权、债务随同转让资金全部转移给原经营者。房屋采取租赁的形式，租赁给原经营者。2000 年 3 月，长兴橡塑制品厂改制结束。

2. 天津市津西勋章胶印印刷厂

天津市津西勋章胶印印刷厂系大梁庄村办企业。1981 年建厂，建筑面积 592 平方米，占地面积 1300 平方米，坐落在大梁庄村西。注册资本 70 万元，负责人周振勋，经营方式为制造加工，主营印刷，兼营裁纸加工，共有职工 22 人。

1999年12月，中北镇体改委批准对津西勋章胶印印刷厂进行产权制度改革，村委会请天津市联兴审计事务所对津西勋章胶印印刷厂整体资产（房屋建筑物除外）进行评估。评估结果总资产32.1万元（不含房屋建筑物、企业用地、水电基础设施），负债26.8万元，净资产5.3万元。按照西青区有关优惠政策，优惠经营者0.53万元，实际转让金额为4.77万元。企业原有债权、债务随同转让资金全部转给原经营者。房屋建筑物采取租赁形式，租赁给原经营者。2000年3月，津西勋章胶印印刷厂改制结束。

天津市津西勋章胶印印刷厂（李冬摄于2010年）

3. 天津市津西兴华电子工业橡胶件厂

天津市津西兴华电子工业橡胶件厂系大梁庄村办企业。1986年建厂，坐落在大梁庄村内。建筑面积813平方米，占地面积1475.74平方米，注册资金1.62万元，负责人王长太，经营方式为制造，主要产品为高压胶管件制品，共有职工15人。

1999年11月，经中北镇体改委批准，大梁庄对津西兴华电子工业橡胶件厂进行产权制度改革。村委会请天津市联兴审计事务所对津西兴华电子工业橡胶件厂的整体资产（房屋建筑物除外）进行评估，评估结果总资产31.1万元（不含房屋建筑物、企业用地、水电基础设施），负债3.8万元，净资产27.3万元。

按照西青区政府有关优惠政策，优惠原经营者2.73万元，实际产权转让金额为24.57万元，企业原有的债权、债务随同转让资产全部转移给原经营者。房屋采取租赁的形式，租赁给原经营者。2000年3月，津西兴华电子工业橡胶件厂改制结束。

4. 天津市兴华汽车冲压件厂

天津市兴华汽车冲压件厂系大梁庄村办企业。1989年建厂，坐落在大梁庄村北，建筑面积3277.4平方米，占地面积7147.4平方米，注册资金150万元，负

天津市兴华汽车冲压件厂（王学云摄于1995年）

兴华汽车冲压件厂女职工合影（王学云摄于 1995 年）

兴华汽车冲压件厂生产的农用货箱（范茵树提供）

责人董开芳，经营方式为制造加工，主营汽车配件制造，兼营铆焊加工，共有职工 30 人。

1999 年 12 月，经中北镇政府批准，对天津市兴华汽车冲压件厂进行产权制度改革，大梁庄村委会委托天津市联兴审计事务所对兴华汽车冲压件厂进行整体资产（房屋建筑物除外）评估，经评估总资产 210 万元，总负债 172.9 万元，企业净资产 37.1 万元。

大梁庄村委会按照西青区政府有关政策，办理资产转移，房屋土地实行租赁议标的形式，由原经营者承租。2000 年 12 月，天津市兴华汽车冲压件厂改制结束。

5. 天津市兴华电缆厂

天津市兴华电缆厂系大梁庄村办企业，始建于 1980 年，坐落在西青区西青道曹庄火车站对过，建筑面积 2124.4 平方米，占地面积 8000 平方米，负责人先后为杨树臣、李加林，主营电线电缆，共有职工 32 人。

天津市兴华电缆厂（李冬摄于 2010 年）

2000 年 11 月，经中北镇政府批准，对天津市兴华电缆厂进行产权制度改革。大梁庄村委会委托天津市全通有限责任会计师事务所，对兴华电缆厂涉及的全部资产（房屋建筑土地除外）进行评估，流动资产的评估值为 17.33 万元，固定资产评估值为 46.14 万元，负债评估值为 60.83 万元，净资产评估值为 2.64 万元。

企业除房屋建筑物外，整体以议标的形式有偿转让给经营者，企业转让值为 2.64 万元。企业原有的债权、债务随同转让资金全部转移给经营者，房屋以租赁的形式租赁给经营者，兴华电缆厂于 2001 年 2 月改制结束。

6. 天津市点火线圈西厂

天津市点火线圈西厂系大梁庄村办企业，1989 年建厂，坐落在大梁庄村北，建筑面积 2000 平方米，占地面积 9367.12 平方米，负责人为邓建国，注册资金 14 万元。主营汽车点火器材除霜管制造、泡沫垫制造。共有职工 100 人。1997 年，被评为区级百强企业。

天津市点火线圈西厂（李冬摄于 2010 年）

2001 年 11 月，中北镇政府同意天津市点火线圈西厂的改制申请，大梁庄村委会委托天津市天企有限责任资产评估事务所，对该厂的全部资产进行评估，天津市点火线圈西厂总资产评估值为 666 万元，负债评估值为 654.2 万元，净资产评估值为 11.8 万元。

天津市点火线圈西厂董事会成立大会合影留念
（石蕴山提供）

2002 年 3 月 9 日，大梁庄村委会对天津市点火线圈西厂的企业产权有偿转让进行全体村民公开竞标，于贺彪以 132 万元胜出，大梁庄村委会按照西青区有关政策办理资产全部转移（房屋建筑物除外），并与于贺彪签订租赁协议。2002 年 3 月 12 日，天津市点火线圈西厂改制结束。

7. 天津市兴梁工贸投资发展有限公司

天津市兴梁工贸投资发展有限公司系大梁庄村集体企业，2003 年 6 月 23 日成立，坐落在中北镇大梁庄村北（中北工业园内），负责人为侯树枫，注册资本 1.12 亿元，共有职工 10 人，经营范围以自有资金对工业及商业项目进行投资，自有房屋租赁，劳务服务（不含中介服务）。公司坚持以诚信为本，服务大众，创一流专业水准的经营理念，细致地为客户服务。据统计，2016 年利税总额 156.02 万元，2017 年利税总额 119.32 万元。

（三）改制后村域内企业发展情况

2002 年 3 月 12 日，大梁庄村集体企业的产权制度改革全部结束。村两委着眼于对工业园区的建设与改造，招商引资，为私营企业、个体企业、三资企业提供良好的生存条件，以壮大村集体经济。2004 年，园区内共有企业 43 家，其中私营企业 19 家，个体企业 13 家，从业人数 1479 人。工业总产值 21231 万元，利税总额 1593 万元，出口交货值 489 万元。2015 年，村域内共有企业 74 家，其中私营企业 68 家、个体企业 6 家，从业人数 1530 人。工业总产值 125.74 亿元，利税总额 4651 万元，出口交货值 2.52 亿元。村域内企业的不断发展，为大梁庄集体经济增长源源不断地输送着血液。

2004—2016 年大梁庄村域内工业经济发展情况表

表 4–2

年份	企业数（家）			从业人数（人）			工业总产值（万元）	销售收入（万元）	利税总额（万元）	出口交货值（万元）
	小计	私营	个体	小计	私营	个体				
2004	43	19	13	1479	156	80	21231	19535	1593	489
2005	72	32	31	2963	1044	210	51442	52027	4895	4618
2006	84	34	33	3604	870	216	76560	78642	9120	17202
2007	105	57	33	4903	2054	180	117486	115500	8055	17223
2008	109	69	21	4555	2165	130	152845	148916	9654	22497
2009	90	42	19	4677	1476	99	152197	151033	9511	25743
2010	93	83	10	4112	3997	115	112888	111213	5699	11392
2011	68	61	7	1992	1868	124	114861	118310	4736	4381
2012	84	67	3	3563	2030	43	132110	135891	7653	5895
2013	67	64	3	2159	2113	46	109718	112960	2110	8599
2014	71	67	4	1454	1409	45	126069	126463	5027	17446
2015	74	68	6	1530	1494	36	1257378	126464	4651	25197
2016	81	75	6	1313	1283	30	86907	87789	3159	0

2015 年大梁庄村域内销售收入 2000 万元以上企业情况表

表 4–3

序号	单位名称	负责人	员工人数（人）	主要产品	产值（万元）	利润（万元）
1	天津耐迪精密部品有限公司	黄世俊	252	设计、生产、销售电脑硬盘驱动器配件	3222	777
2	天津市西凯塑料制品有限公司	牛建永	75	汽车零部件及配件制造	2976	34
3	天津华北衡器有限公司	毕伟	44	电子衡器	4378	290
4	天津市小猫特种线缆有限公司	张冠华	13	电线电缆	5556	20
5	天津斗源塑胶制品有限公司	尹美子	17	手机耳机喷涂件	1474	138
6	天津市东富星电子有限公司	李东雨	66	手机配件制造	1893	344

续表 4-3

序号	单位名称	负责人	员工人数（人）	主要产品	产值（万元）	利润（万元）
7	三威食品（天津）有限公司	杜学董	11	食品添加剂	2079	11
8	天津市医学堂科技有限公司	邱镇文	188	医教产品	6165	561
9	天津东恩电子有限公司	金兑烈	72	电子元器件、塑料制品	2668	49
10	天津市捷威动力工业有限公司	郭春泰	871	汽车零部件及配件制造	32089	2659
11	天津天缆集团有限公司	王利年	55	电线电缆	9819	103
12	艾特美（天津）机械设备有限公司	申银植	28	纯水设备	2044	23
13	天津市金瑞达表面技术有限公司	郑凤华	20	主光剂	10389	44
14	天津大山精密电子有限公司	徐炳昊	50	数字照相机	1057	–514
15	天津恩帝富精密模具有限公司	李智焕	120	模具	4345	22
16	天津岱工汽车座椅有限公司	谢宏康	122	汽车零部件	3106	13
17	天津有诚电子有限公司	姜在奉	76	耳机配件	1866	–191
18	天津东诚电子有限公司	李诚	70	电子部件喷涂加工	0	–16
19	天津市金晶气体压缩机制造有限公司	王益嵴	51	空压机	2028	21
20	天津耶斯电信电子有限公司	李昌昊	91	按键膜	7089	–605
21	天津哈拿注塑有限公司	徐畅秀	151	汽车配件	4608	177
22	天津市鹏兴顺印刷有限公司	彭志伟	64	包装装潢印刷产品印刷	3081	–138

2016 年大梁庄工业园区入驻企业情况表

表 4–4

序号	企业名称	负责人	主要产品（业务）	员工人数（人）	成立时间
1	天津市捷威动力工业有限公司	郭春泰	汽车零部件及配件制造	750	2009.4.8
2	天津美之路化妆品有限公司	李伟	化妆品、塑料制品、洗涤剂	15	2004.1
3	天津岱工汽车座椅有限公司	姜银台	汽车座椅	137	2003.6.16
4	天津市天宝楼食品研发有限公司	叶华	酱卤肉类制品	10	2011.11
5	天津天缆集团有限公司	王利年	电缆	50	2007.1
6	天津市西青区瑞祥印刷厂	胡玉祥	纸箱包装	8	2009.12
7	天津市鑫利维铝业有限公司	梁奕超	铝合金加工	10	2009.4
8	天津市尚德电缆科技有限公司	高建民	电线电缆加工制造	12	2003.8

续表 4-4

序号	企业名称	负责人	主要产品（业务）	员工人数（人）	成立时间
9	施瑞客（天津）生物技术有限公司	苏永鹏	兽药	19	2004.7
10	天津市万里汽车车轮工贸有限公司	魏桐全	汽车车轮	16	2003.6
11	天津市金瑞达表面技术有限公司	郑凤华	表面处理原材料、添加剂	19	2006.7
12	天津市华夏盛鑫不锈钢有限公司	苏建	不锈钢销售	20	2003.8
13	天津市大荣电工器材有限公司	李杰	停产		
14	天津市鹏兴顺印刷有限公司	潘汶宇	纸制品包装盒	120	2006.11
15	天津市香尔麦食品有限公司	程东升	面包	20	2013.6
16	天津宜美特电子有限公司	李明吉	胶带保护膜	13	2014.5
17	天津三星旺激光科技有限公司	刘淑文	激光加工	10	2014.8
18	天津力金塑料制品有限公司	李霞	塑料制品	10	2014.4
19	天津市龙创包装制品贸易有限公司	邓远华	不干胶产品	8	2012.2
20	天津天迈节能设备有限公司	王宜志	环保设备	35	2011.1
21	天津市先众汽车零部件有限公司	柳春林	化学镀表面处理	15	2007.5
22	天津市科杰空调净化技术有限公司	李喜光	净化设备、空气过滤器制造	5	2006.2
23	天津希广电子有限公司	李哲松	手机电子零部件	52	2012.9
24	天津市鲁信电器设备安装有限公司	庄建	高低压开关柜	30	2011.6
25	天津环巨自动化仪表有限公司	王宝斌	工业自动化仪表销售、机加工	18	2009.6
26	天津市乐耀机电设备有限公司	潘春利	机电类产品	10	2007.1
27	天津市联强机械密封技术有限公司	焦建文	机械密封	70	2005.4
28	天津市逸云塑料制品有限公司	高俊琪	塑料配件	15	2006.1
29	天津金毅诺工贸有限公司	杜国臣	汽车涂装、工艺装备	35	2010.7
30	天津市金晶气体压缩机制造有限公司	王益肴	空压机	12	2005.5.18
31	天津市源鑫鑫电子有限公司	李秀霞	耳机外壳	10	2010.5
32	天津大荣精密电子有限公司	权九中	手机部件	30	2010.2
33	东富星（天津）不干胶标签有限公司	朴华守	不干胶标签	11	2010.9
34	天津斗源塑胶制品有限公司	尹美子	塑胶制品的研发	50	2011.7
35	天津五星金属制品有限公司	金鸿均	金属丝绳制品	30	2002.6
36	天津新芽电子有限公司	李荣浩	耳机线、手机数据线	60	2008.1

续表 4-4

序号	企业名称	负责人	主要产品（业务）	员工人数（人）	成立时间
37	天津东富星电子有限公司	李东雨	手机按键	58	2008.1
38	天津东恩电子有限公司	丁寅植	电子元器件	80	2007.6
39	艾特美（天津）机械设备有限公司	申银植	纯水机、纯水设备	17	2006.10.8
40	天津大山精密电子有限公司	权赫万	照相机显示屏、电子部件	49	2003.1.23
41	天津恩帝富精密模具有限公司	李义焕	模具生产开发	33	2003.1
42	天津有诚电子有限公司	姜在奉	手机零部件	74	2004.7.1
43	天津元一注塑模具有限公司	金镇爽	生产制作模具	36	2007.6.11
44	天津东诚电子有限公司	李诚	停产		2004.12
45	天津大和机电设备有限公司	金宰臣	减速机电	22	2005.6
46	天津耶斯电信电子有限公司	李昌昊	金属弹片、电路板组装	108	2006.1.12
47	天津哈拿注塑有限公司	金美良	汽车配件、化妆品、充电器	97	2006.3.1
48	天津耐迪精密部品有限公司	黄世俊	电脑硬盘部件	300	2012.10.22
49	天津百昱塑料制品有限公司	杨春梅	塑料制品	50	2007.11
50	天津裕兴源标识印务有限公司	徐俊义	不干胶、印刷制品	18	2011.5
51	天津市先众科贸有限公司	杨春林	部件表面处理	11	2007.5
52	天津市西青区一诺恒信汽配商行	郭莲	汽车配件	8	2008.4
53	天津市贝贝智德电子有限公司	贾维	塑料制品	3	2009.7
54	天津星达通用风机制造有限公司	赵星文	风机设备、元件制造	20	2011.9

二、私营企业

2000—2018 年，大梁庄主要私营企业有 7 家，共有职工 63 人。2015—2017 年，年均总产值 1556.7 万元。

天津市鑫诚彩色印刷有限公司　2014 年 9 月 2 日成立，坐落在天津市西青区杨柳青镇 315 号。法定代表人为周广来，注册资本 150 万元，主要从事包装装潢、印刷品印刷，共有职工 28 人。2015—2017 年，公司总产值年均 900 万元，职工年均工资 4.17 万元。

天津市富旭达线缆有限公司　2006 年 5 月 31 日成立，坐落在西青区西青道曹庄火车站南侧，法定代表人为侯树强，注册资本 10 万元，主要从事电线电缆制造，共有职工 8 人。2015—2017 年，公司总产值年均 176.7 万元，职工年均工资 3.43 万元。

天津市兴华电子工业橡胶件厂　2000年9月4日成立，坐落在中北镇大梁庄村，投资人为王长太，经营橡胶制品，共有职工4人。2015—2017年公司总产值年均18.3万元，职工年均工资2.1万元。

天津市津西春发汽车配件厂　1997年1月14日成立，坐落在中北镇大梁庄村北，投资人为陈金春，主要从事汽车配件、冲压件、电气焊、金属表面处理，共有职工8人。2015—2017年，企业总产值年均200万元，职工年均工资4.93万元。

天津市盛世达劳务服务中心　2009年3月13日成立，坐落在中北镇大梁庄村，企业负责人为徐文祥，主要从事各种劳务服务（不含涉外及中介服务），共有职工5人。2015—2017年，企业总产值（改制后）年均123.3万元，职工年均工资2.8万元。

天津市西青区长兴橡塑制品厂　2000年6月19日成立，坐落在西青区中北镇大梁庄村北，企业投资人为李汝胜。主要从事制造加工橡胶制品。企业共有职工4人。2015—2017年，企业总产值年均31.4万元，职工年均工资1.8万元。

天津市江洋工贸有限公司　2006年3月28日成立，坐落在中北镇大梁庄村北，企业注册资本50万元，法定代表人为于贺江。主要从事无纺布、橡胶制品、塑料制品制造加工。企业共有职工6人。2015—2017年，公司总产值年均107万元，职工年均工资3.5万元。

第二节　商　业

一、驻村集体商业

（一）供销社

供销合作社是一个集体所有制性质的经济合作组织。1950年，在天津县六区政府的领导下，发动中北境内农民入股，在中北斜村建立乡境内第一个供销合作社。当时大梁庄村没有集体商业，村民所需生活用品均由供销社售货员肩挑货担到村中走街串巷流动售货，以经营盐、火柴、煤油、针线等小商品为主。

1953年5月，政府加大对供销社的投入，发展了社员股金，中北斜乡的各村村民踊跃入股，每户入一股（4元），有的户入2股，建立了中北斜联社和几个分销处。

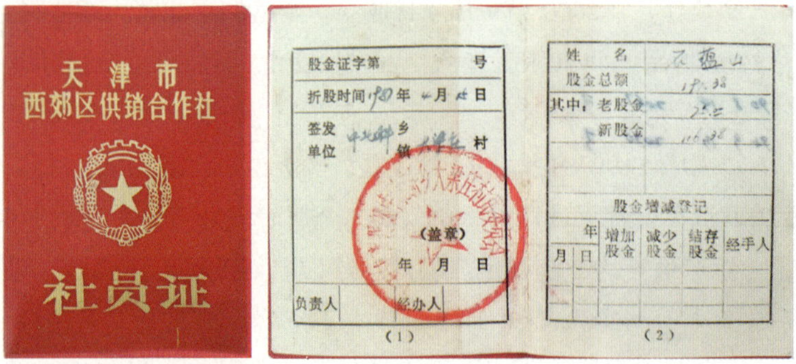

供销合作社社员证（石蕴山提供）

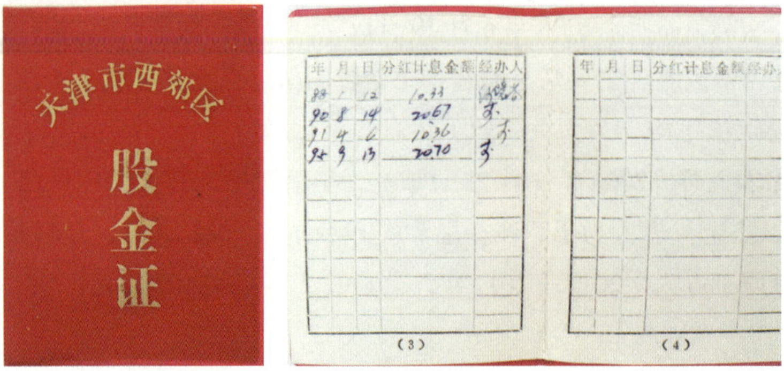

股金证（石蕴山提供）

大梁庄村民有 163 人入股，股数 292 股，股金 653.50 元。

据村民回忆，1956 年大梁庄村建立驻村供销社，地点在大梁庄村原小队部，有房屋 1 间半，建筑面积 30 平方米，售货员 2 人。

1959 年，政府加大对驻村供销社的投入，使驻村供销社更好地支援农业生产，开展副业生产自救，方便村民生活。是年 7 月，在大梁庄村北、关帝庙西建大梁庄驻村供销合作社，占地面积 216 平方米，建筑面积 150 平方米，有房屋 6 间、售货员 4 人，经营品种较多，生活用品、生产用品比较齐全。20 世纪 80 年代中期，由于供销社位置较偏僻，为方便村民，供销社搬迁到村委会南，有房屋 4 间，建筑面积 100 平方米，有售货员 2 人。据村民回忆，最早在供销社入股的村民曾在 1983 年、1987 年分别按股金的一定比例进行了分红。后来社员入股的股金增加，参与了多次分红，据村民股金证上记载，1988 年、1990 年、1991 年、1995 年按股金的一定比例进行了分红。

2006 年，天津市对西青区大稍口供销总社的经营体制进行了改革，对其下属的各村供销社采取租壳卖瓤的形式租赁给乙方经营。是年7月1日，大梁庄供销社承包给村民石乐霞经营，大稍口供销总社与石乐霞签订租赁协议，房屋场地以租赁形式租赁给承租人。2010年平改拆迁后停业。

（二）经营品种

1. 生产资料　主要包括农药、农机具、化肥。1956年，大梁庄供销社经营的农机具有锨、镐、锄、镰、力车排和农具零件。化肥有硫酸铵、碳酸铵等。1976年，大梁庄驻村供销社积极支援农业生产，组织城市杂肥下乡，销售废酸、氨水、硫酸半成品、碳铵、磷肥、氨肥、尿素、二胺、复合肥等，同时经营各种农药。

2. 生活资料

针织用品　20世纪50—60年代，主要经营针、线、棉布、化纤布料、毛巾、袜子、汗衫、毛线等。70年代，增加了大量的合成纤维纺织品、涤纶线等。80年代后，增加了纯毛制品、真丝制品等。

日用百货　1956年，经营肥皂、牙膏、牙刷、火柴、鞋帽、暖水瓶、电灯泡、日光灯管、服装、闹钟、手电筒、搪瓷制品等。1960年，增加日用陶瓷、全塑料鞋、手表等。

五金交电　1956年，经营铁锅、水桶、铅丝、铁钉、斧头、化工、交电、电器等。20世纪70年代增加电扇、灯具、建材等。

粮油供应　新中国成立初期粮食自由购销，1953年，开始实行统购统销。大梁庄是园田区，国家对菜农实行返销粮政策，还对上市的蔬菜品种及上市量给予一定的奖售粮，村民们都叫蔬菜粮。食油通过粮店发给菜农油票，每人每月100克。

副食　1956年，经营盐、食糖、茶叶、碱面、卷烟、白酒、糕点、糖果、罐头、鲜货等。

大梁庄供销社从1956年成立到2006年停业，历经50载，为大梁庄的经济、社会发展及全村村民的生活保障做出了重要贡献。

二、个体商业

（一）发展状况

新中国成立前，大梁庄村没有国营商业和集体商业，老百姓平时也没有更多的商品需求，吃粗粮淡饭，一口铁锅用几年，碗破了裂了找人锔好，继续使用。大梁庄村解放前有个体商户李汝祥，经营油、盐、酱、醋、煤油等生活必需品。针、线、布等高档一点儿的商品从商行处进货后再卖。

石乐友经营的商店（韩宝霞摄于 2018 年）

张国英经营的商店（韩宝霞摄于 2018 年）

新中国成立初期，随着驻村供销社的建立，经销品种的逐步增加，个体商业逐渐减少，加上国家对个体商业实行社会主义改造，粮、油、棉等实行统购统销，有的商户转为代销，有的停业。

1958 年，在人民公社化高潮中，个体商贩多弃商务农。“文化大革命”中，个体商业被视为资本主义尾巴，很多商户关闭。大梁庄村李汝祥从解放前一直经营的小卖部到 1960 年停业。改革开放后 1980 年又继续经营。

大梁庄村实行家庭联产承包责任制后，个体商户得到迅速发展，全村小卖部大量增加，先后有石井全、范茵柏等 7 家在村里的道口、街口处开设小卖部经营副食、土特产品、干果、小孩服装等，同时还有村民范茵海、李加印开设早点铺，经营浆子、果子、锅巴菜等。

大梁庄村的一些有经营理念的村民看准人们饮食发展的趋势，开起餐馆，先后有董开来、张华林、董树伟等在村周围的西青道、津福路、津杨公路等处开设饭馆，有的饭店经营得相当红火。村民石乐友从 1987 年自己创业，干过个体运输，1995 年开始制作石膏线，用于房屋装修。后在杨柳青镇租门市经营装饰材料，出售灯具、洁具、灶具，已干了 23 年。多年来，凭着自己的诚信品质，赢得群众的信赖，生意逐渐红火起来，年销售收入已达百万元。在平房改造中他时刻牢记自己是一名党员，带头拆迁房屋，积极参加村里的公益活动。村集体建工业园时，为解决建设工业园资金短缺问题，他先后两次入股，并承担工业园 10 个厂房的装修业务，为大梁庄工业园建设贡献力量。据统计，2004 年，村域内从事商饮服务的企业、商户有 42 家，从业人数 296 人，营业收入 5418 万元，利税总额 1131 万元。2016 年已发展到 146 家，从业人数 1010 人，营业收入 28209 万元，利税总额 2525.8 万元。十二年间企业个数增长 2.48 倍，从业人数增长 2.41 倍，利税总额增长 1.23 倍。

2004—2016 年大梁庄村域内商饮服务业基本情况表

表 4–5

年份	企业个数（家）			从业人数（人）			营业收入（万元）	利税总额（万元）
	小计	私营	个体	小计	私营	个体		
2004	42	2	38	296	66	123	5418	1131
2005	88	10	76	90	52	26	1414	297
2006	86	10	76	121	95	26	75000	1523
2007	145	20	125	340	130	210	63411	1762
2008	156	19	134	382	134	235	39000	1059
2009	169	23	142	463	148	294	54000	1383
2010	171	19	150	493	167	308	20010	1495
2011	191	37	154	786	376	410	27300	1564
2012	200	38	162	911	373	538	47450	1574
2013	211	35	176	952	336	616	40755	2160
2014	218	37	181	867	233	634	35109	1755
2015	239	52	187	900	240	660	34911	1745.5
2016	146	75	71	1010	877	133	28209	2525.8

（二）市场

大梁庄新华农贸综合市场　2002 年建立，坐落在大梁庄村北、104 国道东侧，占地 50 亩，批发兼零售，经营品种较多，有水产、蔬菜、水果、粮食、烟酒、五金土产、日用百货等。此市场对大梁庄及周围村村民的生产生活起到了重要作用。但由于存在环保和安全不达标，2018 年该市场被拆除。

大梁庄木材市场　始建于 1998 年，坐落在 104 国道东侧、西青道南侧、大梁庄村北，占地 80 亩，有商户 30 余家，主要经营木材、家具、门窗、土特产品等。多年来该市场为村民生产和生活提供了便利条件，同时也增加了村民个人和集体的收入。由于该市场存在环保和安全不达标，2018 年 8 月该市场被拆除。

大梁庄自由市场　20 世纪 80 年代中期，由大梁庄村民及周边村村民自发形成，坐落在村北大道两侧，经营品种有水产、蔬菜、水果、日用百货等。2018 年 10 月，大梁庄村民陆续搬迁新居——梁晨馨苑，到该市场购物者逐渐减少，一些商户也随之迁出，2018 年年底仅剩 10 余户小商贩经营。

第三节　租赁业

一、发展状况

进入 21 世纪，大梁庄村委会看准市场前景——土地、房屋出租。一是村集体充分利用大梁庄村的土地资源和地缘优势，进行土地开发，建设标准厂房。提供厂房出租、物业管理和服务，达到招商引资、调整产业结构、解决村民就业、增加集体和村民的收入等目的。二是调

大梁庄村民自建的标准厂房（李冬摄于 2010 年）

动村民的闲散资金，把闲散资金整合起来，在中北工业园共同投资进行土地开发建设标准厂房租赁经营。由以农业为主变为多轮驱动、多种经营，并带动其他相关行业的发展（如厂房出租、餐饮、园区内企业配套服务等）。2001—2004 年，大梁庄村有 44 户村民自筹资金在村北养鱼池和大粪场建厂房 1.21 万平方米，均已出租。2002 年，村集体转让土地 8 家，共 148 亩。2003 年，多渠道引资建厂 14 家，出租厂房 2.44 万平方米。2004 年，兴梁工贸投资发展有限公司厂房出租 8 家，共 1.48 万平方米。

大梁庄村民自建的标准厂房（李冬摄于 2010 年）

2005 年 12 月，大梁庄村召开党员、村民代表大会。代表们在会上提出有限入股建标准厂房、合理使用土地资源的建设性意见，村两委对此高度重视并召开村两委班子成员会议，会议认为此提议对发展大梁庄村经济很重要：一是解决了大梁庄村土地资源贫乏问题；二是解决了村民就业，有利于改善村民生活水平；三是实现了土地资源共享、杜绝私搭乱盖。这一提议也得到中北镇党委和镇政府的肯定和支持。村两委在有限入股建厂房的原则、具体方法、参股时间等方面提出了具体的措施。2006 年，大梁庄村有 225 户村民自愿投资入股，在中北工业园内建标准厂房 2.88 万平方米，均已出租（25 户以上为集股建房单位，各组推荐出一名负责人，领导和组织招商引资、出租厂房入股分红等相关事宜，共有 8 组）。2010 年，村集体租地和厂房租赁收入达 1100 万元。225 户村民每年除交付租地费外，可得房屋租赁费共 500 余万元。

2011—2018 年，大梁庄村两委加速对工业园内厂房相关设施进行提升改造。2012 年，投资 48 万元为耶斯电子厂房安装运送货梯，投资 30 万元铺设自来水管线

1300余米，该项目每年可为村集体增加收入50万元。2014年，定向为华天机械有限公司建厂房1.65万平方米，厂房交付使用后前5年，村集体每年可增加租赁收入400万元，其间村委会陆续收购万里车轮厂、天津嘉禾投资有限公司及村域内外单位权属土地、厂房等，为进一步发展壮大租赁业奠定基础。

二、效益

据统计，2018年大梁庄村招商57家，在村北工业园落户，出租房屋11.82万平方米，出租土地273.74亩。年租赁收入2000余万元。多年的厂房出租，使国家获得收益，村集体收入迅速增长，十年翻一番，村民生活水平显著提高。

2018年12月大梁庄村租赁资源登记情况表

表4–6

租赁资源类型	承租方单位名称	租赁地址	租赁土地面积（亩）	租赁建筑面积（平方米）	租赁期限	年租金（元）
厂房	河北泰斗三星线缆有限公司	阜盛道88号		9600	2008.6—2028.6	1845400
厂房	施瑞克（天津）生物技术有限公司	三星路27号		1671	2014.5—2024.5	188955
厂房	天津耶斯电信电子有限公司	星光路27号		3882	2007.8—2027.8	559008
厂房	天津东富星电子有限公司	星光路27号		5041	2012.1—2016.12	725904
厂房	天津大荣精密电子有限公司	星光路27号		2570.95	2012.3—2021.6	370216.8
厂房	天津东福兴不干胶标签有限公司	星光路27号		1347	2012.3—2021.2	193968
厂房	天津瑛印电子有限公司	星光路27号		2180	2012.9—2017.9	313920
厂房	天津市德奥电控成套技术有限公司	星光路27号		1719	2013.3—2019.1	268164
厂房	天津菲尼斯电子产品有限公司	星光路27号		1501	2014.2—2019.1	216144
厂房	天津市海工机械科技有限公司	星光路27号		1212	2014.5—2019.4	174528
厂房	天津易美特电子有限公司	星光路27号		908	2014.5—2017.4	130752
厂房	天津市华天世纪机械有限公司	阜盛道30号		16396.68	2016.1—2035.12	3279336
厂房	天津市有诚电子有限公司	三星路30号		4545	2008.4—2018.4	575460
厂房	天津源鑫鑫电子有限公司	三星路32号		3979.13	2016.1—2021.12	620744.28

续表 4-6

租赁资源类型	承租方单位名称	租赁地址	租赁土地面积（亩）	租赁建筑面积（平方米）	租赁期限	年租金（元）
厂房	天津青树电机设备有限公司	三星路22号		1568	2014.10—2024.9	326400
土地	华北衡器厂	三星路5号	11.43		2002.1—2019.12	80000
简易罩棚	天洋塑料制品有限公司	丰光路6号		344	2015.1—2017.12	5000
厂房	金晶气体压缩机公司	丰光路6号		843.3	2015.1—2017.12	135000
土地	李加林组（力金）	梁鸿路16号	5.78		2007.7—2037.7	57800
土地	李加林组（金毅诺）	梁鸿路18号	5.78		2007.7—2037.7	57800
土地	石乐友组	梁鸿路6号	5.85		2007.7—2037.7	58500
土地	高天成组（先众科技）	梁鸿路22号	5.00		2007.6—2037.6	50000
土地	李加庆组	梁鸿路10号	5.78		2007.11—2037.10	57800
土地	杨福林组（艾特美）	梁鸿路5号	7.89		2006.1—2025.12	78900
土地	杨福林组（二楼）	梁鸿路1号	4.51		2008.7—2038.6	45100
土地	于贺江组（百易电子）	梁鸿路12号	5.78		2009.1—2039.12	57800
土地	陈金春组（新芽电子）	梁鸿路20号	5.78		2008.7—2038.6	57800
土地	民营公司（斗逊）	丰光路12号	8.4		2003.7—2023.6	84000
厂房	天津市鲁信电气设备安装有限公司	三星路10号		2829.13	2016.5—2017.4	450000
厂房	天津大和机电设备有限公司	三星路12号		2123.06	2016.5—2017.4	354000
厂房	天津大山精密电子有限公司	三星路16号		2280.67	2016.5—2017.4	273600
土地	董学忠（尚德电缆）	三星路18号	6.75			67500
土地	董学忠（有源电子）	三星路9号	8.40		2003.7—2023.6	84000
土地	乔树连（乾瀚钢管厂）	三星路2号	32.70		2004.1—2023.12	330000
厂房	天津恩帝富精密模具有限公司	三星路20号		4788	2004.10—2054.9	1006054.56
土地	高庭珍（鑫利维铝业）	梁鸿路7号	8.58		2005.10—2025.9	85800
土地	于贺彪	三星路29号	7.45		2006.1—2025.12	74500
土地	嘉禾投资公司（王学武）	梁鸿路9增1	7.00		2015.1—2054.9	70000

续表 4-6

租赁资源类型	承租方单位名称	租赁地址	租赁土地面积（亩）	租赁建筑面积（平方米）	租赁期限	年租金（元）
土地	陈志宝组	梁鸿路8号	5.85		2007.1—2036.12	58500
厂房	侯树森	丰光路6号	1.50	285	2008.12—2014.12	15000
土地	木材交易市场	西青道	80.00		2015.7—2016.6	392840
土地	任连群	三星路25号	5.05		2004.1—2023.12	50500
厂房	天津斗源塑胶制品厂	梁鸿路15号		2337	2011.7—2016.6	420660
厂房	天津迪都服装设计中心	梁鸿路11号		980	2009.1—2014.12	150000
厂房	天津万顺物流有限公司	丰光路10号		7898.8	2010.6—2020.5	900000
厂房	天津市源鑫鑫电子有限公司	梁鸿路17号		1443	2010.8—2020.7	210000
厂房	石蕴年	丰光路6号		60	2011.1—2014.12	4000
厂房	侯树强	丰光路6号		344	2012.7—2017.6	60000
厂房	石运刚	丰光路		20	2010.1—2026.6	2400
厂房	石运刚	丰光路	1.00		2006.7—2026.6	10000
厂房	金满塘生物科技有限公司	三星路28号		1500	2013.3—2018.2	234000
厂房	天津市源鑫鑫电子有限公司	三星路26号		1500	2013.4—2018.3	234000
厂房	天津耐迪精密部品有限公司	星光路31号		19213	2015.1—2024.12	3458340
厂房	大梁庄村民董学英	丰光路2号		1862.4	2014.1—	105602
土地	蒋国辉	大梁庄路	37.48		2015.11—2016.10	150000
厂房	天津市万里汽车车轮工贸有限公司	三星路6号		7038.29	2016.1—2016.12	1090160
厂房	天津莱易得供应链管理有限公司	星光路27号		2345	2017.1—2017.12	4221000

第五章　村党组织

大梁庄村具有光荣的革命传统。1949 年 9 月，村建立第一个党支部，是西青区中北镇较早建立党支部的村庄之一。多年来，村党组织领导村级政权组织、群众团体，在解放天津、国民经济恢复、社会主义教育、改革开放和全面建设社会主义小康社会的不同时期发挥了战斗堡垒作用。

村党组织坚持不懈地开展党员思想建设、组织建设、干部队伍建设和纪律检查，使党员政治思想水平不断提高，党员队伍结构持续优化，党务公开及时规范，村内政治生态持续向好，形成村民上下一心、风清气正、和谐发展的良好局面。

第一节 基层组织沿革

一、解放初期

1948 年 12 月 20 日，大梁庄村解放。刚解放时国民党特务活动猖獗，中国共产党的组织建设与发展仍在秘密进行。据《中北斜乡志》记载，新中国成立前大梁庄村共有中共党员 7 名。他们是杨益山、屈清元、梁少春、董开科、李中恒、纪金凤、董文江。1949 年 3 月，7 名中共党员在村中组建第一个党小组，组长为梁少春，组织党员在村中秘密开展工作。1949 年 9 月，大梁庄村建立第一党支部，取代了党小组的组织，梁少春任村党支部书记。1950 年 3 月，大梁庄村党支部公开，为村内开展各项工作奠定了基础。董开科任村党支部书记。

二、农业合作化、人民公社化时期

1953 年 7 月，中北斜境内 22 个村庄划分为 6 个乡，大梁庄村属于大梁庄乡。乡设党支部，村设党小组。刘书尧任大梁庄乡党支部书记，董开科任乡党总支副书记并兼管村党组织工作。1958 年 8 月，实行人民公社化，公社设党委会，村设党支部，董开科任大梁庄村党支部书记。

三、“文化大革命”时期

1966 年 5 月至 1967 年 12 月，党组织建设处于停滞状态。1968 年年初，大梁庄村成立革命委员会，实行党政一元化领导，统揽全村的党政大权。村级革命委员会的成立取代村级党支部，徐国新任大梁庄村革命委员会主任。1976 年以后，村级党组织建设与发展逐步走向常态。

四、改革开放时期

1980 年，实行党政分开，大梁庄村建立村级党支部，侯冠伍任大梁庄村党支部书记。1985 年，范茵华任村级党支部书记。2001 年，邓建国任村党支部书记。2003 年 2 月，根据大梁庄村党组织发展状况，村党支部申请建立大梁庄村党总支部委员会，经中北镇党委审核后批准。是年 2 月 25 日，经全体党员大会选举产生大梁庄村党总支部委员会，邓建国任书记。大梁庄村党总支部委员会下设两个党支部。2006 年 4 月至 2018 年 12 月，侯树枫任大梁庄村党总支部委员会书记。

第二节　党　员

一、党员基本情况

1966 年，大梁庄村共有党员 50 人，其中男 38 人、女 12 人，初中以下文化程度 48 人、高中文化程度 2 人。据《中北斜乡志》记载，1995 年，全村共有党员 67 人，其中男 57 人、女 10 人，初中以下文化程度 65 人、高中文化程度 2 人。2010 年，全村共有党员 78 人，其中男 69 人、女 9 人，初中以下文化程度 60 人、高中文化程度 11 人、大专以上文化程度 7 人。2018 年 12 月，全村共有党员 80 人，其中男 69 人、女 11 人，初中以下文化程度 49 人、高中文化程度 13 人、大专以上文化程度 18 人，35 岁以下党员 11 人、36 ~ 59 岁党员 33 人、60 岁以上党员 36 人，59 岁以下党员占党员总数的 55%。

1966—2018 年部分年份大梁庄村党员基本情况表

表 5-1　　　　　　　　　　　　　　　　　　　　　　　　单位：人

年份	合计	男	女	文化程度			入党时间				年龄结构		
				初中以下	高中	大专以上	20世纪40—50年代	20世纪60—70年代	20世纪80—90年代	2000—2018年	35岁以下	36～59岁	60岁以上
1966	50	38	12	48	2	0	18	32					
1995	67	57	10	65	2	0	17	37	13				
2010	78	69	9	60	11	7	7	29	27	15	10	37	31
2018	80	69	11	49	13	18	2	21	30	27	11	33	36

二、党员发展

2018 年，预备党员宣誓（村党总支提供）

新中国成立后，大梁庄村的热血青年积极投入土地改革、互助合作、农业合作化运动中，为恢复和发展国民经济、巩固新生政权、建设社会主义而忘我工作，一大批优秀分子加入中国共产党组织。20 世纪 50 年代，李汝平、徐国新、侯冠伍、梁少安等 20 人加入中国共产党，为大梁庄的党组织增加了新的血液，成为党组织各项活动的骨干力量。

20 世纪 60 年代初期和中期，大梁庄村党组织更加重视先进青年的培养和锻炼，给他们压担子、交任务、搭建各种平台，让他们充分展示各自才能并在各自岗位上成为群众的榜样，他们中的不少人被吸收到中国共产党来。祁文海、石景起、陈金爱、李自阳等 30 余人先后加入中国共产党。“文化大革命”中后期，党组织发展工作受到了严重影响，只有 2 人入党。中共十一届三中全会以后至 20 世纪末，大梁庄村青年团员积极投身到农村经济体制改革和两个文明建设中，邓建国、侯树枫、于贺彪、王学云、陈志勇等 21 名优秀青年先后加入中国共产党。2000—2018 年，李冬、邓卫莹、薛明凯、李明俊、杨乐章、陈成宝等 10 余名青年先后加入中国共产党。

大梁庄党组织自建立党支部以来，共发展党员 86 人（不含部队预备党员在各自支部转正的）。

（一）新中国成立前大梁庄村发展的中国共产党党员

纪金凤（女）	杨益山	屈清元	梁少春	董开科	李中恒
董文江					

（二）新中国成立后大梁庄村发展的中国共产党党员

王桐玉（女）	李汝平	徐国新	侯冠伍	石景运	石蕴浦
李加会（女）	梁少安	杨树芬	李开月	李汝佩	刘书尧
唐万英（女）	石景轩	范茵桐	肖勤荣	董文会	祁文海
梁少平（女）	贾金泉	张建吉	石蕴山	石景起	陈金春
王桐芬（女）	张延苓	李汝新	石景峰	李中恒	孙学智
侯冠俊（女）	李自泉	李柏林	陈俊章	于凤岭	张维泽
张俊英（女）	肖汉英	杨树香	范茵东	李自阳	陈俊德
祁文香（女）	王林书	范茵华	范茵海	刘祥苓	高天龙
董开茹（女）	李家安	李汝井	陈金波	李中林	董开宏
陈金爱（女）	李士杰	邓建国	杨树臣	侯冠文	石景亭
李继芬（女）	李加庆	石乐友	董开林	董开明	董开弟
刘淑芝（女）	周振勋	李汝胜	李金祥	石景宏	薛洪明
王学云（女）	李玉强	陈志勇	李金彪	范茵泉	陈文虎
王春霞（女）	高天成	李　冬	李加孝	董树安	陈志宾
邓卫莹（女）	肖汉阳	侯树枫	薛明凯	李玉良	范茵江
李明俊（女）	于贺彪	董开芳	李加林	于贺江	潘东海
祁秀娜（女）	董学忠	董学强	杨乐章	陈成宝	

（三）已故党员

唐万英（女）	李中恒	石景峰	梁少春	范茵桐	范茵东
李加会（女）	肖勤荣	董文会	孙学智	李士杰	陈金波
王桐玉（女）	李中林	杨树香	杨树芬	侯冠伍	徐国新
李继芬（女）	张建吉	祁文海	李汝佩	李汝新	张维泽
刘长琴（女）	于凤岭	屈浦元	屈清元	李汝平	李开月
王桐香（女）	刘书尧	梁少安	范茵江	陈金友	石景亭

张俊英（女） 侯冠文 李柏林 石景宏 李臣荣 董开宏
梁少平（女） 范茵树 王林书 张延苓 石蕴浦 石景轩
祁文香（女） 刘淑芝（女） 范茵和 董开科 肖汉英

三、2018年12月1日在册党员

至2018年12月1日，大梁庄村党总支部在册党员有80人。其中，女11人，男69人。第一党支部在册党员38人，第二党支部在册党员42人。

（一）中共大梁庄村第一支部委员会在册党员

陈金爱（女） 陈金春 陈文虎 陈文武 陈志宾 陈志友
李明俊（女） 董开弟 董树安 董学相 范茵泉 高天成
王春霞（女） 李 冬 李加海 李加龙 李加孝 李金彪
王敬福（女） 李来运 李玉良 李自阳 石景起 石蕴山
王学云（女） 董开芳 肖长柱 肖汉阳 徐 伟 薛洪明
张瀛方（女） 于贺彪 于贺江 周振勋 刘厚占 杨乐章
杨婷婷（女） 李玉强

（二）中共大梁庄村第二支部委员会在册党员

石乐君（女） 安守秋 陈俊德 陈俊章 陈志海 陈志勇
王金梅（女） 邓建国 董少春 董学强 董学忠 范茵海
王明霞（女） 范茵华 高家顺 高天龙 侯树枫 贾金泉
邓卫莹（女） 李加林 李加庆 李加安 李家良 李金祥
李俊辉 李汝井 李汝胜 李自泉 刘 帅 刘祥苓
潘东海 屈宝旺 石建伟 李俊生 杨玉章 陈成宝
石景运 石乐友 肖汉英 杨树臣 张春林 徐文林

四、优秀共产党员、先进党务工作者

在社会主义建设中，中共大梁庄党组织涌现出一批先进分子、优秀党员和先进党务工作者。自1973年以来，受到乡镇级党委表彰逾80人次，受到区级党委表彰的有6人次。

（一）镇（乡、公社）级优秀党员、先进党务工作者

李汝新 李自阳 石蕴山 范茵东 徐国新 孙学志
侯冠武 陈俊德 邓建国 侯冠俊 范茵华 陈金春

范茵江	梁少安	于贺彪	杨玉章	张维则	石蕴浦
贾金泉	陈志勇	于凤岭	李家安	董学强	李金祥
王学云（女）	李玉良	范茵树	李加孝	陈金爱（女）	

（二）区级优秀党员、优秀党务工作者

石蕴山	李汝新	李自阳	范茵华	邓建国

第三节　党组织换届选举

2003 年 2 月 25 日，大梁庄村党支部在村委会召开党员大会，应到党员 66 人，实到 54 人，因病、因事请假 12 人。大会通过投票的方式选举产生大梁庄村党总支部委员会成员 3 人：邓建国、侯树枫、范茵江。同日，大梁庄村召开新一届党总支部委员会第一次会议，会议一致推选邓建国为大梁庄村党总支部委员会书记，侯树枫任副书记，范茵江任委员。

2006 年 4 月 30 日，大梁庄党总支部在中北镇机关大楼会议室召开党员大会，大会应到中共党员 60 人，实到 55 人，因病、因事请假 5 人。大会通过差额选举的方式，选举产生大梁庄村新一届党总支部委员会成员 3 人：侯树枫、范茵江、王学云。同日，大梁庄村新一届党总支部委员会第一次会议在镇政府六楼会议室召开，新一届党总支部委员 3 人采取举手表决的形式，选举侯树枫为大梁庄村新一届党总支部

中北镇大梁庄村党员大会（薛明凯摄于 2015 年）

书记，范茵江、王学云任委员。

2009 年 2 月 26 日，大梁庄村召开党员大会。大会应到党员 70 人，实到 61 人，因病、因事请假 9 人。列席会议的村民代表和部分群众共 47 人。

会上全体党员、村民代表和部分群众充分讨论大梁庄村党总支部委员会工作报告，实事求是地评价了 3 年大梁庄村党总支部委员会的工作。全体党员通过等额推荐的方式推选出大梁庄村新一届党总支部委员会候选人。在此基础上全体党员以投票的方式选举出大梁庄村新一届党总支部委员会委员。侯树枫、王学云、杨玉章、范茵江、董学强 5 人当选。

同日，大梁庄村召开新一届党总支部委员会第一次全体会议，通过举手表决的方式，选举书记侯树枫，副书记范茵江，委员王学云、杨玉章、董学强。

2012 年 7 月 9 日，在中北工业园管委会召开党员大会，大会应到党员 68 人，实到 67 人，因病、因事请假 1 人，列席会议的村民代表及部分群众共 24 人。会上全体党员、村民代表和部分群众充分讨论了大梁庄村党总支部委员会的工作报告。全体党员通过等额推荐的方式选举大梁庄村党总支部委员会委员。他们是侯树枫、范茵江、王学云、董学强、杨玉章。同日，大梁庄村新一届党总支部委员会第一次全体会议召开，会议通过举手表决的方式选举出书记侯树枫，副书记范茵江、董学强，委员王学云、杨玉章。

2015 年 5 月 31 日，在西青宾馆召开党员大会。大会应到党员 68 人，实到党员 65 人，因病、因事请假 3 人。列席村民代表 22 人。会上全体党员和村民代表充分讨论大梁庄村党总支部工作报告，并一致通过。经民主推荐全体党员选举侯树枫、董学强、王学云、杨玉章、李玉良、李冬 6 人为大梁庄村新一届党总支部委员会委员。同日，大梁庄村党总支部委员会召开第一次全体会议，采取举手表决的方式，一致选举出侯树枫为大梁庄村党总支部委员会书记，董学强为副书记，王学云、杨玉章、李玉良、李冬为委员。

2018 年 6 月 3 日，在雷庄村村委会召开党员大会进行换届选举，大会应到党员 69 人，实到党员 60 人，因病、因事请假 9 人。大会以无记名投票、差额选举的办法选举大梁庄村党总支部委员 5 名，他们是王学云、杨玉章、李冬、李玉良、侯树枫。同日，大梁庄村新一届党总支部委员会召开第一次会议，采取无记名投票方式等额选举办法，选举侯树枫为大梁庄村党总支部书记，杨玉章为副书记，王学云、李玉良、李冬为委员。

第四节 村党组织历任领导干部

1949—2018年，大梁庄村有30人任大梁庄村党支部、党总支部委员会书记、副书记、委员。

大梁庄村历任党组织组成人员一览表

表 5-2

姓名	职务	任职时间	备注
梁少春	党支部书记	1949—1950	《中北斜乡志》记载
	党支部委员	1972—1979	档案提供
董开科	党支部书记	1950—1953	《中北斜乡志》记载
	党支部副书记	1953—1958	
	党支部书记	1958—1959	
徐国新	党支部书记	1959—1979	《中北斜乡志》记载
侯冠伍	党支部委员	1964—1966	村老干部提供
	党支部副书记	1966—1979	档案提供
	党支部书记	1979—1986	档案提供
	党支部副书记	1986—1990	档案提供
董文江	党支部委员	1964—1966	村老干部提供
李汝新	党支部委员	1964—1985	村老干部提供
王桐玉	党支部委员	1964—1966	村老干部提供
董文会	党支部委员	1966—1970	村老干部提供
董开弟	党支部委员	1966—1970	村老干部提供
唐万英	党支部委员	1966—1970	村老干部提供
梁少安	党支部委员	1966—1972	档案提供
杨树芬	党支部委员	1966—1972	档案提供
李自阳	党支部委员	1966—1970	档案提供
	党支部委员	1983—1984	档案提供
	党支部副书记	1970—1972	村老干部提供

续表 5–2

姓名	职务	任职时间	备注
李自阳	党支部副书记	1976—1979	档案提供
范茵和	党支部委员	1970—1972	村老干部提供
范茵树	党支部委员	1972—1980	档案提供
范茵华	党支部委员	1970—1985	村老干部提供
	党支部书记	1985—2001	
王桐香	党支部委员	1970—1986	档案提供
王林书	党支部委员	1977—1979	档案提供
石蕴山	党支部委员	1977—1978	村老干部提供
	党支部副书记	1979—1986	
	党支部副书记	1988—2001	
陈金波	党支部委员	1980—1986	村老干部提供
邓建国	党支部副书记	2000—2001	村党总支提供
	党支部书记	2001—2003	
	党总支书记	2003—2006	
侯树枫	党支部委员	1996—2003	村党总支提供
	党总支副书记	2003—2006	
	党总支书记	2006—2018	
范茵江	党总支委员	2003—2009	村党总支提供
	党总支副书记	2009—2015	
杨树臣	党支部委员	1993—2003	村党总支提供
董学强	党总支委员	2009—2012	村党总支提供
	党总支副书记	2012—2018.6	
王学云	党总支委员	2006—2018	村党总支提供
杨玉章	党总支委员	2009—2018.5	村党总支提供
	党总支副书记	2018.6—2018.12	
李玉良	党总支委员	2015—2018	村党总支提供
李冬	党总支委员	2015—2018	村党总支提供

第五节 党务工作

大梁庄村自 1949 年 9 月建党支部以来，按照上级党委的要求，结合大梁庄村实际开展了一系列的活动，尤其是在党的组织工作、宣传工作、纪检工作等方面做了深入细致的工作，壮大巩固了党的组织，提高了党员的综合素质，纯洁了党的队伍。

一、组织工作

党的组织工作是为实现党的任务，壮大巩固党的组织对党员干部实施管理和发展党员工作。

新中国成立前，村党支部在上级党组织的领导下，曾在境内秘密地开展党的工作。1950 年 4 月以后，村党支部工作的开展由秘密转向公开。1950 年 4 月至 1959 年 12 月，大梁庄村党支部带领广大村民积极投身社会主义革命和建设，培养了一批青年骨干，在自己的岗位上忘我工作，奉献青春、才华和智慧，有 13 名优秀分子加入中国共产党。1963—1966 年，在社会主义教育运动中，涌现出一大批以贫下中农为主体的先进青年，是一支“闪光群体”。在村中他们走到哪里，就在哪里闪光。大梁庄村党支部把这支 18 人的“闪光群体”吸收到党的组织中来，壮大了党员队伍。“文化大革命”时期党员的发展基本上处于停滞状态。中共十一届三中全会后，大梁庄村党支部不断加强对党员的思想建设、作风建设，不断提高党组织的凝聚力、战斗力、创造力，成为大梁庄经济建设中的一支主力军。

1991 年，中北斜乡党委对各村党组织开展达标升级活动。大梁庄村党支部认真分析现状，对照标准，整改提高。在乡党委规定的时间内，完成了升级达标工作。

1996—2018 年，大梁庄村党组织十分重视把农村中有文化、有技术、有能力、思想进步的优秀青年培养成党员，把党员中的优秀分子和企业优秀管理人员培养成村两委的干部或领导成员。1994 年，邓建国取得会计师中级技术职称资格，1997—1999 年，参加首都经济贸易大学工商管理专业研究生课程班的学习。2000 年，被选进村两委班子，任村党支部副书记，2001 年任书记。1996 年，侯树枫任村党支部委员后，不断拼搏进取，1998 年，利用业余时间在西青电大行政管理专业学习，努力提高自己的理论水平和管理能力。2002 年，大专毕业，2003 年，当选村党支部副书记，2006 年，当选村党总支书记。大学生村官李冬工作优秀，2015 年，被推选为村党总支部委员。改革开放后至 2018 年，大梁庄村有 37 人加入党组织。大梁庄村党总支部委员会全体成员同心同德，带领广大党员和群众为大梁庄村的两个文明建设与发展同心协力不懈奋斗，充分发挥了党组织的战斗堡垒作用和党员的先锋模范作用。

村党总支部委员会不断加强村干部自身建设，定期召开民主生活会，班子成员紧紧围绕“示范带头”“三严三实”“三问三讲三争做”的要求认真自查，找准存在的问题与差距，开展批评与自我批评。班子生活会邀请包村领导、驻村指导员参加并全程指导。还邀请部分党员和群众代表参加讨论。在民主生活会上，村党总支部书记带头宣读班子自查报告，带头进行自我批评。班子其他成员依次发言进行自我批评。与会人员依次发言进行批评与帮助，在民主生活会上，村党总支书记树标杆当示范，带头查摆自己的问题，带头对村党总支部委员提出批评，并虚心接受他人的批评意见。对群众反映强烈的问题，对上级点明的问题，逐一做出回应。委员之间相互批评、一针见血，直戳问题和不足。坚持用事实说话，做到见人见事见思想，达到既脸红出汗、触动思想又增进团结、促进工作的目的。多年来班子生活会定期召开，使大梁庄村的党组织形成规范完善的自我教育、自我管理机制。班子成员之间团结互助，队伍稳定，有力地促进了大梁庄各项工作的开展。大梁庄村党组织多次被评为镇级、区级先进党组织。

参观平津战役纪念馆留影（李冬摄于 2018 年）

二、宣传工作

宣传工作是党务工作的重要组成部分，它与党的组织工作密切相关，宣传工作为党的组织工作开辟了道路，组织工作为宣传工作扩大和巩固了阵地。

新中国成立初期村级党组织设一名委员抓党的宣传工作。在不通电的情况下，村党支部培养多名宣传员。宣传员用纸喇叭或铁喇叭向群众宣传党的政策、时事大事。

1956年，西郊区广播站建立，把小喇叭安装到各村各户，村民按时收听时事政治新闻。1957年，大梁庄村建立广播站，第一任广播员为李桂芹。广播站及时向村民宣传社会主义教育运动、村中好人好事，及时向村民播放中央新闻和村中大事。

中共十一届三中全会以后，村党总支宣传工作重点抓“实事求是”、实践是检验真理的唯一标准、社会主义初级阶段理论的学习和讨论，要求全体党员把村工作重点转移到村经济建设上来。

1981—2000年，村党支部的宣传工作围绕着“五讲、四美、三热爱”“三讲教育”等，结合大梁庄实际开展创文明村庄、遵纪守法、五好家庭、文明标兵、孝老敬亲等一系列活动。

党员、村民代表在烈士墓前宣誓（薛明凯摄）

送学上门（村党总支提供）

大梁庄村开展纪念抗日战争胜利71周年诗歌朗诵暨特色党日活动（村党总支提供）

进入21世纪以来，村党总支组织党员开展“三个代表”重要思想、科学发展观、社会主义和谐社会、保持共产党员先进性、社会主义核心价值观、群众路线、“创先争优”、“两学一做”学习教育、“送学上门”、“党情连万家”等多种教育学习活动。

大梁庄村党组织在抓党的宣传工作上采取不同形式和方法，有参观学习、座谈会、报告会、演讲会、短信平台学习、知识竞赛、自编自演节目、典型案例分析、观看电教片、远程教育、举办特色党日活动等。特色党日活动“大学生到基层”，中北文化之窗进行了报道。2013年4月28日，《天津日报》“说说回乡当村官的那些事”栏目刊登了大梁庄村村官邓卫莹、李冬、薛明凯3人的事迹。文章的题目：《你给家乡带来了什么》，副标题：村官三人组用自己的方式带来了改变。

三、纪律检查

纪律检查工作是党务工作的重要组成部分，是坚持党的政治路线，实现党的政治任务的切实保证。大梁庄党组织一方面在党内开展了党规、党性、党风、党纪的宣传教育，另一方面对违反纪律的党员、干部进行批评教育和严肃处理，维护党的纪律的严肃性，保持党组织队伍的先进性和纯洁性，巩固村级党的组织，维护党的秩序，有效地贯彻执行党的路线、方针和政策。

村党组织在纪律检查工作中坚持预防为主、教育为主、有法必依、违法必究的方针，凡是违反党纪、违反制度的党员、干部不分年龄大小、职务高低，该教育的教育，该批评的批评，该公开检查的公开检查，该追究法律责任的追究法律责任。

四、集体荣誉

1990—2016年，大梁庄村党组织获乡、镇级集体荣誉12次，区级先进集体1次。

2005年获评镇级先进党组织（村委会提供）

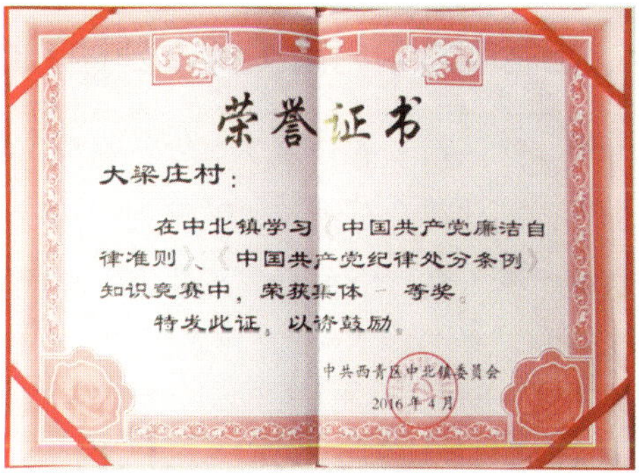

2006年，在中北镇学习《中国共产党廉洁自律准则》《中国共产党纪律处分条例》知识竞赛中，获集体一等奖（村委会提供）

1990—2016 年大梁庄村党组织所获集体荣誉一览表

表 5–3

时间	获奖名称	级别
1990年	“我为老人创幸福”先进集体	乡级
1992年	开拓老年事业先进单位	乡级
1994年	尊老事业先进集体	乡级
1994年	先进党支部	乡级
2003年	贯彻中共十六大精神知识竞赛三等奖	镇级
2003年	先进党组织	镇级
2003年	抗击“非典”先进集体	区级
2004年	两个条例知识竞赛三等奖	镇级
2005年	先进党组织	镇级
2010年	廉政准则知识竞赛优秀奖	镇级
2011年	形势教育主题知识竞赛三等奖	镇级
2012年	党的纯洁性知识竞赛三等奖	镇级
2016年	中北镇《中国共产党廉洁自律准则》《中国共产党纪律处分条例》知识竞赛集体一等奖	镇级

第六节　出席各级党代会代表

新中国成立后，大梁庄村的党员、干部有 30 余人次出席镇（乡、公社）、区党代表大会。

一、出席中共中北镇（乡、公社）党代会代表

董开科　徐国新　董开弟　李汝新　范茵树　陈金爱　贾金泉
李加孝　刘桂英　石景起　王桐香　侯冠伍　范茵华　陈金波
于贺彪　李玉良　李自阳　石蕴山　邓建国　侯树枫　范茵江
王学云

二、出席中共西青区党代会代表

范茵华　邓建国　侯树枫　王学云

第六章　村政组织

村政权组织在村党组织的领导下，积极探索推行民主选举、民主决策、民主监督和民主管理。特别是1983年以后，村民自治工作逐步规范，村里的大事由党员、村民代表大会讨论通过。《大梁庄村村规民约》《大梁庄村村民自治章程》从无到有且逐步完善。1949—2018年，大梁庄村40余名村干部带领广大村民自力更生、艰苦奋斗、广开渠道、发展经济，把一个贫穷落后的村庄建设成文明富裕的村庄，村域社会秩序良好，人民生活舒适幸福。

第一节　村级行政组织沿革

一、新中国成立至社会主义教育时期

1948年12月境内解放，各乡建立临时政权组织，村一级建村公所或村政府。1949年1月，大梁庄村建村公所，村公所设村长、农会主任、妇女主任、民兵队长、财粮员等。石维治任村长。

1953—1954年，村以互助组为单位组成公民小组，选举产生村民代表会，由村民代表会选举产生村级政权组织——村政委员会。至此村级政权组织由村政委员会取代村公所。

1958年8月，人民公社实行“政社合一”体制，公社设管理委员会，村设生产大队，置大队长。生产大队为村级政权组织，负责农业生产、民政、治安、文教、妇联、卫生等行政事务。

1961年，村建生产大队管理委员会，下设4个生产队，置大队长和小队长。

1963年，“三级所有、队为基础”的经济管理体制确立后，大队管理委员会代行村政组织职权，统管村级生产及行政事务。

二、“文化大革命”时期

1968年，村建革命委员会，设主任、副主任和委员。革命委员会实行“党政合一”的一元化领导，统揽全村党、政、财、文及生产大权。

三、改革开放时期

1980 年，取消革命委员会，恢复村级生产大队管委会职能。1983 年进行体制改革，实行政企分开，村建立党支部委员会和村民委员会。1983 年 8 月 19 日，大梁庄村建立第一届村民委员会，设主任、副主任和委员，村民委员会共 5 人组成。

至 2018 年，大梁庄村民委员会连续进行 10 届民主选举。

第二节　村民委员会换届选举

（因第二届、第三届村民委员会换届选举资料不详，故不记载。）

一、第一届村委会

1983 年 8 月 19 日，经广大村民选举产生大梁庄村第一届村民委员会。

村委会主任：范茵华

副　主　任：王桐香　杨树芬

委　　　员：陈金爱　刘长苓

二、第四届村委会

2000 年 8 月 20 日，大梁庄村委会进行第四届村民委员会选举。根据《中华人民共和国村民委员会组织法》和《天津市村民委员会自治章程》的有关规定，经全体村民投票选举产生大梁庄村第四届村民委员会。

村委会主任：石蕴山

副　主　任：杨树臣　侯树枫

委　　　员：孟兆敏　肖汉阳

三、第五届村委会

2003 年 3 月 22 日，大梁庄村委会进行第五届村民委员会选举，共有选民 1635 人，参加投票选民 1572 人，经选民投票选举产生大梁庄村第五届村民委员会。

村委会主任：邓建国
副　主　任：范茵江
委　　　员：董学强　肖汉阳　侯树枫

四、第六届村委会

2006年6月27日，大梁庄村委会进行第六届村民委员会选举，共有选民1667人，参加投票选民1438人，经选民投票选举产生大梁庄村第六届村民委员会。

村委会主任：侯树枫
副　主　任：范茵江
委　　　员：杨玉章　董学强　肖汉阳

五、第七届村委会

2009年5月15日，大梁庄村进行第七届村民委员会选举，共有选民1740人，参加投票选民1457人，经选民投票选举产生大梁庄村第七届村民委员会。

村委会主任：侯树枫
委　　　员：范茵江　杨玉章

六、第八届村委会

2012年7月9日，大梁庄村党员大会及村民代表大会在中北工业园管委会召开，由于大梁庄村平改拆迁，村民在外租房居住比较分散，组织换届选举难度较大。按市区关于换届选举的有关规定，经全体党员、村民代表充分讨论及表决，同意暂缓换届88人，不同意0人，弃权0人，一致通过。

七、第九届村委会

2015年7月25日，大梁庄村进行第九届村民委员会选举，共有选民1880人，参加投票选民1827人，经选民投票选举产生大梁庄村第九届村民委员会。

村委会主任：侯树枫
委　　　员：董学强　杨玉章

八、第十届村委会

2018年7月8日，大梁庄村在梁晨馨苑进行第十届村民委员会选举，共有选民

1882 人，参加投票选民 1843 人，经选民投票选举产生大梁庄村第十届村民委员会。

村委会主任：侯树枫

委　　　员：杨玉章　李俊生

大梁庄村第十届村民代表一览表

表 6–1

序号	姓名	性别	出生年月	文化程度	政治面目	备注
1	侯树枫	男	1962年10月	大专	党员	*
2	杨玉章	男	1969年12月	大专	党员	*
3	王学云	女	1963年6月	大专	党员	*
4	李玉良	男	1963年4月	大专	党员	*
5	李冬	男	1986年11月	本科	党员	*
6	李俊生	男	1991年9月	大专	党员	*
7	侯树森	男	1958年7月	初中	群众	
8	王金梅	女	1962年8月	初中	党员	
9	肖长友	男	1966年6月	初中	群众	
10	石蕴年	男	1958年2月	初中	群众	
11	邓建国	男	1952年6月	初中	党员	
12	杨乐章	男	1989年2月	中专	预备党员	
13	侯树强	男	1969年4月	初中	群众	
14	陈金爱	女	1946年7月	初中	党员	
15	石乐友	男	1966年6月	高中	党员	
16	陈金起	男	1953年8月	初中	群众	
17	毕士凤	女	1969年11月	初中	群众	
18	季献英	女	1963年5月	初中	群众	
19	肖汉阳	男	1949年7月	初中	党员	
20	闫克美	女	1964年3月	初中	群众	
21	李玉坤	男	1960年1月	初中	群众	
22	侯庆华	女	1962年2月	初中	群众	
23	杨树臣	男	1956年5月	初中	党员	
24	肖汉章	男	1955年3月	初中	群众	
25	姚建霞	女	1976年5月	中专	群众	
26	李来运	男	1962年3月	初中	党员	
27	陈文虎	男	1975年10月	高中	党员	

续表 6-1

序号	姓名	性别	出生年月	文化程度	政治面目	备注
28	李金龙	男	1966年12月	初中	群众	
29	董学强	男	1957年10月	初中	党员	
30	董学英	男	1961年6月	初中	群众	
31	于贺彪	男	1955年3月	初中	党员	
32	李明茹	女	1958年8月	初中	群众	
33	董学江	男	1959年11月	初中	群众	
34	李明俊	女	1974年6月	中专	党员	
35	潘东海	男	1970年7月	初中	党员	
36	孙玉起	男	1963年6月	初中	群众	
37	高宝叶	女	1970年4月	初中	群众	
38	李汝胜	男	1952年9月	初中	党员	
39	土春霞	女	1967年4月	初中	党员	
40	陈成宝	男	1989年6月	中专	预备党员	
41	崔晓蕊	女	1990年7月	大专	群众	
42	罗艳清	女	1976年11月	初中	群众	
43	张志梅	女	1964年1月	初中	群众	
44	郝娟	女	1978年6月	初中	群众	
45	李加孝	男	1959年7月	初中	党员	

说明：2018年大梁庄村民委员会换届选举，共产生村民代表45人，其中中共党员21人，妇女代表16人，预备党员 2 人，班子成员在备注栏内用“*”标出

第三节　历任村领导

1983 年，大梁庄村民委员会由村民选举产生。此后各届村民委员会分别设主任、副主任、委员。大梁庄村党组织成员与大梁庄村民委员会委员有的交叉任职。2000 年 8 月至 2009 年 4 月，大梁庄村民委员会设主任 1 人、副主任 1 人、委员 3 人。2009 年 5 月至 2018 年 12 月，设主任 1 人、委员 2 人。

从 1949 年起，先后有 42 人担任过村长、大队长、社长、主任、副主任、委员。

大梁庄村历任村领导一览表

表 6-2

姓名	村组织名称	职务	任职时间	备注
石维治	村公所	村长	1949—1950	《中北斜乡志》记载
刘永海	村公所	村长	1951—1953	《中北斜乡志》记载
董开科	农业社	兼主任	1954—1960	村老干部提供
	生产大队	大队长	1960—1966	档案记载
	管委会、革委会	副主任、副大队长	1966—1976	档案记载
董文江	生产大队	副大队长	1964—1966	档案记载
张建吉	生产大队	委员	1964.12—1966.8	档案记载
徐国新	革委会	主任	1967—1970	老干部提供
侯冠伍	生产大队	副大队长	1965.1—1966.8	档案记载
	革委会	副主任	1968.10—1971.2	村老干部提供
	村民委员会	主任	1986.2—1988	《中北斜乡志》记载
李自阳	大队管委会	委员	1966.5—1970	村老干部提供
	生产大队	大队长	1976—1979	《中北斜乡志》记载
	联合社	社长	1983—1984	《中北斜乡志》记载
董文会	大队管委会	委员	1966.5—1970	村干部提供
唐万英	生产大队	委员	1964.12—1966.8	村干部提供（档案）
石蕴甫	生产大队	委员	1964.12—1966.8	档案记载
石万来	生产大队	委员	1964.12—1966.8	档案记载
李开甫	生产大队	委员	1964.12—1966.8	村干部提供
李汝新	生产大队	委员	1964.12—1966.8	档案记载
	大队管委会、革命委员会	主任、大队长	1966.8—1970.9	档案记载
	革命委员会	副主任	1970.9—1971.12	档案记载
王林书	大队管委会	委员	1966.8—1968	档案记载

续表 6-2

姓名	村组织名称	职务	任职时间	备注
梁少安	生产大队	委员	1964.12—1966.8	档案记载
王桐香	大队管委会	委员	1966.8—1970.9	村干部提供
	革命委员会	副主任	1970.9—1971.12	
	村委会委员	副主任	1983.8—	档案记载
石景运	大队管委会	委员	1966.8—1970	档案记载
石景轩	大队管委会	委员	1966.8—1968	档案记载
张会川	大队管委会	委员	1966.8—1968	档案记载
李士杰	大队管委会	委员	1966.8—1970	档案记载
肖钧荣	大队管委会	委员	1966.8—1968	档案记载
陈金波	大队管委会	委员	1966.8—1970	档案记载
	联合社	副社长	1983.8—1984.9	村干部提供
孙学智	大队管委会	委员	1966.8—1970	村干部提供
	联合社	副社长	1983.8—1984.9	
张维则	联合社	财务股长	1983.8—1984.9	档案记载
石景峰	革命委员会	委员	1967—1970	老干部提供
李汝佩	革命委员会	委员	1967—1970	老干部提供
董文福	革命委员会	委员	1967—1970	老干部提供
范茵华	村民委员会	主任	1983—1986	《中北斜乡志》记载
杨树芬	村民委员会	副主任	1983—1986	档案记载
陈金爱	村民委员会	委员	1983—1986	村干部提供
刘长苓	村民委员会	委员	1983—1986	村干部提供
石蕴山	大队管委会	副大队长	1966—1969	村干部提供
	革命委员会	主任	1980—1983	村干部提供

续表 6-2

姓名	村组织名称	职务	任职时间	备注
石蕴山	联合社	副社长	1983—1984	村干部提供
	村民委员会	副主任	1985—1988	村干部提供
	村民委员会	主任	1988—2001	《中北斜乡志》记载
邓建国	村民委员会	副主任	1986.2—1990	档案记载
	村民委员会	主任	2001.4—2006.4	村党总支提供
孟兆敏	村民委员会	委员	2000.8—2003.4	档案记载
杨树臣	村民委员会	副主任	2000.8—2003.4	村党总支提供
侯树枫	村民委员会	副主任	2000.8—2003.4	村党总支提供
	村民委员会	委员	2003.4—2006.6	村党总支提供
	村民委员会	主任	2006.4—2018.12	村党总支提供
范茵江	村民委员会	副主任	2003.4—2009.5	村党总支提供
	村民委员会	委员	2009.5—2015.5	村党总支提供
肖汉阳	村民委员会	委员	2000.8—2009.5	村党总支提供
董学强	村民委员会	委员	2001.4—2009.5	村党总支提供
	村民委员会	委员	2015.5—2018.6	村党总支提供
杨玉章	村民委员会	委员	2006—2018.12	村党总支提供
李俊生	村民委员会	委员	2018.7—2018.12	村档案提供

第四节　人大代表

新中国成立至 2018 年，大梁庄村民出席中北镇（乡、公社）、西青区（西郊区）两级人民代表大会的代表有 60 余人次。

一、出席中北镇（乡、公社）历届人民代表大会代表

（一）出席李楼乡第六届人民代表大会代表

徐国新　董开科　唐万英　孙凤荣　李汝新　董文会

侯冠伍　王桐芬　王永祥　李自阳　李自泉

（二）出席九一九公社第八届人民代表大会代表

王桐香　李自阳　孙学智　李汝新　范茵华　杨树芬

范茵树　侯冠伍　徐国新　石蕴山　高昌武

（三）出席中北斜乡第九届人民代表大会代表

高昌武　侯冠伍　李自阳　王桐玉　梁泽清　徐国新　陈金爱

（四）出席中北斜乡第十届人民代表大会代表

侯冠伍　范茵华　孟兆敏　陈金爱

（五）出席中北斜乡第十一届人民代表大会代表

侯冠伍　陈金波　孟兆敏　陈金爱

（六）出席中北斜乡第十二届人民代表大会代表

杨树芬　孟兆敏　石蕴山　陈金爱

（七）出席中北斜乡第十三届人民代表大会代表

石蕴山　孟兆敏　陈金爱

（八）出席中北斜乡第十四届人民代表大会代表

石蕴山　范茵华　孟兆敏

（九）出席中北镇第十五届人民代表大会代表

邓建国　孟兆敏　范茵江

（十）出席中北镇第十六届人民代表大会代表

侯树枫　孟兆敏　杨玉章

（十一）出席中北镇第十七届人民代表大会代表

侯树枫　李　冬

（十二）出席中北镇第十八届人民代表大会代表

侯树枫　刘　方

二、出席西青区（西郊区）历届人民代表大会代表

（一）出席西郊区第六届人民代表大会代表

孙凤荣

（二）出席西郊区第八届人民代表大会代表

孙学智

（三）出席西郊区第九届人民代表大会代表

陈金爱

（四）出席西郊区第十届人民代表大会代表

陈金爱　王桐香

（五）出席西青区第十一届人民代表大会代表

陈金爱

（六）出席西青区第十二届人民代表大会代表

陈金爱

（七）出席西青区第十三届人民代表大会代表

陈金爱

（八）出席西青区第十四届人民代表大会代表

孟兆敏

（九）出席西青区第十七届人民代表大会代表

刘　方

第五节　村民自治建设

一、制定《大梁庄村村民自治章程》

2005 年，全体党员、村民代表举手表决通过《大梁庄村村民自治章程》

村民委员会是村民实行自我管理、自我教育、自我服务的基层群众性自治组织。1991 年，依据历任村民委员会实行村民自治的实践，为进一步提高村民自治的能力，大梁庄村两委制定了《大梁庄村村规民约》，经过党员和村民代表大会的充分讨论，一致通过。2005 年，村两委在村规民约并依据《天津市村民委员会自治章程》的基础上，结合大梁庄实际，制定《大梁庄村村民自治章程》，经过全体党员、村民代表的充分讨论一致通过，这是大梁庄村自建村以来诞生的第一部村民自治章程。

二、修订《大梁庄村村民自治章程》

《大梁庄村村民自治章程》详细地阐述了村民组织的职权、职责、工作制度、村民享有的权利与义务；规范了劳动积累、村民户口管理、村民福利待遇、财务制度的管理；明确了社会治安、计划生育、邻里关系、家庭和睦、社会保障、村风民俗等相关内容。大到村集体小到村民个人都有章可循。随着经济的发展，法治的不断健全，文明程度的不断提高，国家新政策的不断出台，《大梁庄村村民自治章程》不断修改、补充、完善。自 2005 年制定以来共修改 8 次，分别是 2008 年、2011 年、2012 年、2013 年、2015 年、2016 年、2017 年、2018 年。《大梁庄村村民自治章程》经过多次修改更加完善，更加适应时代需求，这对村民依法自治、有法可依、有章可循，对推进民主选举、民主决策，实行自我管理、自我服务，促进大梁庄两个文明的协调发展，创建平安文明宅村起到积极作用。

第六节 民主法治建设

解放以来，大梁庄村党政组织紧紧依靠农会、贫协、妇联、民兵连、共青团、治保调解委员会、工会等群众组织，不断加强民主法治建设，村民的法律意识显著增强，村内社会秩序稳定，人民群众的安全感、获得感、幸福感不断提升。

一、社会治安综合治理

（一）组织概况

20 世纪 50—90 年代，大梁庄村级组织中设治保委员会和调解委员会。治保委员会主任主要负责管理全村的治安保卫事务，调解委员会主任主要负责调解村内的民事纠纷。2001 年，大梁庄村成立社会治安综合治理办公室，下设人口管理组、信访维稳组、矛盾调解组、帮教矫正组、安全防控组等。从此，社会治安综合治理办公室在村党支部书记的领导下，有序、全面开展村域内的治安、生产安全、民事调解、外来人口管理等综合治理工作。

解放以来，担任大梁庄村治保委员会主任、副主任，调解委员会主任、副主任，综合治理办公室主任、副主任的有邓启祥、于万友、梁少春、董文会、梁少安、石景峰、杨树芬、肖勤荣、孙凤荣、陈金爱、侯冠伍、王桐香、李自泉、范茵华、石景起、杨建华、侯树枫、杨玉章。他们为大梁庄村多年的平安稳定做了大量的工作。

（二）社会治安治理任务

1. 严厉打击各种犯罪，扫除社会丑恶现象。

2. 开展治安防范工作和创建平安宅村活动，健全和完善防控体系。

3. 重点整治村域内问题突出的地段、行业和场所，维护村域内社会治安秩序。

4. 开展矛盾纠纷排查调处工作，消除不稳定因素。

5. 对村域内的公民，特别是青少年开展思想道德教育和法治宣传教育，提高防范意识，增强自我保护能力，预防违法犯罪。

6. 对流动人口进行管理和服务，对外地来村域内的暂住人口进行登记造册随时检查，发现问题及时调处，预防不稳定因素发生，保护流动人口的合法权益。

7. 加强村级社会治安综合治理的组织建设、队伍建设和制度建设，建立目标管理责任制，落实社会治安综合治理的各项规定。

8. 教育、挽救、改造村域内违法犯罪人员，做好刑满释放和接受劳动教养人员的安置帮教工作，指导和帮助其就业或再就业。

9. 不断对村域内的企业进行安全生产检查，查出隐患督促其整改，以防各种事故发生。

10. 完成上级交给的任务，完成法律法规规定的其他社会治安综合治理工作。

（三）普及法律，创建平安村庄

二十世纪五六十年代，大梁庄村利用土广播、黑板报、张贴标语、培训、召开会议、文娱联欢等多种形式，广泛宣传《中华人民共和国婚姻法》《中华人民共和国宪法》等法律，促进广大社员树立基本法律意识，形成男女平等、婚姻自主、尊老爱幼、家庭和睦、热爱集体的社会新风尚。

八九十年代，村中相继开展了“一五”“二五”“三五”普法教育。随着“十法一条例”、专业法、维护社会稳定相关法律知识和社会主义市场经济法律知识的学习深入，村民的法治观念不断增强。村两委根据村中经济发展和治安形势，加强治保委员会、调解委员会队伍建设及巡逻队员岗位技能培训。积极调解村内各种矛盾纠纷，成功率达97%，防止多起可能激化的矛盾。巡逻队员团结协作，驱逐外来可疑人，村中秩序稳定。

1991年，村两委结合村庄实际，广泛调研征求意见，制定《大梁庄村村规民约》，经全体党员、村民代表的充分讨论一致通过。后经各种形式的学习宣传家喻户晓。至此，村中的政治经济、计划生育、社会治安、邻里关系等多方面都有章可循、有法可依。村庄治理开始走向依法治理的轨道。治保主任石景起与村两委成员，依村规民约积极调解村内各种矛盾，村风不断向好的方面转化，石景起被评为区级社会治安综合治理先进个人。1994—2010年，随着普法学习的深入，大梁庄村连续多年开展遵纪守法户、文明家庭、学习型家庭、文明标兵、孝老爱亲之星等多种评比活动。1995年，全村评选出遵纪守法户428户，占全村总户数的71.4%，文明家庭122户，占全村总户数的18.1%。2001年，全村676户全部参加评选，评选出遵纪守法户和文明家庭户共664户，占全村总户数的98.2%。评选活动的持续开展，使村民的遵纪守法意识、文明理念显著提升。1996年，李汝义被评为区级社会治安综合治理先进个人。

2017年，志愿者为外来务工人员发放法治宣传材料
（村委会提供）

2002年，大梁庄村加强了治安巡逻队的管理，共有巡逻队员8名，治安巡逻队员主要担负着全村的主要道路、村宅、偏僻地段、企业聚集区、人员复杂场所、公共场所、工业园区、村办公区域及铁路等地方的夜间巡逻和日间村内突发事件的应急处理任务，并负有配合公安机关打击犯罪活动的临时任务。村内还有老大娘志愿者服务队，负责日间对陌生人的询问和村民住宅区域的巡逻。随着经济的发展，外地

2017年，村干部检查工业园区消防设施
（村委会提供）

人口进入大梁庄村域企业工作的越来越多，在村内租房住的人越来越多，也有一少部分流窜人口趁机进村进企业偷盗作案。村两委紧紧抓住时机对村民进行“四防”教育。村民的安全意识普遍提高，村民对进村进宅东张西望的陌生人注意询问，有的经济条件好的村民在自家住宅安装防盗装置。村财务室及工业园区内的企业财务室安装了防盗窗和监控器，安装率达 100%，村内治安秩序稳定。村党支部书记邓建国被评为区级社会治安综合治理先进个人。

2004 年，村综治办为创建平安村加大“四五”普法的宣传力度，张贴挂图，张贴标语，入户发放禁毒、禁赌、反对邪教及各种防范应急避险资料，使安全普法进村、进户、进文化活动场所、进外来务工者队伍。村两委班子对村巡逻队制定责、权、利的相关规定，并为每个巡逻队队员配备对讲机和必要的防控装备。一年中抓获外地流窜盗窃嫌疑人 5 人、入户盗窃人员 1 人，抓获偷盗生产资料的外地流窜团伙 3 个。夜间发现盗窃嫌疑人 4 人，巡逻队员奋力追截，盗窃未遂，有力保护了村民财产。

2016 年，大梁庄村综治办工作人员发放禁毒与食品安全宣传材料（李俊生摄）

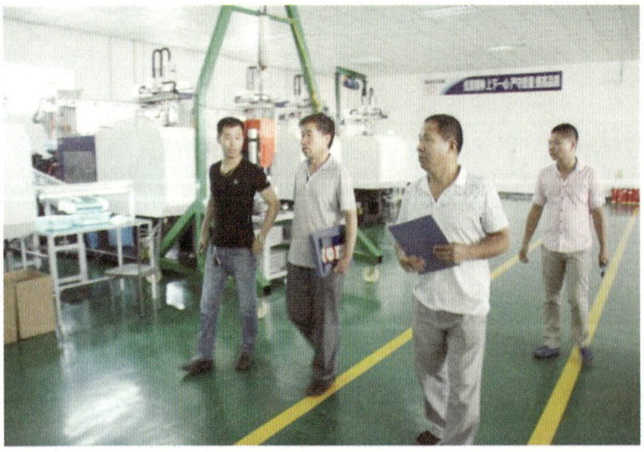

2018 年，大梁庄村综治办工作人员深入商户及企业进行安全检查（村委会提供）

2005 年，大梁庄村村风良好，村内无治安刑事案件，被西青区委、区政府评为社会治安综合治理先进集体。

2006 年，村综合治理办公室加大暂住人口管理力度，对外地来村暂住人员，严格登记造册，并向当地公安派出所申请暂住证。私房出租者必须与外地人员签订租赁协议、安全责任书，并向村综治办备案。村综治办工作人员经常入户，发放《大梁庄村外来人口管理条例》《外来人口须知》，以及各种法律宣传教育资料。对村域企业进行 12 次安全检查，发现隐患 2 处，及时整改。开展大规模普法宣传 7 次，发放资料 1 万余份。村域内无治安刑事案件及生产安全事故。大梁庄村被评为区级社会治安综合治理先进集体。村治保主任杨玉章被评为区级社会治安综合治理先进个人、帮教安置先进个人。

2007—2010 年，村综治办利用广播挂图、标语、宣传栏、组织会议、请专家讲座、入户宣传等形式，每年对村民进行 6 ~ 8 次大型普法和生产安全知识宣传活动，提高村民法律意识、生产安全意识、崇尚科学、反对邪教的自觉性。对暂住人口做到月月查、季季查、年年查，给行为不稳定的人员敲警钟。4 年来，为村域内人员调解纠纷 76 起，成功率 96%。巡逻队队员经过蹲堵排查，成功抓获流窜盗窃团伙 3 个，驱赶流窜盗窃可疑分子 59 人，帮助失迷人员返家 6 人，解救被绑架人员 1 人，抓获犯罪嫌疑人 20 余人，清理流窜传销人员 100 人。企业安全检查 48 次，查出隐患 14 个并及时整改。大梁庄村连续 4 年未发生大的治安刑事案件，无生产安全事故。2007 年，大梁庄村被评为镇级社会治安综合治理先进集体。2008 年，村治保主任杨玉章被评为市级优秀人民调解员，2009 年被评为区级社会治安综合治理先进个人。

2011—2018 年，大梁庄村普法工作突出国家基本法律、党内法律法规的学习，积极推进法治文化建设，使社会主义核心价值观融入村各项工作中。村两委聘请天津市委党校赵斌教授多次到村授课，联系实际讲解党纪党规、社会主义核心价值观等。聘请天津张莹律师事务所律师为村常年法律顾问，开展以案说法 10 余次、大型普法宣传活动 50 余次。经常利用村网络平台向村民宣传法律安全知识，全村各家各户签订“家庭拒绝邪教承诺卡”。村委会与 100 余户房屋出租户签订治安责任保证书，与 130 余家企业签订消防安全责任书。村综治办向村域各企业发放《大梁庄村安全生产大排查、大整治工作方案》400 余份，向各商户、各企业发放安全生产隐患整改通知书 200 余份。食品安全检查常抓不懈，村综治人员对村内市场、小超市、早点摊、餐馆等调查登记，发放食品安全责任书。村两委每年投入相关经费用于巡逻设施、技防、人员配备等，组建以巡逻队为主、志愿者队伍为辅的巡逻队伍，在规定的区域、地段进行 24 小时巡逻，治安刑事案件同比下降 20%，成功调解民事纠纷 160 余次，协助公安机关查处拐卖儿童人员 2 人，协助公安机关破案 4 起。拆除违章建筑 108 处，拆除面积 5.4 万平方米。村综治办人员深入村域施工现场，为外来务工者发放法治宣传材料 1000 余份。

2001—2016 年，大梁庄村综治办在村域内进行企业安全大检查 62 次，查处隐患 164 个。调解民事纠纷 286 起，成功率 96%。协助公安机关破案 8 起，清理流窜传销人员 332 人，开展安全普法 87 次。村域内无生产安全事故、无食品安全事故、无重大刑事案件。

2001—2016 年大梁庄村社会治安综合治理情况表

表 6-3

项目 \ 数字 \ 年度	2001	2002	2003	2004	2005	2006	2007	2008	2009	2010	2011	2012	2013	2014	2015	2016	合计
清理三无人员(人)	20	50	10	5	3	4	2		4	5	2	3	4	4	2	2	120
查出可疑人员（人）			3	4	20	7			50	9							93
企业安检次数与隐患个数	3/8	3/6	5/7	3/7	7/8	2/8	2/12	4/12	5/12	3/12	4/12	5/12	4/12	3/12	5/12	4/12	62/164
安全普法宣传（次）	4	4	4	4	4	6	7	3	7	6	6	6	6	6	5	6	87
抓获犯罪嫌疑人（人）与团伙				9	7	2个团伙	3	3个团伙	3	5	7						5个团伙 34人
移交司法机关（起）						5			6	6	3						20
调解民事纠纷（起）	5	6	10	8	18	25	30	20	20	6	23	25	15	25	9	41	286
解救被绑架人员（人）										1							1
协助公安破案（起）				1							4		2		1		8
清理流窜传销人员（人）								100				200	32				332
帮助失迷人员（人）		2							6								8

二、民主决策

20 世纪 80 年代，村委会依法建立后，实行村民自治，民主决策权利逐步得以恢复。

90 年代，由党员、村民组成的村民议事会、党员议事会和监督小组相继成立，制定议事规则。依据《中华人民共和国村民委员会组织法》推行村民代表会议决策制度。

进入 21 世纪，村级重大事项推行“六步民主决策法”。第一步，村党组织提议村级党组织会同村委会通过召开党员代表和村民代表会议或走访群众等形式征求意见形成议案。议案经多数人同意方可确定。第二步，村两委会召开联席会议，对提出的议案进行讨论研究，统一思想，形成初步方案（草案），将草案交包村指导员审核把关。把关后的材料以村两委的名义上报镇党委审查。第三步，镇党委审核后提出指导意见并进行批复。第四步，党员大会审议。第五步，村委会组织村民会议或村民代表会议，对党员大会的审议意见进行复议，复议后进行表决，形成表决意见并签字。第六步，进行公示，决议事项通过村务公开栏等形式向全体村民进行公开，公示时间不少于 3 天。对于涉及土地规划利用、集体资产资金处置、工程承包、班子改选等重要事项，严格按照“六步民主决策法”程序进行，确保群众对村重大事项的知情权、决策权和监督权。

2016 年，党员、村民代表举手表决通过村内重大事项（李冬摄）

2016 年，村民代表签字（村委会提供）

2001 年，按照村级重大事项“六步民主决策法”，村民对建工业小区方案进行民主决策。4 月 28 日召开支部会议讨论，支部成员同意该方案，同日召开村两委联席会议，经研究讨论，与会人员一致同意该方案。后把该方案提交镇党委、镇政府把关审核。5 月 27 日，召开党员、村民代表大会，经党员、村民代表讨论审议、举手表决，87 名党员、村民代表一致同意，最后形成决议向村民公示公开。

1999—2002 年村集体企业改制、2010 年《大梁庄村平房改造实施方案》、2018 年《大梁庄村集体产权制度改革实施方案》等重要工作的开展，都是严格按照“六步民主决策法”，做到决策程序民主化。

2018 年，村民使用电子村务公开平台
（韩宝霞摄）

三、民主监督

1991 年 6 月，大梁庄村成立财务监督小组和理财小组，每组由 5 人组成。2009 年，成立以老干部、副书记、村民代表、主管会计和群众代表 5 人组成的民主管理监督小组。成立以副书记、主管会计、村民代表 3 人组成的民主理财小组。2011 年 11 月，成立村务监督委员会。村务监督委员会下设两个小组，民主监督小组和民主理财小组。民主监督小组由支部成员、党员代表和村民代表组成。对村内重大事项的决策和实施的公开情况进行全程监督，对村两委班子的工作进行监督。民主理财小组由村委会委员、退休干部和群众代表组成。每季度对经济运行、财务收支情况进行审查和监督，并对村里的投资项目提出合理化意见和建议。

2012 年 8 月，村财务交镇三资办统一管理，对村集体资金的使用实行双层管理。支付工程款没有合同和正式票据、购物没有开收据的都会遭到拒付。实行财务双层管理，加大监督力度，体现镇领导对村干部、村民高度负责的精神。2014 年，村务监督由物质建设领域向政治及精神文化生活领域延伸，建立综合服务站，为村民提供一站式服务，随时接待村民来访，帮助办理相关事务，并在服务站设置电子村务公开平台，村民可以随时查看村务各项工作的实施情况。

2016 年，强化监督，加大村务工作的透明度，凡是村内重大事项要在规定的时间内以会议、公开栏、网络平台等形式如实公开，主动接受村民的监督。村两委按规定召开半年、年度、党务村务公开大会。年终开展民主评议活动，组织全体党员、村民代表和村务监督委员会成员，对村两委班子进行民主评议。根据评议结果进行批评和自我批评，对群众意见较多的要限期改正。村两委班子坚持党员议事会和村民代表议事会制度，在财务收支、基建工程、拆迁还迁、集体经济体制改革、土地和厂房出租出让等方面，严格按照“六步决策法”程序实施。2016—2018 年，村内民主决策事项共 123 项，全部公开透明。

大梁庄村 2016 年度村务公开、干部述职大会（李俊生摄）

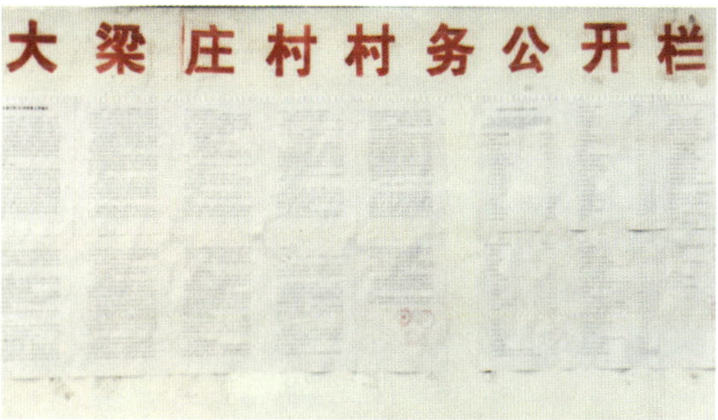

大梁庄村村务公开栏（薛明凯摄于 2014 年）

大梁庄村政组织集体荣誉一览表

表 6–4

时间	获奖名称	级别
1964年	卫生先进集体（第二生产队）	公社级
1973年	粮食亩产（单产）过淮河大队	公社级
1973年	农业学大寨先进单位	公社级
1973年	农业学大寨先进社队（第二生产队）	公社级
1973年	先进集体（第六生产队）	公社级
1977年	先进集体（第五、六、七生产队）	公社级
1978年	农业学大寨先进社队	公社级
1978年	农业学大寨先进社队	区级
1979年	农业先进集体	区级
1979年	先进生产队（第二生产队）	区级
1992年	卫生先进单位	乡级
1993年	计划生育合格村	乡级
1994年	市级文明小康村	市级
2005年	社会治安综合治理先进集体	区级

续表 6-4

时间	获奖名称	级别
2006年	社会治安综合治理先进集体（村巡逻队）	镇级
2007年	天津市市级卫生村	市级
2007年	社会治安综合治理先进集体	镇级
2009年	人口计生工作模范单位	镇级
2014年	全国第三次经济普查先进集体	区级

2005 年、2006 年，大梁庄村社会治安综合治理工作获评区级先进集体

大梁庄村巡逻队获评 2006 年度镇级先进集体

2009 年，人口计生工作获评镇级模范单位

2014 年，经济普查工作获评区级先进集体

第七章　群团组织

1949年3月，大梁庄村建立农民协会组织，9月，大梁庄村建立民主妇女联合会、中国新民主主义青年团组织（1957年5月改为中国共产主义青年团）。1964年，大梁庄建贫下中农协会组织。1999年12月，大梁庄村选举产生第一届工会委员会。这些群团组织积极配合大梁庄村党政组织，在维护劳动者、妇女儿童、青少年的合法权益，搞好劳动竞赛、科技致富，创建文明家庭、文明村宅，建言议政、服务社会等方面发挥了桥梁和纽带的作用。

第一节　共青团组织

一、组织沿革

中国共产主义青年团，在新中国成立以前称青年抗日先锋队。1949年9月，大梁庄村建立中国新民主主义青年团组织，第一任大梁庄青年团书记为李中恒。1957年5月，改为共青团西郊区大梁庄乡大梁庄村委员会。1958年，改为共青团西郊区李楼乡大梁庄村委员会。1996年，改为共青团九一九公社大梁庄村委员会。1997年7月至2018年，为共青团中北镇大梁庄村委员会。

二、主要活动

解放后，大梁庄共青团组织在区镇（乡、公社）两级团委和村党组织的领导下，团结带领广大团员青年在社会主义革命和建设中，开展一系列既适合青年特点又富有时代特征的活动。20世纪50年代，团支部动员团员青年参军参战，参加土地改革、镇压反革命、“三反”等活动，投身国民经济恢复、发展和建设中，这一时期大梁庄青年团员陈俊章曾任大梁庄乡团总支书记。

20世纪60年代，团支部积极组织广大团员青年参加社会主义教育运动，学雷锋，做好事；学大寨，自力更生，艰苦奋斗，搞好农业生产。组织广大团员青年自编自演小节目，文艺活动在村中十分活跃。大梁庄剧团是在50年代成立的，60年代改为俱乐部或宣传队，成员95%左右都是35岁以下的党员、团员，当时有45人，每天晚上排练到九十点。节目有歌剧、评剧、秧歌剧、样板戏和自做的幻灯片等，还有小型文艺节目，如《三月三》《兄妹开荒》《小放牛》《小女婿》《小二黑结婚》京剧选段等，宣传党的各项方针政策和社会主义建设中的好人好事，每逢节假日为村民演出喜闻乐见丰富多彩的节目。大梁庄村的宣传队当时经常应邀到北郊区、西郊区及中北境内的村庄演出。节目很受群众欢迎，经常受到上级团委的表彰。1968 年，全村掀起学习毛主席著作的热潮，大梁庄村共评选出 14 名乡级学习毛主席著作的积极分子，青年团员占了 11 名，占总数的 78.6%。在 1976 年抗震救灾和鸭淀水库的修建中，大梁庄村涌现出一大批先进青年团员，张淑琴、董开来被评为公社级抗震救灾先进个人，陈金波、范茵树获评区级抗震救灾先进个人。在鸭淀水库修建中，大梁庄有 32 人被评为公社级先进个人，其中团员青年有 29 人，占总人数的 90.6%。在农业生产中，大梁庄村青年在岗位上苦干、实干、巧干，经常加班加点从不计较个人得失，早晨和傍晚在田间地头都能看到年轻人的身影。这一时期团员青年中被评为公社级生产标兵、先进生产者的有陈俊然、闫克霞、周振起、张双青、王洪运、李运林、李汝水、石万德、董文珍、李汝芹、邓建国。

中共十一届三中全会后，大梁庄村团支部紧紧围绕经济建设这个中心，在团员青年中开展“争当新长征突击手（队）”的活动，激发团员建设家乡的热情，有 10 名青年被评为乡级青年突击手，他们是张会海、徐文玲、周振龄、李建林、王瑞林、李洪芹、陈金花、董学勇、高天成、刘长玲。这 10 人中最小的 20 岁，最大的 26 岁，平均年龄 23 岁。这一年大梁庄团支部被评为乡级先进集体。1980 年，大梁庄团员董学勇被评为区级新长征突击手。大梁庄团支部多年来坚持不懈地组织团员青年开展学雷锋，向五保户、烈军属送温暖活动，积极组织团员青年开展采集树种绿化家乡活动，配合村委会在宅前屋后村边村路两旁植树 360 棵。团支部获评区级先进集体。1982 年，陈俊云、孙学智被评为区级优秀共青团员，李加爱、王明芬、王洪顺被评为区级文明青年。1984 年，侯树枫被评为区级优秀共青团员。1986 年，李加勇、孙玉起、李汝光被评为乡级优

2016 年，团支部书记组织青年团员包粽子

秀共青团员。团支部在全村各个行业中广泛开展“立足本岗，创最佳工作、最佳服务”“立志争优，向四有奋飞”等活动。在组织团员青年学技术、学管理和加强职业道德修养等方面取得较好的成果。1987年，大梁庄团支部被评为区级先进团支部。青年吴洪祥，改革开放后积极响应党的号召，克服重重困难，率先兴办养鸡场、养猪场，一干就是30年，为天津市菜篮子工程做出贡献。1994年吴洪祥被国家科委评为“星火带头人”。

2017年，党务干部为青年团员上党课

2017年，团支部慰问在学共青团员

1991—2000年，大梁庄团支部利用镇村成人学校基地，组织安排广大团员青年参加各种实用技术培训，并在团员青年中开展“学理论、读好书”活动，帮助团员青年树立正确的人生观、价值观、世界观。开展“知西青、爱家乡、建功业”“崇尚科学、反对邪教”等一系列活动。在同邪教的斗争中，全体团员始终站在第一线，全村无一名团员参加非法集资和邪教活动。这一时期获评乡级优秀团员的有李金龙、于贺江，获评区级优秀团员的有董丽艳、李青、陈文水、杨振章、石乐霞。

进入21世纪，大梁庄团支部紧密围绕村党政班子的中心工作开展了一系列学习教育活动，2003年，团支部在全村广大团员青年中开展抗击“非典”共建美好家园活动，发放宣传材料1000余份、倡议书700余份。成立20余人组成的抗击“非典”队伍，他们在村中站岗、消毒、查体、宣传、清理卫生死角，为全村人民抗击“非典”贡献力量。2004年后，团支部在全体团员中开展了以“三个代表”重要思想为主要内容的共青团员意识教育活动、“青春在岗位上闪光、青春奉献祖国”的主题实

2016 年，大梁庄村青年足球队队员合影

2018 年，学雷锋青年志愿者开展活动

践活动、争做“创卫”“创文”工作中的优秀团员活动。这些活动的开展，使团员的意识明显提高。他们爱岗敬业，在村内的各项工作中起到党的助手作用。团干部杨玉章 2001 年被评为镇级优秀团干部。大学生村官邓卫莹、李冬、薛明凯 3 人在岗位上闪光、奉献青春的事迹刊登在 2013 年 4 月 28 日的《天津日报》上。2017 年 5 月，冯艺平获“西青好青年”称号。多年来，大梁庄村一批批优秀团员加入了中国共产党，为大梁庄党组织不断补充新的血液和力量。还有一批有能力、有抱负的优秀团员被选进村级两委班子，共有 30 余人，如李自阳、石蕴山、范茵华、李汝新、王桐芬、邓建国、董学强、侯树枫、杨玉章、李冬、李俊生等。

2017 年，团员青年参加面点大赛

三、解放后大梁庄村历任团组织负责人

解放后大梁庄村团支部书记、副书记：

李中恒　陈俊章　杨益山　董开兰　李自泉　石景峰　王桐芬　石蕴山
范茵华　吴祝和　徐文长　李俊刚　董学勇　陈俊奎　高天成　陈金花
徐文祥　侯树枫　杨玉章　李俊辉　薛明凯　李　冬

四、大梁庄出席中北镇（公社、乡）共青团代表大会代表

共青团九一九公社第六届代表：

徐文祥　李俊刚　徐文玲　张玉芬　屈少春　沙润明

共青团中北斜乡第七届代表：

侯树枫　李汝莉　徐文祥

共青团中北斜乡第八届代表：

侯树枫　李加勇　李玉花

共青团中北斜乡第九届代表：

侯树枫　李加勇

共青团中北斜乡第十届代表：

侯树枫

共青团中北斜乡第十一届代表：

侯树枫

共青团中北镇第十二届代表：

杨玉章　董玉祥　李　青

共青团中北镇第十三届代表：

杨玉章

共青团中北镇第十四届代表：

杨玉章

共青团中北镇第十五届代表：

李俊辉

共青团中北镇第十六届代表：

薛明凯

五、大梁庄出席西青区共青团代表大会代表

共青团西青区第六次代表大会代表：侯树枫

共青团西青区第八次代表大会代表：杨玉章

共青团西青区第十二次代表大会代表：薛明凯

六、集体荣誉

1979 年，大梁庄团支部被评为公社级先进团支部。

1980年，大梁庄团支部被评为区级先进集体。

1987年，大梁庄团支部被评为区级先进团支部。

2003年，大梁代表队获首届青年综合知识竞赛镇级第四名。

2009年，“青春立功·新农村实践科学发展观”主题辩论赛获评镇级文明团队。

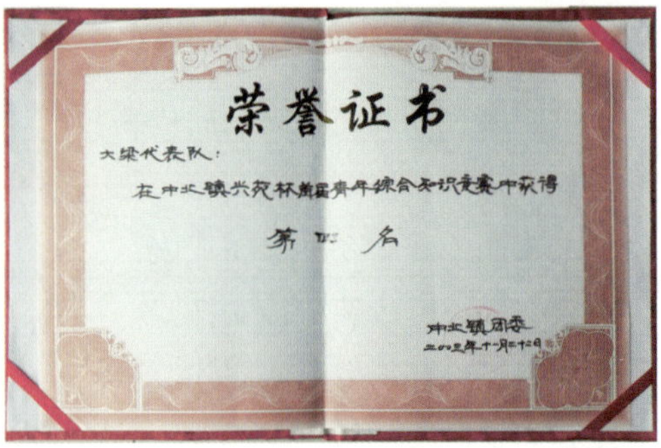

2003年，大梁代表队获首届青年综合知识竞赛镇级第四名

第二节　妇女联合会

一、组织概况

1949年9月，村内建立了民主妇女联合会，纪金风任主任。1954年，村民主妇女联合会改为妇女联合会（简称妇联）。据20世纪60年代有关资料记载，大梁庄妇女组织当时由7人组成，唐万英任主任，王桂兰任副主任。1966年8月，大梁庄妇女联合会在原基础上进行调整，增加6人，共由13人组成。王桐玉任妇联主任，王桐香、张俊英、王会英任副主任。20世纪80—90年代，大梁庄村妇联主任分别是陈金爱、王桐香。村妇联组织一般由7人组成。进入21世纪，担任大梁庄村妇联主任的分别是孟兆敏、王学云。村妇联组织一般由5 ~ 9人组成。

二、主要活动

20世纪50年代，妇联干部的主要工作：一是组织大梁庄村广大妇女宣传男女平等、妇女解放，反对封建买办婚姻。二是组织广大妇女参加扫盲识字班的学习，掌握最基本的文化知识。三是组织广大妇女参加农业生产实践活动，涌现出一批互助合作的积极分子。60年代，妇联一方面教育妇女关心集体、热爱国家、积极劳动，另一方面开展学习毛主席著作活动和“殡葬改革”的宣传活动。孟兆其、陈金爱、王桐芬、于兆兰、董开茹等10余人被评为九一九公社学习毛主席著作积极分子。70年代，大梁庄村妇联组织广大妇女学习晚婚晚育政策、开展“五破五立”活动（破贪图安逸、不求进取思想，立艰苦奋斗、继续革命的思想；破自卑自溺思想，立妇女能顶半边天的思想；破等级观念，立全心全意为人民服务的思想；破雇佣观念，立主人翁思想；破旧风俗，立新风尚思想）。组织妇女积极平整土地，开沟挖渠，兴修水利，搞农田建设。很多妇女不怕苦、不怕累，同男劳动力一样完成生产中的各种任务。村内出现了许多新风尚和好人好事。其间，妇联和计生组织双双获评区级先进集体。80年代，大梁庄妇联组织广大妇女开展争创“五好”个人、“五好”家庭、“五好”妇代会和争当三八红旗手、红旗标兵等活动。其间有8人获评乡级三八红旗手，有23户家庭被评为乡级“五好”家庭，有6户家庭获评乡级“双文明户”，有11人次被评为乡级“五好”个人。大梁庄妇联曾3次被评为乡级先进集体；妇联干部2人被评为乡级计划生育先进工作者；王桐香被评为区级计划生育先进个人；大梁庄村妇联2次被评为区级计划生育先进单位。妇联主任王桐香开拓妇联工作，克己奉公，吃苦在前，处处带头做群众的表率，使大梁庄妇联工作不断地上台阶，得到了各级领导和广大村民的一致好评。1983年，王桐香被评为天津市三八红旗手。进入90年代，大梁庄组织妇女在全村开展讲文明、讲道德、讲纪律、讲团结，尊老敬老活动；组织妇女学文化、学技术、学科学，参加各种赛事活动；继续控制人口增长，落实计划生育政策等。1995年，全村共有670户，评选出“双文明户”122户。1996年，评选出“双文明户”158户、遵纪守法户409户。1992年，大梁庄村获评乡级开拓老年事业先进单位；1993年，大梁庄村被评为乡级计划生育合格村；1994年，被评为西青区尊老事业先进集体；1996年，被评为乡级计划生育先进单位；1995年，村民周振苓一家被评为天津市文明家庭标兵户。30多年来，妇联紧密配合村红医站人员保护儿童的合法权益，积极开展婴幼儿防病防疫工作，各种疫苗接种率和疾病的

2015年，大梁庄村“关爱女孩”表彰大会举行

2016 年，举办计生知识抢答竞赛

2017 年，妇联干部入户确认奖扶家庭

防治率均达到 100%。

进入 21 世纪，大梁庄妇联与时俱进，有针对性地开展妇女工作。一是抓好对党的路线、方针、政策的学习教育。二是开展“四有”“四自”教育。三是结合村情镇情开展形势任务教育，增强广大妇女的使命感、责任感。四是开展“双学双比”（学文化、学技术、比成绩、比贡献）活动。五是深入开展文明敬老活动。六是做好妇女生殖健康体检、育龄妇女体检。七是做好外来人口育龄妇女的计划生育和生殖健康体检工作。八是开展好文体娱乐活动。通过这些活动的开展，大梁庄村广大妇女重视学文化、学科学的多了不求上进的少了，邻里团结互助的多了闹矛盾的少了，尊老敬老的多了不赡养老人的少了，支持子女上学的多了中途辍学的没有了，家庭和睦的多了不和谐的少了，有效地促进了全村社会风气的好转、经济的发展和社会的和谐稳定。其间有 17 人次获评镇级计划生育先进个人，获评镇级学习型家庭 1 户、敬老文明户 1 户。大梁庄妇女联合会被评为镇级学习型妇女组织。“讲国策、比奉献，争做最美协会人”主题演讲比赛获镇级三等奖。大梁庄村连续 7 届在中北镇群众歌曲大赛中获奖，巾帼舞蹈大赛获区级二等奖；“宏利杯”秧歌大赛获区级一等奖。2002—2010 年，大梁庄妇联连续 8 年获评镇级计生工作先进单位。2002 年，大梁庄村妇女代表周振苓被评为市级文明市民，刘厚占被评为天津市文明家庭标兵。2003 年，村民石蕴年、董玉敏家庭被评为镇级学习型家庭。曹明文、刘树玲家庭被评为区级绿色文明家庭。2003 年，周振苓家庭被评为市级“五好”文明家庭。2004 年，刘厚占被评为全国孝亲敬老之星。

2012 年，大梁庄村妇联协调村委会为符合条件的已婚妇女 550 余人投保 3 个险种，即国寿绿州团体意外伤害保险、国寿女性安康团体疾病保险、国寿附加绿州意外住院定额给付团体医疗保险，已连续投保7年。七年中因患女性重大疾病和意外伤害住院的妇女均得到中国人寿保险公司的赔付。村民赵洪芹、刘庆华等7人患乳腺癌、卵巢癌等疾病，得到保险赔偿金共10余万元，减轻了患病妇女的家庭经济负担，使部分妇女患病后得到有效治疗。

2014—2016年，大梁庄村妇联组织在全村开展最美家庭评选活动，村民周学艳、董学义家庭获评中北镇最美家庭。

2015年，在中北镇第二届“天一·绿海杯”巾帼舞蹈大赛中大梁庄舞蹈队获二等奖。

2016年，大梁庄舞蹈队在中北镇第二届“植物园杯”巾帼舞蹈大赛中获优秀奖。

三、妇代会换届选举

2015年8月27日，大梁庄村第八次妇女代表大会在中北工业园管委会召开，应到妇女代表30人，实到妇女代表26人。大会选举产生了大梁庄村第九届妇委会，王学云、邓卫莹、李明俊、王春霞、祁秀娜5人组成第九届妇代会。其中，王学云任妇代会主任，邓卫莹、李明俊、王春霞、祁秀娜任委员。

2016年12月15日，大梁庄村妇联一届一次执委会议在中北工业园管委会召开，会议应到执委5人，实到执委5人。会议决定增补大梁庄村妇联第一届执行委员会委员4名，选举产生兼职副主席1人，增补王明珠、刘方、张瀛方、崔晓蕊为执委。兼职副主席为刘方。

2018年9月23日，大梁庄村妇女第十次代表大会在中北工业园管委会召开。会议应到代表30人，实到代表30人，选举产生大梁庄村妇女联合会执行委员会委员9人。她们分别是王学云、王春霞、王明珠、张瀛方、毕士凤、崔晓蕊、李明俊、刘方、姚建霞。同日，大梁庄村妇联第二届执行委员会第一次会议召开，选举产生大梁庄村妇联主席（1人）王学云，专职副主席（1人）刘方，兼职副主席（1人）李明俊。

2016年，大梁庄村妇联一届一次执委扩大会议召开

四、大梁庄出席区、镇（公社、乡）妇女代表大会代表

（一）出席中北镇（九一九公社、中北斜乡）妇女代表大会代表

王桐香　陈金爱　李加会　刘长琴　王敬福　王桂兰　孙金兰　杨国瑞
刘景玉　石景兰　张焕平　梁桂玲　周振苓　孟兆敏　王学云

（二）出席西青区（西郊区）妇女代表大会代表

西青区第四次妇女代表大会代表：王桐香　王桂兰
西青区第五次妇女代表大会代表：陈金爱
西青区第六次妇女代表大会代表：陈金爱
西青区第七次妇女代表大会代表：陈金爱　周振苓
西青区第八次妇女代表大会代表：周振苓
西青区第九次妇女代表大会代表：王学云

五、集体荣誉

大梁庄妇联、计划生育组织集体荣誉一览表

表 7–1

年份	荣誉名称	级别
1973	先进集体（妇代会）	公社级
1973	先进集体（计生委）	公社级
1980	三八红旗集体（妇代会）	公社级
1982	计划生育先进集体	区级
1983	计划生育先进集体	公社级
1983	晚婚晚育模范单位	公社级
1986	三八红旗集体（妇代会）	乡级
1987	计划生育先进单位	乡级
1989	计划生育先进单位	乡级
1989	计划生育三无村	区级
1993	计划生育合格村	乡级
1996	晚婚晚育先进单位	乡级
1997	五好妇代会	区级
1999	计划生育工作连续十年达标单位	镇级
2000	计划生育模范单位	镇级

续表 7-1

年份	荣誉名称	级别
2001	计划生育先进单位	镇级
2002	计划生育模范单位	镇级
2003	学习型妇女组织	镇级
2003	计划生育模范单位	镇级
2004	计划生育模范单位	镇级
2004	学习型妇女组织	镇级
2005	计划生育先进单位	镇级
2007	人口与计划生育先进单位	镇级
2009	人口计生工作模范单位	镇级
2010	人口与计划生育工作先进单位	镇级

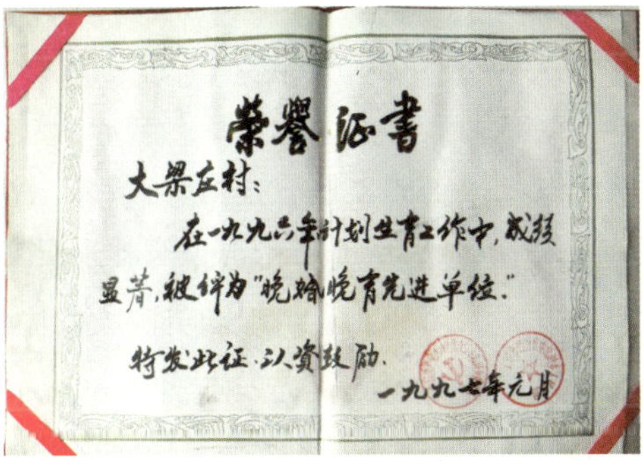

1997 年 1 月，大梁庄村被中北斜乡（现中北镇）评为晚婚晚育先进单位

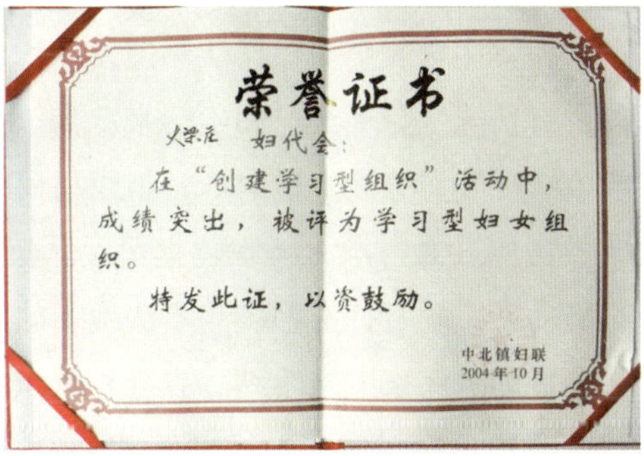

2004 年，大梁庄妇代会获评镇级创建学习型组织

2007 年 3 月，大梁庄被中北镇评为 2006 年度计划生育先进单位

第三节 协 会

一、农民协会

农民协会是农民自愿结合的群众团体组织，是农村土改制度的合法执行组织，是新中国农村基层政权组织，是农村反封建统一战线的政治联盟。1949 年 1 月，大梁庄村建立了以雇农、贫下中农为主体的农民协会组织。农会当时的主要活动是：组织和动员农民群众贯彻党和政府的土改法令，组织群众开展“诉苦会、挖苦根”的活动，调动了农民的积极性，农民情绪高涨，为大梁庄土改工作的顺利完成打下了良好基础。大梁庄村农会与工作队一道发动群众，划分阶级成分。当时是以人们对生产资料的占有情况、劳动状况和生活来源为依据来划分剥削与被剥削关系。农会还领导农民没收、征收和分配土地财产，组织村民有秩序没收地主的土地、牲畜、农具、多余粮食及房屋五大财产。组织建立民兵队伍，捍卫新生的人民政权和土改的胜利果实。农会协助人民政府打击恶霸与不法地主的反抗和破坏活动。农会组织动员广大农民参加抗美援朝、保家卫国活动。农会还组织农民宣传贯彻婚姻法，提倡婚姻自由、男女平等，开展反对封建买办婚姻活动。1951 年，随着土地改革的完成，农民协会组织悄然隐退，由村行政组织取代。

大梁庄农民协会主任：梁少春、董开科。

二、贫下中农协会

贫下中农协会是在中国共产党领导下的由贫雇农、下中农自愿组成的群众性组织。

1965 年，大梁庄村成立贫下中农协会组织，由 9 人组成。贫协主席由于风苓担任，王桂兰、李开甫担任副主席。委员有张佩兰、程守连、王宝荣、李开月、高昌武、张家祥。

贫下中农协会的主要任务是：团结中农，团结农村中一切可以团结的力量，同资本主义、封建势力作斗争；遵守和执行国家的政策法令，协助和监督村中党政干部，努力发展集体生产；坚持社会主义教育，坚持走社会主义道路等。大梁庄村的贫协是“四清”工作队的主要依靠力量，帮助村干部“清思想、清政治、清组织、清经济”和发展生产，贫协在村中的各项工作中起到了重要作用。

1966年8月31日，大梁庄的贫协做了调整，由9人组成。杨树芬担任贫协主席，王桂兰、屈清元担任副主席，李开月、王宝荣、王作林、李中林、程守连、张家祥任委员。

1968年2月，大梁庄村革命委员会成立，曾派贫下中农宣传队进驻和管理学校。1976年，贫下中农宣传队撤离学校。贫下中农协会已走完它的历史进程。

第四节 工 会

1999年12月，大梁庄村召开第一次工会会员代表大会，选举产生大梁庄村第一届工会委员会。杨树臣任工会主席，肖汉章、薛洪明、李加合、范茵江、范茵泉、高天龙、于兆刚、肖汉英任委员。

2010年3月15日，大梁庄村召开第二次工会会员代表大会，选举产生大梁庄村第二届工会委员会，王学云任工会主席，李玉良、邓卫莹任委员。经委员会选举，李玉良、李明俊、李冬3人组成工会经费审查委员会，李玉良任经审委主任。

2013年6月13日，大梁庄村召开第三次工会会员代表大会，选举产生大梁庄村第三届工会委员会。侯树枫任工会主席，王学云任工会副主席，陈志华任委员。经会员选举，王学云、李玉良、薛明凯3人为工会经费审查委员会委员，王学云任经审委主任。经会员选举，王学云、邓卫莹、李明俊3人为女职工委员会委员，王学云任女职工委员会主任。

2015年9月，大梁庄村召开第四次工会会员代表大会，选举产生大梁庄村第四届工会委员会，侯树枫任工会主席，王学云任工会副主席，陈志华任委员。经会员选举，王学云、李玉良、薛明凯3人为工会经费审查委员会委员，王学云任经审委主任。经会员选举，王学云、邓卫莹、李明俊3人组成女职工委员会，王学云任女职工委员会主任。

2018年9月23日，大梁庄村在中北工业园管委会召开第五次工会会员代表大会，选举产生了大梁庄村第五届工会委员会。王学云、李玉良、李冬、杨玉章、侯树枫等5人当选为工会委员会委员，其中侯树枫任工会主席，王学云任工会副主席。

经会员选举，王学云、李明俊、崔晓蕊等3人组成工会经费审查委员会，王学云任经审委主任。经会员选举，王学云、王明珠、刘方等3人组成工会女职工委员会，王学云任女工委主任。

第八章　武　装

1950 年 1 月至 1951 年 1 月，大梁庄村 8 名青年为保卫新生政权，积极从军参加抗美援朝和新中国建设。1949 年 10 月至 2018 年 12 月，大梁庄村热血青年积极服兵役，为保卫祖国、建设社会主义做出了贡献。1949 年 1 月，大梁庄村成立了民兵队部，1958 年改为民兵连。1990 年成立了民兵应急小分队。大梁庄村民兵组织在镇、区武装部的领导下，积极参加各种军事训练，在农业生产、引滦入津工程、南运河及丰产河清淤、鸭淀水库修建、大港水利工程修建、抗洪抢险、抗震救灾、维护社会治安、创建文明城区、应急避险等方面发挥了重要作用。

第一节　驻　军

一、太平军

清咸丰三年（1853），太平天国北伐军于 10 月 29 日攻下静海，兵力达 4 万人。30 日李开芳率太平军数千人进驻杨柳青和大梁庄村及附近的大部分村庄，意图攻打天津。

二、奉系部队

1924 年 9 月，直奉军阀混战。奉系李景林一部在中北境内驻防，强抢财粮，骚扰地方。大梁庄村民四处出逃，大部分村民到市区避难。月余后李景林部撤走，村民返回村庄。

三、国民党军队

据大梁庄村百岁老人董开弟回忆，在民国时期，国民党军队曾几次进驻大梁庄村，村中的民房全部被侵占。每逢国民党军队进驻大梁庄村，村中老百姓四处出逃，多数人逃到市区皇家马号避难。

四、人民解放军

1948 年 12 月 28 日，东北野战军八纵二十四师进驻杨柳青和大梁庄村附近的大部分村庄，防止平津守敌突围，30 日撤走。

1948 年 12 月 30 日，东北野战军一纵及二纵各一部近万人进驻大梁庄村及中北境内大部分村庄，准备攻打天津。

1949 年 1 月 15 日天津解放后，部队相继撤至外围休整。中北境内实行军管，执行任务的是东北野战军十三纵队。

1949 年 1 月至 1950 年 1 月，大梁庄村驻解放军一个连。

第二节 民 兵

一、组织沿革

天津解放后，大梁庄隶属天津县第六区。区设武装部，村设民兵队部，并配有枪支。1949 年 1 月，大梁庄村建立民兵组织，村民兵队部在区武装部的统一领导下活动。

1953 年划乡之后，各乡成立民兵队部，村设民兵小分队。村民兵小分队在大梁庄乡民兵队部的领导下开展各种活动。

1958 年实行人民公社化以后，公社设民兵营，村设民兵连。大梁庄村民兵连按上级要求实行军事化管理。

1962 年公社建立武装部，配备了专职的武装干部，村设民兵连。大梁庄村民兵连在公社武装部的统一安排下结合村庄实际开展各项活动。

1974 年，大梁庄参加大港水利工程建设的民兵合影留念（高信增提供）

1981 年，根据解放军总参谋部、总政治部《关于调整民兵组织问题的报告》，大梁庄村进一步调整民兵组织，缩小年龄和范围，并把民兵和预备役结合起来。

1985年，根据中央“减少数量、提高质量、突出重点、打好基础”的精神，大梁庄村对民兵组织再次进行调整。

1990年，根据上级指示组建大梁庄村民兵应急小分队，其主要任务是维护村内社会治安、抢险救灾和应对突发事件，保护村内的重要设施。2000年以后，大梁庄村民兵组织不断优化精简。2018年12月，大梁庄村民兵连在镇、区武装部的领导下开展活动。组建民兵连，杨玉章任民兵连连长。

二、民兵活动

新中国成立初期，民兵连的主要任务是维护社会治安，防止敌人破坏。

人民公社化时期，大梁庄民兵组织一边参加上级武装部门安排的军事训练，一边投身社会主义建设，在深翻土地、兴修水利、农业生产等活动中起到了骨干作用。

1963年8月，西郊区遭受特大洪水，区武装部组建一支民兵抗洪抢险队伍。大梁庄村民兵日夜奋战在抗洪抢险第一线，填装土袋，抢救群众，打捞物资，与全区民兵一起奋战45个昼夜，战胜了百年不遇的特大洪水。1974年，大梁庄村青年民兵参加大港水利工程建设，他们日夜奋战在工程建设第一线，为建成大港水库贡献了自己的青春与力量。1976年受唐山大地震影响，村内部分民房和厂房倒塌，大梁庄民兵连第一时间组织民兵不分昼夜地抢救村民生命财产和集体财产，充分发挥民兵组织的战斗作用。大梁庄民兵连被评为乡级抗震救灾先进组织。

1982年，大梁庄村民兵参加区组织的引滦入津工程明渠开挖等配套工程。1984年，大梁庄村民兵参加区组织的南运河、丰产河清淤工程，为解决西青3.3万亩园田和8万亩小麦灌溉问题做出一定贡献。

1985年以后，民兵连的主要活动是参加工农业生产、军训、负责维护村庄社会治安、值勤巡逻、防汛、防火、防突发事故、创卫、创文和参加各种体育、文化赛事。大梁庄村民兵工作常抓不懈，民兵队伍做到了组织健全，队伍纯洁，战备观念强，训练有素，能随时执行任务。1992年，大梁庄村民兵连被评为区级民兵工作三落实达标单位。

三、民兵训练

新中国成立初期，大梁庄村民兵训练采取小型、就地分散的方式训练。1962年，民兵训练以基层单位自训为主，大梁庄村民兵利用生产劳动休息时间就地训练。1973

年，开展出操演习等训练。中共十一届三中全会以后，大梁庄村民兵训练以《民兵军事训练大纲》为依据，根据镇、区武装部及预备役高炮某团的安排，大梁庄村民兵连长组织安排村内民兵参加各种训练活动。

四、民兵装备

解放初期，大梁庄村民兵组织使用的武器装备多是战利品，有的是部队淘汰下来的旧武器，如“汉阳造”“日式三八”“中国七九”等。1967 年 8 月，大梁庄村民兵连的武器上缴乡武装部集中保管。1969 年 2 月，乡武装部又把武器发放到村级民兵组织，有步枪、冲锋枪等。1973 年以后，民兵连的武器不断更新，品种大幅度增加。1980 年，大梁庄村民兵连的武器全部被收回，由乡（镇）武装部统一保管。

第三节　兵　役

一、募兵制

清到民国前期，招收兵员实行募兵制，应招者以当兵为业。清光绪二十六年（1900），义和团曾在中北境内设坛，一边练兵习武，一边招募新兵，境内有百姓弃田从军。义和团募集新兵形式上与募兵制相近。1919—1928 年，北洋政府扩充兵员，一般采用募兵制，应招者多为家境贫困青年。在战事紧急、部队伤亡惨重、募兵不足时，常有抓兵情况发生。

二、征兵制

民国政府，实行征兵制度。每次征兵前以保为单位抽签，中签者出人当兵，不愿应征可雇人顶替。如果既不愿意应征，又无钱雇人顶替，只好四处躲藏。后又改为按人丁地亩摊派兵额，有些乡长、保长借机搜刮民财，有时直接抓捕青壮年当兵。

1946 年 10 月，民国政府颁布新的兵役法，规定 18 ～ 45 岁的男子为应征对象。富户为了免征自家子弟以 10 石左右的玉米雇用别人充顶。有的应征对象为躲避应征，谎报年龄或借病说残以至装疯充傻。家境贫寒者，迫于生计代人从军。常有人当兵不久便逃回家乡，再次替人应征。征兵者明知有诈，亦视而不见，或索财相瞒。

三、志愿兵制

1937—1954 年，人民军队为补充兵员，实行志愿兵制，以行政村为单位召开青年大会，集体动员，采用不同的宣传方式，结合当时时事开展回忆控诉美日在华罪行和国民党残酷暴行，激发群众参军热情。1950—1951 年，村内 8 名青年为保卫新生政权，积极从军参加抗美援朝和新中国建设。他们是董开文、李汝佩、陈金堂、董少春、梁少春、陈金玉、屈浦元、邓开祥。

四、义务兵制

1955 年 7 月 30 日，国家颁布《中华人民共和国兵役法》，人民解放军由志愿兵役制改为义务兵役制，每年征兵一次。应征对象为 18 ~ 22 岁的公民。征兵过程为逐级动员、自愿报名、自测评议、体格检查、政治审查、确定入伍对象。独生子家庭唯一劳动者可以不征。

五、志愿兵与义务兵结合制

1978 年 3 月 7 日，国家颁布《关于兵役制度的决定》，将义务兵制改为义务兵与志愿兵相结合的兵役制度。

1984 年 5 月 31 日，第六届全国人民代表大会第二次全体会议通过新的《中华人民共和国兵役法》，10 月 1 日起实行。新兵役法规定，实行义务兵役制为主体的义务兵与志愿兵相结合、民兵与预备役相结合的兵役制度。凡 18 ~ 22 周岁的男性公民应视为被征集对象，并根据军队需要征集一定比例数额的女兵。每年 9 月 30 日前按兵役机关的要求进行兵役登记，初审合格的称为应征公民。对应征公民进行体格检查，病史调查及政治文化的审查。选定政治思想好、身体好、

董开文复员证（肖汉阳提供）

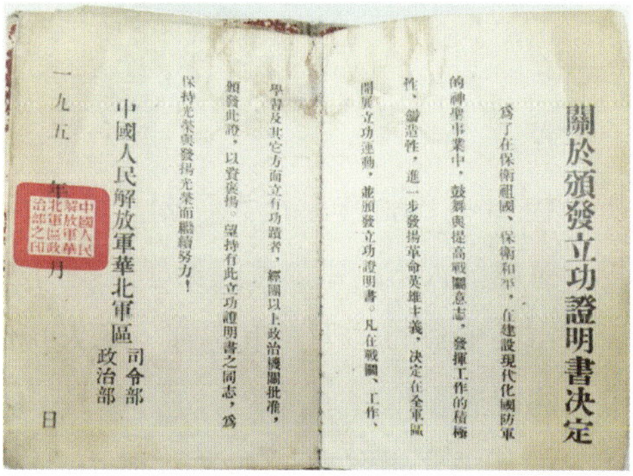

屈浦元 1954 年部队立功证书（屈少文提供）

屈浦元 1954 年
在部队立三等功

屈浦元献身
水利水保事业奖章

陈志海立功证书与奖章(陈志海提供)

文化程度高的公民为当年征集对象。选定当年应征的公民，由各自单位报送区征兵机关进一步审查。

新中国成立后，大梁庄青年积极响应党的号召，积极参军保卫祖国、保卫社会主义建设，取得了可喜成就。屈浦元，在部队服役期间，积极进取，钻研业务，提高技能，在部队表现出色，圆满完成各项任务，1954 年，立三等功。复员后，他被安排到西青水利局工作，多年来，勤勤恳恳、兢兢业业，曾获水利部、电力部颁发的献身水利水保事业奖章。陈志海在服役期间，出色完成任务，分别立二等功和三等功。

第四节 优 属

1950—1960 年，征兵强调义务性，有代耕优待，无直接经济补偿。1970—1979 年，对应征入伍的家属普遍给予工分补贴。1980 年后逐渐增加经济津贴。1990 年 6 月，天津市政府颁布《天津市实施〈军人抚恤优待条例〉办法》，再次提高应征入伍青年家属的待遇。

据《中北斜乡志》记载，1979—1982 年凡应征入伍者均享受在村劳动力水平待遇的 70% 工分，年终参加各村分配。1983 年改为现役军人优抚金待遇。凡应征入伍者每年享受其所在村劳动力收入的70%，年终由所在村一次性发放，在乡办厂入伍的现役军人，按同厂同等劳动力的全部收入总额发给优抚金。

大梁庄村领导班子认真执行镇、区两级政府的拥军优属政策，并根据大梁庄村实际开展一系列拥军优属活动。一是节日优属。在建军节、国庆节、春节等重大节日，村两委采取召开座谈会、茶话会、联欢会等形式开展拥军优属活动。村党支部书记带领村各职能部门入户进行慰问，发放节日礼品。发动村团员青年民兵为优抚对象做好事送温暖。二是日常优属。解放初期在土地改革中分配实物，在子女上学、招工、贷粮贷款、治病等多方面对优抚对象给予优待。在合作化和公社化时期，在村分工分业、分配自留地等方面照顾优抚对象。"文化大革命"后期，大梁庄村优先推荐复员军人及军属家庭成员进各级各类学校学习。农村实行生产责任制后，对优抚对象实行优先分配房基地、入副业厂、买化肥等，夏收秋收季节，村领导组织青年义务帮助军属家庭搞好生产，并不断提高优抚金发放标准。

第五节 安 置

对退役军人的安置，区、镇两级政府和村级领导班子十分重视。根据退役军人的能力、文化素质、技术特长等情况，将退役军人安排到合适的岗位，充分发挥退役军人在农村社会主义建设中的作用。

1958年，《国务院关于处理义务兵退伍的暂行规定》出台，主要原则是"从哪里来，回到哪里去"。大梁庄村按政策规定，使复员军人得到妥善的安置。1990年，中北斜乡政府制定了《兵役和优抚工作的有关规定》，规定指出：从乡办厂和各村入伍的退伍军人，一律由原厂、村负责安置；凡入党，担任班长以上职务的退伍军人，可优先予以安置，对有技术特长的，根据其特长尽量照顾安置能发挥特长的岗位；退伍后，安排回村劳动或自谋职业的由村委会给予必要的扶持和帮助。

全村的退役军人有的在区、镇政府机关、学校、医院、公安、企业、西青建委及村级领导班子工作，有的在村镇企业务工，有的在大梁庄村务农。

第九章　村民生活

解放前，大梁庄村大部分农户土地很少，24% 的农户没有土地，靠租种地主富农土地或打工维持生计，生活十分艰苦。解放后至 1962 年，由于生产力落后，物质资源短缺，村民生活处于半温饱水平。1963 年至 20 世纪 80 年代初期，村民生活处于温饱水平。1984 年至 20 世纪末，村民收入逐年提高，1999 年达到小康水平。

进入 21 世纪，村民收入增长较快，衣食住行得到显著改善，教育文化、医疗卫生、社会保障等日益完善，休闲文化生活日益多元，村民整体生活质量稳步提升。2018 年，村民居住在与市内高级住宅小区一样的多功能花园式小区，人均住房面积 69.59 平方米，人均年收入达 22000 余元，是 1978 年的 11 倍，村民生活达到富裕水平。

第一节　家庭收入

解放前，居民家庭生活大致可以分为四种情况。第一种是过着富裕生活的家庭，他们在村内占有较多的土地及生产资料，家中又有人经商或做其他工作。这类家庭甚少，约占 2%。第二种是能自给自足吃喝不愁的家庭，他们占有一定数量的土地及生产资料并雇用长工或短工，这类家庭在大梁庄约占 2%。第三种是为数众多的较贫穷的家庭，这类家庭占有土地量很少，所收粮菜远远不能满足家庭的需要，有的农户需要租种他人土地，每年除交地租外，所剩很少，过着半年糠菜半年粮的生活，这类家庭约占 72%。第四种是无地的家庭，他们靠出卖劳动力，给人做长工、短工糊口，生活无保障，非常困苦，这类家庭约占 24%。据《津门保甲图说》记载，清道光二十六年（1846），大梁庄和李楼二村共有 254 户，其中没有土地的农户 62 户，约占两村农户总数的 24%。

解放后，大梁庄村民家庭收入来源主要有三种情况：1949—1955 年，大梁庄村民的家庭收入主要来源于家庭经营的农副业生产。1956—1982 年，村民的家庭收入主要来源于集体经济。1983 年实行家庭联产承包责任制后，村民的家庭收入增长较快，来源多元化，有农产品收入、退休费收入、租赁收入、村办企业收入、农民家庭经营性收入等。村民家庭收入发生巨大变化。

据村内老干部回忆，1964 年，大梁庄村人均年收入 110 元，户均年收入 602.56 元。1982 年，人均年收入 600 元，户均年收入 2340 元。1990 年，人均年收入 2270 元，户均年收入 8172 元。1995 年，人均年收入 3259 元，户均年收入 10103 元。2000 年，人均年收入 5788 元，户均年收入 17364 元。2005 年，人均年收入 8735 元，户均年收入 25419 元。2010 年，人均年收入 12980 元，户均年收入 37902 元。2018 年，人均年收入 22000 元，户均年收入 63580 元。

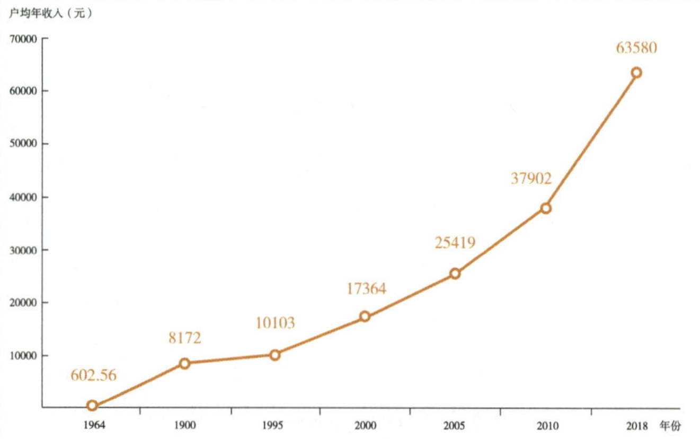

图 9-1　1964—2018 年部分年份大梁庄村农民家庭户均年收入示意图

第二节　生活消费

20 世纪 50—60 年代，农民收入基本维持温饱，遇到自然灾害，维持温饱都比较困难，根本谈不上其他消费。70 年代，家庭收入大部分用来满足吃饭、穿衣等基本生活需要。少数家庭用多年的积蓄建造房屋。自行车是农户最好的交通工具，青年人结婚都须有三大件（自行车、手表、缝纫机）。80 年代，大多数家庭除了基本生活外，用于建房、子女上学与人情交往的费用有所增多，占全部家庭收入的 30% 左右。青年人结婚须有新三大件（电视、冰箱、收录机）。90 年代，用于子女上学的费用逐年上升，建新房、装饰新房、为子女操办婚事的费用也不断增加。进入 21 世纪，随着收入水平的提高，家庭的消费水平上涨，购房装修、子女升学、婚丧嫁娶、购置轿车等费用不断增加，约占家庭收入的 70%。青年人结婚除了婚房内的家具和各种家用电器外，还要有小轿车。

一、消费结构

村民生活消费包括食品、衣着、居住、家庭设备用品及服务医疗保健、交通通信、文教娱乐、旅游等项支出。据大梁庄村民回忆，1980年，大梁庄村民家庭人均年生活消费300元左右，其中食品支出约占45%，位居第一；衣着支出约占20%，位居第二；居住支出约占19%，位居第三；其他各项支出约占16%，位居第四。

1990年，村民年人均生活消费总额1350元，是1980年的4.5倍，其中食品支出约占50%，位居第一；衣着支出约占13%，位居第四；居住支出约占19%，位居第二；其他各项支出约占18%，位居第三。

2000年，村民人均年生活消费总额约3700元，是1990年的2.74倍，其中食品支出约占41%，位居第一；居住支出约占17%，位居第三；衣着支出约占12%，位居第四；其他各项支出约占30%，位居第二。

2018年，村民人均年生活消费总额约15000元，其中食品支出约占36%，位居第二；居住支出约占16%，位居第三；衣着支出

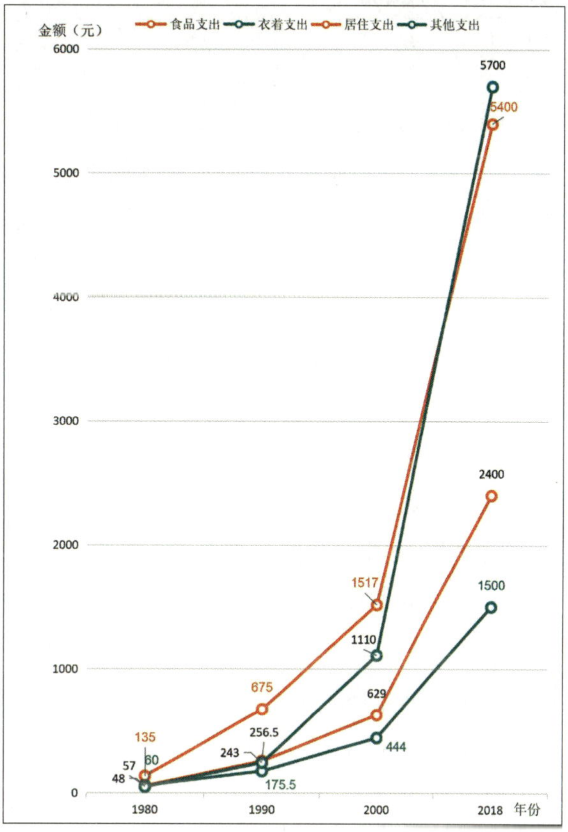

图9-2　1980—2018年大梁庄村部分年份人均年生活消费分项支出示意图

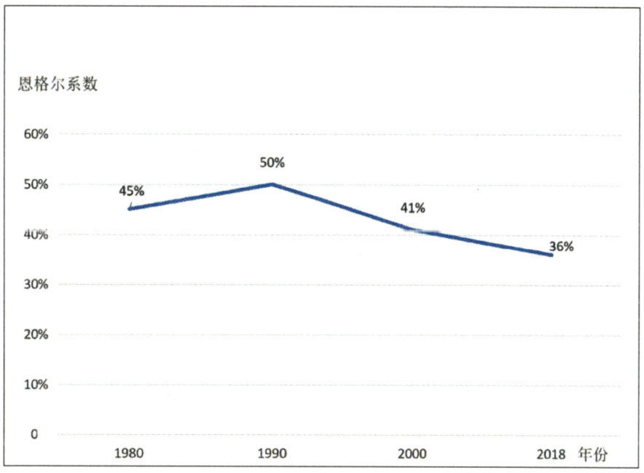

图9-3　1980—2018年部分年份大梁庄村村民恩格尔系数示意图

约占 10%，位居第四；其他支出约占 38%，位居第一。

二、消费水平

（一）食品

1980—1989 年，大梁庄村民的恩格尔系数基本稳定在 41% ~ 45%；1990—1999 年，由于物价增长较快，恩格尔系数处于 42% ~ 50%；2000—2018 年，恩格尔系数处于 41% ~ 36%。其中，多数年份恩格尔系数基本处于 40% 以下，表明村民生活达到较富裕水平。

1980 年，大梁庄村民家庭人均食品支出 135 元，占人均消费总额的 45%；1990 年，村民家庭人均食品支出 675 元，占人均消费总额的 50%；2000 年，村民家庭人均食品支出 1517 元，占人均消费总额的 41%；2018 年，村民家庭人均食品支出 5400 元，占人均消费总额的 36%。

（二）衣着

20 世纪 80 年代初期，棉布凭票供应，衣着添置受到限制。1980 年，村民的衣着支出 60 元，占人均消费总额的 20%；1990 年，村民的衣着支出 175.50 元，占人均消费总额的 13%；2000 年，村民的衣着支出 444 元，占人均消费总额的 12%；2018 年，村民的衣着支出 1500 元，占人均消费总额的 10%。

（三）医疗保健

解放后至 2018 年，政府加大了对妇女、新生儿、儿童、老年人的健康普查，不断地增加投入。1980—2018 年，村育龄妇女每年进行 3 ~ 4 次的健康查体，所有费用由政府支出，村委会也为查体的妇女发放卫生用品或补助金。2010 年后，政府免费为妇女筛查乳腺癌和宫颈癌。2012 年，村委会为已婚妇女投保三个险种，即团体意外伤害保险、安康团体疾病保险、意外住院保险，许多妇女病得到了预防和治疗。2005 年，实行新型农村合作医疗制度，村

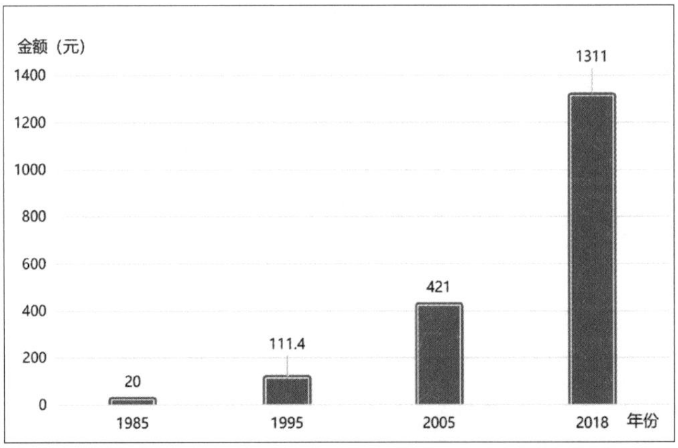

图 9-4　1985—2018 年部分年份大梁庄村民人均医疗保健费示意图

民的医疗保健费用有所增长。2009年村实行医疗保险制度，村民的医疗保健费用大幅提升。

1980—2018年，村新生儿、儿童年年查体，各种疫苗接种率均达100%，保障了儿童健康成长。

2008—2018年，区镇两级政府为60周岁以上老人体检，同时还免费为心血管病高危病人进行筛查，筛查后，区级医院每年为心血管病高危病人详细检查、询问有关事项，提出合理治疗方案和保健措施。每年重阳节，村委会为村中老人发放营养保健食品或节日礼金。村民的医疗保健费用呈现出逐年增长的趋势。1985年、1995年、2005年、2018年人均医疗保健费分别是20元、111.4元、421元、1311元。

（四）居住

1980年，大梁庄村民家庭人均居住支出57元，占家庭人均生活消费总额的19%；1990年，人均居住支出256.50元，占人均生活消费总额的19%；2000年，人均居住支出629元，占人均生活消费总额的17%；2018年，人均居住支出2400元，占人均生活消费总额的16%。

（五）婚庆消费

据村民回忆，1980年，大梁庄村民婚庆消费在1万元以下的约占90%，消费在1万元以上约占10%；1990年，婚庆消费在1万元以下的约占33%，1万～2万元的约占55%，2万～4万元的约占12%；2000年，婚庆消费在3万元以下的约占15%，3万～5万元的约占60%，5万元以上的约占25%；2010年，婚庆消费在6万元以下的约占15%，6万～10万元的约占70%，10万元以上的约占15%；2018年，婚庆消费在15万～20万元的约占35%，20万～25万元的约占55%，25万元以上的约占10%。

（六）丧葬消费

据村民回忆，2010年，大梁庄村农民家庭丧葬用餐酒席规模在11～20桌的约占25%，21～30桌的约占50%，10桌以下的约占10%，30桌以上的约占15%。用餐每桌消费300元以上的约占60%，400元以上的约占35%，500

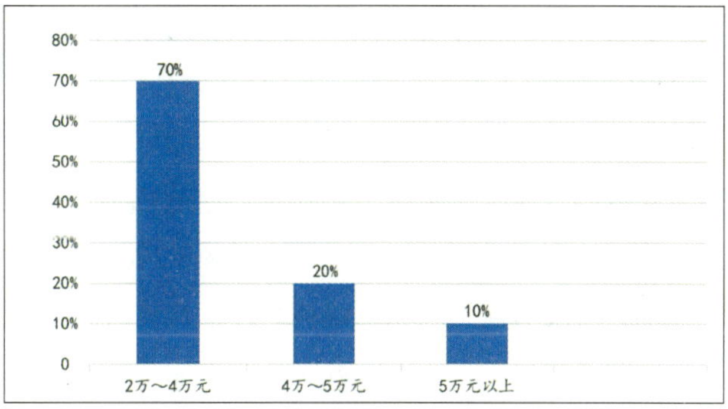

图9-5　2010年大梁庄村农民家庭丧葬支出示意图

元以上的约占5%。丧葬消费总额在2万～4万元者居多，约占70%，4万～5万元的约占20%，5万元以上的约占10%。

（七）交通通信费用

1980年，大梁庄村民家庭年人均交通通信费用在5元左右。1995年，人均交通通信费用74元。2005年，人均交通通信费用420元。2018年，人均交通通信费用达2400元。据村民回忆，1999年，大梁庄村农民家庭拥有固定电话的占全村总户数的75%左右，移动电话约有80部。进入21世纪，村民购买摩托车、电动车、私家小客车的逐步增多，移动电话逐步普及，电脑增长速度很快，村民的交通通信费用增长迅猛。

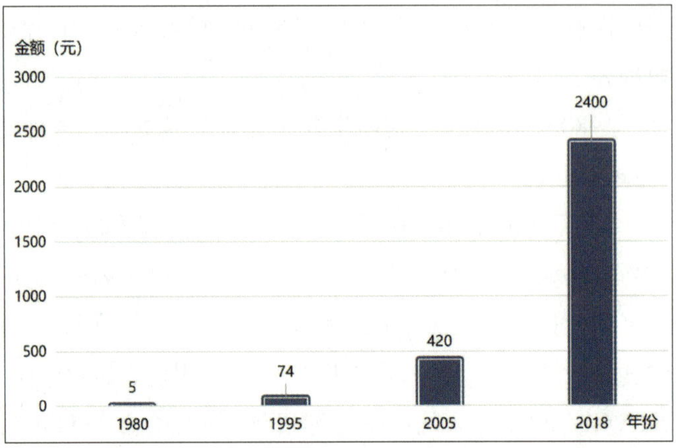

图9-6 1980—2018年部分年份大梁庄村民人均交通通信消费示意图

回首百年，大梁庄村民的生活发生了翻天覆地的变化，过去人们连想都不敢想的事已变成现实。1968年，大梁庄村人均年收入不足200元。到2010年，人均年收入近万元，提高近50倍。村民的退休费从无到有且不断提高。1984年，男性每人每月15元，女性每人每月10元。2018年，80周岁以下退休老人每人每月1200元，80周岁以上老人每人每月1300元。村民男性退休费比1984年提高79倍。2011年5月至2018年，村集体为独生子女退休父母每月发放奖扶金200元。2017年，全村共发放46万元。住房变化更是喜人，由解放初期人均不足4平方米到2010年人均达38平方米。2018年，新楼房人均居住面积达到69.59平方米，人均居住面积比解放初期提高了16.4倍。2006—2018年，村集体为符合条件的村民上了社会统筹养老保险。按规定年限男满60周岁、女满50周岁的村民从次月起每人每月可以领到不低于800元的养老保险金，而且随经济的发展逐年提高。现在有的村民每月最高可以领到1700余元养老金。保证了村民老有所依、老有所养。2005年7月，村集体为全村2120人办理新型农村合作医疗，参合率100%。2009年，村委会为全体村民办理医疗保险，村民患病住院所需费用除区镇补助外，村委会按照申报金额给予一定补助。这一举措的实行彻底解决了村民因大病致贫的后顾之忧。对退休老人倍加关照，每年组织退休老人免费查体，让老人的病患消灭在萌芽状态或是发现疾患及时治疗。五保户的生活更幸福，每人每月可以领取1000余元的生活费，逢年过节党组织、村委会都去慰问。20世纪70年代，全村无一辆私家小客车、货车，2018年已达900余辆。2003年，全村只有100部移动电话，2018年已达1800余部。1998年，全村无一台电脑，2018年已达600余台。2010年，互联网用户只有67户，2018年家家都是互联网用户。1990年，全村彩电不足20台，2018年已达1000余台。这些数字清楚地说明大梁庄村民的生活发生了巨变。

第三节　衣食住行

新中国成立后，村民的生活逐渐发生了变化，特别是改革开放以来，村集体经济的快速增长，惠及了百姓生活的方方面面。村民的衣食住行都与过去不可同日而语。

一、服饰

一百年来，村民的服饰从最简单的保暖需求发展到如今的舒适时尚追求，服饰成了一种记忆，又仿佛是穿戴在身上的一幅历史画卷，以其独特的方式记录着上百年来的政治、经济及文化等诸多方面的深刻变化。

（一）服装

解放前，村民穿的衣服布料品种单一，多以粗细棉布为主。男性春秋冬季以蓝、黑色为主，夏季以白、灰色为主；女性以各种颜色的花布为主，穿衣款式不过两三种。清末民国初年女性穿旗袍，平常上身穿偏襟短衫，下身穿长裤。冬天中青年妇女一般都穿自做的花布

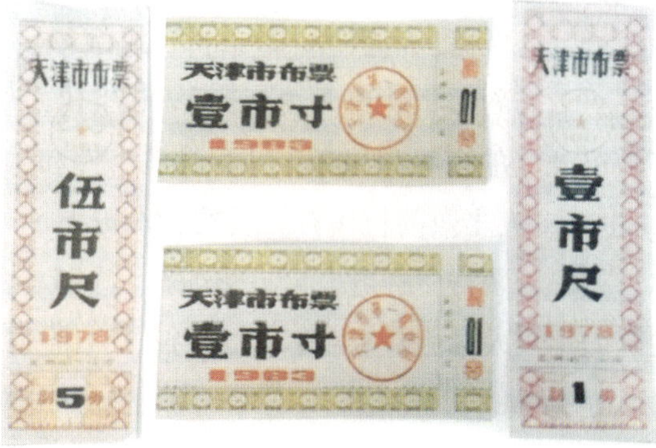

20世纪70—80年代村民使用的布票

棉袄棉裤。老人穿自做的蓝色或黑色的宽大棉衣棉裤，裤脚绑腿带。小孩 1 ~ 3 岁多穿开裆裤。单衣、棉衣均用布缝袢，打成疙瘩为扣袢，俗称“疙瘩袢”。男性夏天穿对襟小褂、长裤或短裤，春秋穿夹袄夹裤，冬天穿棉袄棉裤，腰系布带。多数农户较贫穷，冬天穿不上大棉袄，最贫穷人家甚至每人一身棉衣都做不起，只有外出劳动挣钱糊口的人才能穿上稍能御寒的棉衣，其他人只能缩在家里不出门。夏天只有一套粗布短裤短褂，没有更换的衣服，俗称“一槽烂”。

解放后，穿衣布料品种不断增加，质量不断提高，有斜纹布、平纹布、卡其布、华达呢、条绒布、平绒布、毛料等。服装的款式也开始多了起来。20 世纪 50 年代末，村里的中青年穿家做的衣服较多，极少数人能穿上制服。60 年代后期至 70 年代军便服盛行，绿色、灰色最时髦。由于当时是供给制，每人每年供棉布 1.73 丈（1 丈 ≈ 3.33 米），买布料做衣服受到了限制。那时农村家家户户布票不够用，当时“新三年、旧三年、缝缝补补又三年”成为最值得发扬光大的勤俭持家的风尚。70 年代末期，除了棉布、毛料外，合成纤维布料盛行，这时村民有的开始穿夹克服、大衣和呢子马甲，但颜色较少，基本上是黑、灰、蓝、绿、棕、红几种色调。这一时期仍有部分村民穿着补丁衣服干活。60 年代至 80 年代初，由于布票数量限制，中老年人很少添置新衣服，青少年及幼儿常在春节前添置过年新衣。服装款式简单，多是中式服装，由家庭主妇手工缝制。青年人的套装及制服请裁缝加工制作，极少数经济条件好的村民在商店购买。缝纫机是少数家庭中的大件，主妇在劳动之余坐在缝纫机旁将被子、衣服破的地方补好，或买上几尺花布为孩子缝制新衣。1983 年，布票、棉花票被废止。棉布、棉花等商品敞开供应，传统的中式服装遭到冷遇。村民穿衣观念发生了颠覆性的变化，开始追求时尚，摒弃过去较单一的款式与色调，大胆地接受并欣赏西方的服饰，再加上国内的服饰不断地翻新，许多闻所未闻的新款服饰纷纷登场，牛仔裤、西裤、老板裤、喇叭裤、萝卜裤、蝙蝠衫、滑雪衫、棒针衫等成了村民穿衣打扮的新亮点。布料多以化纤为主。到了 90 年代，皮衣皮裤盛行，这时村民对服装有了更多自己独立的理解和思考，开始讲求个性和品位，丝绸、非化纤布料受到青睐。进入 21 世纪，大多数的村民对服装的诉求更上了一个层次，服装成了体现个人魅力的载体。村民着装得体舒适，且一季多衣。中青年人还随着国际服饰的潮流穿上了时装，还有的年轻人穿上了米盖尔、七匹狼、大维、红豆等品牌服装。

（二）鞋袜

解放前，村民均穿自做的纳帮纳底鞋，有“两道脸”布鞋、长脸圆口布鞋，还有方口和尖口布鞋。冬季均穿自做的棉靴头。小孩穿草鞋或自做棉鞋。解放后逐步以塑料底、胶底、胶塑底等机制鞋代替自做布鞋。20世纪60—70年代，球鞋、塑料凉鞋盛行，多数村民到商店购买，少数村民穿家做的布鞋。80年代，皮凉鞋、皮暖靴、旅游鞋、机制布鞋盛行。90年代后，运动鞋、旅游鞋、休闲鞋、皮鞋、布鞋、绣花鞋等各种款式、各种颜色、各种面料的鞋在商场和鞋帽市场里到处可见。村民可根据不同季节购买自己所喜欢的不同价位、不同款式的鞋。家做布鞋基本消失。

20世纪50—70年代村民使用的袜楦（王学云提供）

辛亥革命前，大梁庄大多数妇女缠足，穿自做的尖足布袜。民国年间提倡天足，这时村中女性有的开始放足，在这部分人中流行一种“放足鞋”。多数妇女都穿自做的绣花鞋和自做的布袜，穿破后再缝补，那时大多数村民家中都备有木制的袜楦。夏天村民一般不穿袜子。解放后自做布袜逐渐被淘汰，被机织袜代替。20世纪60—70年代，尼龙袜、锦纶丝袜普遍兴起，这时村民家中的袜楦已成为历史。90年代后袜子品种齐全而讲究，质地上乘，有的村民穿上高筒袜，有的穿上保健袜、裤袜，有的穿上棉毛高弹袜，冬季有的老人穿上保暖袜。

（三）帽子、饰品

清代村里男人留辫子。民国年间男人剃光头。20世纪40年代末期，村里才有极少数青年到杨柳青理发所去理发。50—60年代，村里中青年到理发所理发的逐渐增多了，样式有平头、分头、学士头等。男性中青年头戴“列宁帽”“八角帽”“圆顶干部帽”。“文化大革命”期间兴戴绿色和灰色军帽。80年代兴戴“鸭舌帽”，90年代后，部分男性村民戴大檐帽、防晒帽、毛织帽等。青年妇女围巾千姿百态，发卡金光闪闪。

解放前，村里老年妇女梳盘头，戴黑色平绒帽，妇女结婚前留长辫或齐眉短发。婚后挽髻插簪，佩戴首饰、耳环，贫困人家无饰物可戴。20世纪60—70年代，村民佩戴饰物大为减少。80年代后再度流行。进入21世纪，由于生活水平的大幅度提高，妇女佩戴饰物较为普遍，且品种多样，有项链、耳环、戒指、手链、手镯、脚链。质地有金、银、珍珠、玉、钻石等，款式新颖漂亮。极少数男青年也戴上金项链、金戒指及花梨、紫檀制的手链、项链等。

二、饮食

（一）主食

解放前，少数富裕户能过上温饱生活，绝大多数农户过着半年糠菜半年粮的生活，有的农户甚至吃了上顿没下顿。村民的饮食单一而寡淡，主食主要有黑面、玉米面、高粱面等。日本侵华时期，村民受饥挨饿，只能吃些豆饼、山芋面、杂面、糠麸、野菜、树叶、草籽。连续几年见不到大米、白面和玉米面，过年都吃不上饺子、捞面。有的村民迫于生计沿街乞讨。

解放后，村民感受最深的莫过于自家餐桌上的变化，半年糠菜半年粮的日子已成为历史。

20 世纪 50 年代末至 60 年代初，生活物资极度匮乏，大到粮食、肉蛋、蔬菜，小到糖果油盐酱醋，几乎全部实行计划供应，五花八门的票证成了每家每户的生活依靠，粮食比较短缺。三年困难时期人们吃不饱，一日两稀或三稀，多以米糠麸皮野菜充饥。60 年代中期逐渐恢复了有稀有干的饮食习惯。70 年代至 80 年代初期，村民的主食多以玉米面、高粱米、红薯、大豆、小麦、大米及其他小杂粮为主。粗粮多，细粮少。村民只在逢年过节待客会友、生病调养及农忙时节，食些细粮。到饭店就餐，购买粮食制品等需支付相应的粮票，少数缺粮者可到“黑市”买到粮票，以补不足。据村民回忆，70 年代至 80 年代末期，社员买粮凭粮本供应数量购买，1 ~ 3 岁月供应粮食 3.5 公斤，4 ~ 6 岁月供应 5 公斤，7 ~ 10 岁月供应 7.5 公斤，11 ~ 14 岁月供应 14 公斤，15 ~ 17 岁月供应 17.5 公斤，18 ~ 45 岁月供应 20 公斤，46 ~ 55 岁月供应 17.5 公斤，56 ~ 65 岁月供应 16.5 公斤，66 岁以上月供应 15 公斤，供应品种有白面、老米、玉米面及小杂粮等，以玉米面为主，白面、老米供应很少，白面每人月供 1.5 公斤，老米每人月供 1 公斤。境内主要流通天津地方粮票，全国粮票很少。

20 世纪 70—80 年代村民使用的粮票（韩宝霞提供）

90 年代，市场全面开放，粮食可自由购买，大米、白面渐成主食。早点购买者逐渐增多，村民常在村中摊点、早点铺购买煎饼馃子、烧饼、大饼、馄饨、炸糕、锅巴菜、老豆腐、豆浆等。由过去在家做早饭改成在外买早点吃。

进入 21 世纪，米饭、馒头、大饼、饺子、包子、捞面为家常便饭，黑米、小米、薏米、大豆、红小豆、绿豆、燕麦片也备受村民的青睐，尤其是中老年人更加注重食品的营养和保健，在家制作豆浆、五谷粥者逐渐增多。食牛奶、酸奶者逐渐增多。

20 世纪 80 年代前，村民沿袭传统，晚饭多数家庭稀干搭配比较简单。90 年代至 21 世纪各种食品供应充足，村民食用稀饭、粥一度减少，饭店各种汤引进百姓家中，诸如酸辣汤、紫菜汤、玉米骨头汤、排骨藕汤、鸡汤、鱼汤、丸子汤、西红柿鸡蛋汤等，在村民餐桌上多见。

（二）副食

1. 蔬菜　20 世纪 80 年代前，村民主要食用白菜、西葫芦、土豆、茄子、豆角等大路菜。白菜为冬季和春季的当家菜。

1983 年后实行联产承包制，蔬菜种植品种逐渐增多，南菜北种，保护地大棚内蔬菜反季节生产，村民餐桌上四季有青菜。大白菜逐渐退出主菜角色。20 世纪 90 年代农贸市场上一年四季均可买到菜花、茄子、黄瓜、西红柿、芹菜、西兰花、油麦菜、油菜、莴笋、苦瓜、冬瓜、甘蓝、胡萝卜，随季节变化还可以买到空心菜、木耳菜、穿心莲、荷兰豆、生菜、茭白、菜心和各种菌类蔬菜等。

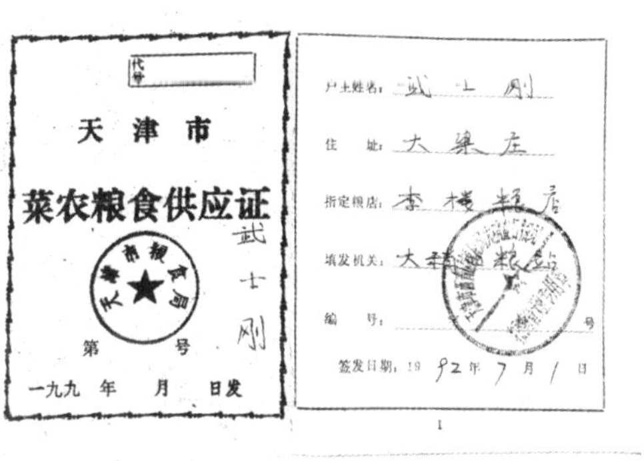
天津市
菜农粮食供应证
武士刚
第　号
一九九　年　月　日发
户主姓名：武士刚
住址：大梁庄
指定粮店：李楼粮店
填发机关：大
编号：　号
签发日期：1992年7月1日

菜农粮食供应证（武士刚提供）

2. 肉食鲜蛋　20 世纪 80 年代前，由于肉食、鲜蛋凭票供应，村民平时食肉、食蛋较少。逢年过节，若生产队养了生猪，可按人口分配猪肉，多数村民喜欢肥肉，以弥补食用油不足。

80 年代后，由于肉蛋价格放开，村民依各家经济条件到市场上自由购买，年人均消费肉食约 8 公斤、鸡蛋 5 公斤；90 年代，年人均消费肉食约 11.5 公斤、鸡蛋 8 公斤；21 世纪村民餐桌上菜肴荤素搭配，日渐丰盛，年人均消费肉食 15 公斤、鲜蛋 25 公斤。

3. 奶品　20 世纪 80—90 年代，因村民受传统饮食习惯和购买力的影响，食用奶制品较少。21 世纪后，随着生活水平的提高和膳食结构的调整，购买奶制品的村民逐渐增多。20 世纪中叶，人们对“吃面包、喝牛奶”的美好向往，如今已成为现实。

4. 水产品　20 世纪 70 年代前，除野生鱼虾外，村内尚无淡水养殖，海产品极为少见，唯有春节期间，非农业居民凭副食本每人可供应半斤带鱼。村民多到河渠沟池自捕鱼虾改善伙食。80 年代后，水产品市场放开，河鱼、海鱼、河虾、海虾、海蟹、河蟹等水产品逐渐充足。进入 21 世纪，水产品市场品种繁多，每逢节假日，村民消费踊跃。2018 年，年人均消费水产品 10 公斤，是 20 世纪 70 年代的 10 倍。

5. 干鲜水果　改革开放前，境内干鲜果品供应不足，水果有苹果、香蕉、梨、西瓜、枣、桃等，干果主要有葵花子、栗子、榛子、松子、核桃等。村民平时极少购买，非农业人口唯在春节凭干果本供应，数量很少。因购买力较低，仅有儿童、老人或病人食用少量水果，其他人甚微。一般只在逢年过节时买些水果馈赠亲友或长辈。

80 年代后，干鲜果品增长很快，基本能满足人们的需求。进入 21 世纪，市场干鲜果品种类繁多，一年四季货源充足，不仅有国内产品，还有来自美国、韩国、泰国等的国外产品。村民在冬季可以吃西瓜、桃子、椰子、蛇果、草莓等。据调查，2018 年，人均消费干鲜果品 35 公斤，是改革开放前的 20 余倍。

6. 饮品　改革开放前，村民饮品主要有白酒、汽水、果酒。多在逢年过节待客会友时饮用，平时基本不用。1982 年春节期间，市民凭本供应 500 毫升优质白酒。90 年代随着村民收入的提高，饮品全部放开，男性青年普遍饮酒。饮品种类逐渐增多，婚丧嫁娶等都离不开它。进入 21 世纪，名酒价格不断攀升，新品牌白酒不断上市，名酒推出不同价位的系列酒，啤酒品牌很多，葡萄酒国内国外不同规格的都有，果汁饮料应有尽有。中青年多饮白酒、啤酒。学生多饮果汁、酸奶。2018 年，年人均消费饮品约 20 公斤，是改革开放前的 20 余倍。

7. 食油及其他　20 世纪 60 年代至 80 年代末期，食油、白糖、麻酱等副食品凭票、凭本供应，农业户每人每月供应 100 克食油，非农业人口每人每月供应 250 克食油。因食油少，村民家中的炊具极易刷洗。经济条件好的村民购买市场上的议价油、香油等弥补家用不足。提子漏斗用了上百年，村民买油、买醋、买酒、买酱油都离不开它。1993 年后，食用油及各类副食敞开供应，诸多票证退出历史舞台，成了收藏家手中的珍品。村民用油不再算计，做汤做菜常点明油（香油）。进入 21 世纪，菜市场及超市各种品牌的花生油、大豆油、香油、五谷调和油、橄榄油等任顾客挑选，各种酱制品、豆制品、调味品及特色副食应有尽有。2018 年，村民年人均用油 12.5 公斤，为了保健，村民有意识地控制食用油使用量。

（三）水

解放前，村民做饭烧水的燃料以秸秆、柴草为主，饮水要到河里去担，河水脏而浑浊，担回家后倒在水缸里将泥沙沉淀后再用，那时家家户户经常“淘缸”。1964 年，村里打了深水井。1965 年，村内建了饮水点，方便村民用水，结束了村民到南运河取水的历史。1982 年，自来水入户，村民不出家门就可以饮用清洁干净的自来水。

20 世纪 50—80 年代村民使用的水缸
（张瀛方提供）

（四）传统美食

1. 贴饽饽粘卷子熬小鱼　贴饽饽粘卷子熬小鱼在村内流传已久，无论是运河南岸还是北岸的各村极为普遍。村民常以鲫鱼、鲢鱼、麦穗（鱼）、小河虾、“毫根”（小鱼）为原料，进行熬制。于热锅近汤处贴饽饽粘卷子，锅盖盖严，大火烧开后，小火熬，停火收汁，揭开锅鱼松软不碎，汁浓味厚，饽饽粘卷子边缘浸上鱼汤，脆香可口。

贴饽饽粘卷子熬小鱼（张瀛方提供）

2. 馅饽饽　俗称菜团子，常用白菜、韭菜、茴香、干菜为主料做馅，放入虾皮、鸡蛋、粉丝、葱花、香干、面筋、盐、香油等。将和好的玉米面在手中拍成薄饼，中间放馅，包成圆形或长圆形，上锅蒸熟即可。食之，皮松软香甜，菜馅咸香可口。

3. 摊糊饼　玉米面中放入葱花、五香粉、盐等调料，加适量温水和匀，倒入热锅摊薄。糊饼底部嘎渣焦黄，口感酥脆咸香。若在和好摊开的玉米面上铺一层菜馅，更好吃。

4. 丝糕　将玉米面、小米面或白面加水和好，发酵后加上糖、枣上锅蒸，亦称发糕。丝糕松软易消化，深受老人欢迎。

馅饽饽（韩宝霞提供）

5. 金裹银饼　玉米面放入葱花及盐和好，白面和好醒后擀开，将玉米面裹在其中包严，擀成圆饼，大锅或饼铛烙熟。该饼外白内黄，粗细搭配，营养均衡。

6. 汆汆汤　通常在玉米面中放入少许面粉，加入葱花、五香粉、盐等调料，加入适量水和面。用刀将面团拍成正方体，后切成小方丁，撒少许玉米面放在簸箕上晃动，以防汆汆松散粘连。葱姜末炝锅，放白菜、菠菜、小干鱼、虾皮、海米更佳，汤开后煮汆汆，熟后淋上香油，放入香菜。成品为汤饭一体。

7. 扣肉　精选五花肉（猪肉）切大方块，锅内放入水和葱、姜、大料等调料，方块肉下锅煮八成熟，捞出沥水，肉块着色后过油炸。捞出后控油，切薄片放入大碗内，加上盐、酱油、腐乳等调料，大锅蒸熟即可。此菜咸香可口，嫩而不腻。

扣肉（邓卫莹提供）

8. 猪肉丸子　选前膀肉，洗净绞馅，肉馅内放入葱、姜、盐等调料和馅，做成丸子过油炸，炸至金黄色捞出控油，锅内加各种调料，放入丸子大火煮开后，小火煮 40 分钟。此道菜，入口筋道，鲜香可口。

猪肉丸子（韩宝霞提供）

大梁庄村民董开来做的扣肉、丸子，在中北镇杨柳青一带小有名气。董开来多方拜师学艺加之个人研究做出的扣肉、丸子很有风味特色，经营 50 余年，前来品尝与购买者络绎不绝，逢年过节走亲访友都会带上几箱。

三、住房

解放前全村民用住宅共有 130 所，多数村民住的是老檐出头式土坯房，人均住房面积 4 平方米，室内陈设极为简陋，墙壁只用泥抹平。村民睡的是土炕，铺的是草席。较富裕的农户有茶几、方凳、箱柜、被阁子等，多数农户四壁空空，冬天睡觉滚炕席，两三人盖一床被。

20 世纪 50 年代，多数农户住的是土坯房，住房格局均为一明两暗，门窗多为三门两窗。

60 年代后期，少数富裕户开始盖"穿鞋戴帽式"中间大门两侧有跨窗的连三间房屋，即砖坐碱、土坯垒墙、砖封檐、房上铺瓦。较富裕的农户开始盖"里生外熟"的房子，这种房子省去了每年"泥房"之劳。屋内顶棚是用纸糊的，室内墙壁用白灰粉刷，用砖墁地。也有的吊顶后用白灰膏抹平。当时三代人同居三间房较为普遍。

70 年代后期，村内盖砖木结构房屋者逐渐增多。1976 年，唐山大地震波及天津，

20 世纪 40 年代邓家土坯房（李冬提供）

20 世纪 60 年代“穿鞋戴帽式”房屋（韩宝霞提供）

村内大部分房屋被震损，在政府重建家园的号召下，掀起了一个砖木结构防震房屋的建设热潮。这一时期多数农户的屋顶上均铺瓦或粘油毡，室内为水泥地面，四壁粉刷白灰，门窗加宽，室内较过去宽敞明亮了，人均住房约 10 平方米。这时土坯房基本上退出了历史舞台。

20 世纪 80 年代砖木结构房屋（村委会提供）

1983 年，中北斜乡实行农业体制改革，土地由集体种植改为分户承包经营，极大地调动了农民种田的积极性，农民收入迅速增加，也提高了住房建设标准。“连三间”建筑结构的房屋逐渐被“两明一暗加东西拐弯”的房屋代替。这种建筑结构的平房室内宽敞明亮，有客厅、厨房、餐厅、卧室、卫生间。部分富裕农户室内装修也讲究了，有护墙板、天花板、灯池、彩色釉砖墁地，门窗由木料向铝合金发展，地面由水泥地面向水磨石和地板砖发展。室内陈设也开始讲究了，有大小衣柜、写字台、沙发、洗衣机、电冰箱、电风扇、电视机、收录机等。院墙大门两侧用水磨石加各种彩石勾勒出各种花纹图案，有的在大门两侧粘贴彩色或有图案的瓷砖。

2018 年梁晨馨苑一角（李淑起摄）

90 年代后期，不少农户家庭安装了土暖气，少数家庭安装了空调。1995 年，全村住房建筑面积共 3.9 万平方米，人均 18.7 平方米。

进入 21 世纪，村民生活更加富裕。大梁庄村有 40 余户村民在中北镇、杨柳青等地购买了新楼房，装修比过去更讲究了，护墙板、实木地板、复合地板、大块全瓷砖、配套的组合家具、电磁炉、微波炉、液晶电视、DVD、电脑、组合音响设备、挂式立式空调等应有尽有。截至 2010 年，全村共有住房 769 所，人均住房面积 38 平方米。

2010 年 4 月，大梁庄启动平房改造工程。老村宅的格局与模式已经打破。2018 年已建成高档次、花园式、现代化、多功能的村民居住小区。新楼房人均住房面积达 69.59 平方米，比 2010 年提高了近一倍。

四、出行

（一）出行方式

解放前至 20 世纪 50 年代，村民出行极为不便，全是步行。60—80 年代，村民出行购物，走亲访友，有的步行，有的骑自行车，有的乘公交车，有的乘长途客运汽车，村南老津杨公路有 158 路公交车，村北西青道有 153 路公交车，由天津市区开往杨柳青。

进入 21 世纪，境域内客运线路增多。村民出行可乘出租车、公交车，也可乘地铁、高铁或自驾出行，还可乘飞机、轮船等。村民出行方式多元化。

（二）出行车具

20 世纪 50 年代，村民出行极少数人可乘马车、小驴车。60—80 年代，村民出行以骑自行车为主，乘公交车为辅。自行车分轻便车和载重车两种，轻便型的有天津飞鸽、红旗，上海永久、凤凰等品牌；载重型自行车俗称“大铁驴”，可载物 200 公斤左右，后逐渐被淘汰。公交车村南有 158 路，村北西青道有 153 路，每逢节假日乘客爆满。80 年代时兴三轮车，多为村中老人出行购物用。后兴农用机动三轮车，多为农户购置。80 年代，大梁庄村有小客车 7 辆、后三轮车 14 辆、二轮摩托车 20 辆、农用机动三轮车 1 辆、轻骑 13 辆，机动车驾驶员 83 人。据村民回忆，1990 年，户均拥有自行车 2 辆。2000 年，全村有 100 余辆农用机动三轮车，比 1990 年增长了 100 倍。

21 世纪，电动自行车盛行，购买者逐渐增加。私家小客车增长速度很快。2018 年，全村拥有私家小客车 860 余辆，是 20 世纪 80 年代的 122.9 倍。村民出行可选择的代步工具越来越多，有自行车、电动车、公交车、出租车、火车、地铁、高铁、飞机、轮船、私家小客车等。在马路上，出租车招手即停，私家小客车屡见不鲜，亲朋好友或单位若有大事急办，乘上飞机或坐上高铁数百里路几小时的工夫就到了。

（三）出行道路

解放前至20世纪50年代初，村民出行极为不便。一是路少且难行，二是没有交通工具。由村庄通往东西南北的主要道路都是土路，道路狭窄且坑洼不平。每逢雨天经人踩、车轧，泥泞坎坷、难以出行。如要出行也得落个泥鞋、泥脚、泥裤腿。一不小心就摔成个“泥人”。晴天沙尘飞扬，满身是土。那时南运河穿越全乡5公里，河南河北共有23个自然村，但无一座桥梁，给村民的生产生活带来不便，两岸的百姓过河办事均要从村里走出来再渡船或绕路而行。50年代末期至70年代末期，国家对村南津杨公路、村北西青道、村西104国道进行多次改造拓宽修缮，路面为柏油路，村民出行方便多了。

随着村集体收入的不断增长，村党支部、村委会着眼于村路建设，改善居住环境，解决村民出行难问题。1985年，村集体投资48万元修了村西至村东及村北道路，全长3200米，宽6米，村北道路与西青道相连接，1985—2010年此路共维修了3次。1992年，投资170余万元新修了东西街路（老洋车道）和村内“四面城”路，并铺设下水管道。由村东向西可与104国道相连，向南可至南运河岸。随着城乡建设和交通道路的发展，桥梁建设提到乡政府的议事日程上来。1995年，乡政府投资修建大梁庄桥，井柱结构，桥宽6米，长44米，载重量15吨，解决了村民过河难的问题。此后，村前村后、村东村西、村内的大小路都变成了柏油路，且四通八达。

进入21世纪，村域内的交通环境实现了令人惊叹的跨越式发展。村路、乡路、园区路路路相接，国道、区道、高铁纵横交错，村民出行“行”之有路，便捷快速。

第四节　家用器具

20世纪50—60年代，村民家用器具很少，农户家中除锅盆碗勺铲外，还有水桶、水缸和搓衣板。70—80年代，家用耐用消费品实行凭票供应。1988年后，原凭票购买的工业品敞开供应。电视机、洗衣机、电风扇、电冰箱、录音机等用品成为村民新的追求。随着村民收入的增加，村民家用器具由一般日用消费向美化生活、装饰家居方面发展，由低档次向高档次转化。进入 21 世纪，家用器具趋于功能化和现代化，各类医疗保健器械进入部分村民家中。村民轻装修、重装饰，家具风格趋向个性化，高档、环保、耐用的消费品，成为新时期富有的象征。

一、家用电器

20 世纪 60 年代，简易收音机深受农户喜爱，家庭成员中抢着收听电台的节目。70 年代，村民家中主要电器是收音机。80 年代初，家用电器品种增多，有电视机、电风扇、洗衣机、电冰箱、收录机等。那时，一台 14 寸的电视机是最贵的奢侈品，即使是满屏幕的雪花也能招来左邻右舍的大人小孩，看着它依然很开心。1985 年，家家户户都有收音机，全村有 300 余台黑白电视机、300 余台电风扇、10 余台收录机、20 台电冰箱、55 台洗衣机。1990 年，黑白电视机、洗衣机、电风扇等基本达到普及。1993 年，多数家庭彩色电视机取代黑白电视机，组合音响取代普通收录机，VCD 组合音响进入百姓家庭。1995 年，全村拥有彩色电视机 500 余台。2000 年，家家都有电冰箱，50% 的农户购买了空调、微波炉，电子计算机开始进入农民家庭。

进入 21 世纪，家用电器不断升级换代，手提电脑、液晶电视、数码相机、全自动洗衣机、环保型电冰箱、冷暖双功能空调、电饭煲、电磁炉、电烤箱、多功能榨汁机等电器进入村民家中。

二、家具

20世纪50—60年代，村民家中摆设的家具很少，有衣箱、柜子、桌子等。70—80 年代，有连二桌、连三桌、连四桌、被阁子。条件好的农户有高低柜、大衣柜、橱柜、酒柜、书柜、写字台、木床、铁床，经济充裕的村民凭票证或批条到家具厂或商场购买成品配套家具，部分村民自购木材请

上，解放前衣物箱；中，20 世纪 70 年代衣物箱；下，20 世纪 70 年代二联柜（张瀛方提供）

20 世纪 70 年代被阁子（韩宝霞提供）

木匠到家中做家具。

1985 年，木材等物资普遍放开供应，境内盛行组合家具，电镀腿人造革沙发、折叠沙发床、弹簧床垫等盛行。80 年代末，一般家庭有 2 ~ 5 件大型家具。

90 年代，随着村民生活水平的提高，家具不断更新，许多旧款式家具遭遇冷落，逐渐被新款组合家具替代。90 年代末期，每户家庭拥有大型家具 8 ~ 9 件，比 80 年代末期增长了 1 倍。

2018 年，村民集体迁入新居——梁晨馨苑，室内装饰讲究，家具款式新颖，趋于多元化，讲究环保美观，每个家庭都有特色。家具材质有环保高级密度板、实木板材、玻璃、石材，还有配套的红木家具。藤艺、铁艺、布艺、皮艺等制品进入多数家庭。村民家中装饰风格各异，有中式、美式、欧式等。

三、照明

解放前至 20 世纪 50 年代中期，村民家家使用昏暗的煤油灯照明，为了省油，晚上照明时间很短。1957 年，大梁庄村户户通了电，电灯取代了煤油灯。灯具多为 15 ~ 60 瓦的白炽灯泡，逢年过节或家中大事，暂换成 100 瓦左右的灯泡。50 年代末至 80 年代能源紧张，经常分片拉闸限电，村民照明用电受到影响。使用蜡烛、油灯、电石灯弥补用电不足。

20 世纪 50—60 年代的煤油灯、提灯
（韩宝霞摄）

80 年代末，部分村民家中安装吊灯、壁灯、落地灯、台灯等灯具。90 年代中后期，有的村民家中安装灯池、牛眼灯、镭射灯等装饰型灯具。

进入 21 世纪，照明灯具发展趋向多样化、工艺化，美观漂亮。居民广泛使用高效、节能、耐用、环保的灯具。

四、燃料、燃具

20 世纪 50—60 年代，村民沿用传统土炕灶台，以秸秆杂草为燃料烧水、做饭、取暖，也有用废旧铁桶或铁皮打制的锅灶，放在室外合适的地方烧水做饭，俗称“凉灶”，夏秋两季常用。

70 年代至 80 年代中期，村民多以煤球、蜂窝煤为燃料取暖做饭，村民凭煤本

20 世纪 70 年代前的土灶
（侯树森提供）

20 世纪 70—90 年代的炉具
（张瀛方摄）

2018 年，杨静家的一体式灶具
（韩宝霞摄）

购煤。因燃煤供应不足，村民采取冬煤夏储，以补寒冬所需，普遍使用铸铁燃煤炉具。80 年代后期，液化石油气在村中普及。部分家庭使用简易燃气灶具。90 年代煤价放开，村民可以自由购买，解决了燃煤供应不足的问题，家家户户都安装了土暖气。部分家庭开始使用天津及外省市制造的分离式抽油烟机和自动打火燃具，燃料是液化石油气。

2018 年，村民迁入新居，集中供暖供气，新式天然气灶具进入百姓家中。部分村民家中安装各种品牌的集成灶，有一体式的，侧吸式的，智能触控，方便环保，美观大方。

第五节　村民新风

一、邻里关系

自古以来，村民很重视邻里关系。“远亲不如近邻，近邻不如对门”是村民上百年来践行的信条。解放前，大梁庄村的邻里之间称谓充满着家庭色彩，年轻人称呼长者为大爷、大娘或伯伯、婶婶；称呼老人为爷爷、奶奶；年长者称呼年轻人为大哥、大姐或直呼其名；年龄相近者称呼大哥、大姐或称呼兄弟姐妹。

邻里和睦，济困帮扶是大梁庄村邻里关系融洽的特色。左邻右舍的大事小事、喜事难事，村民们都会忙里忙外，互相帮助，钱、财、物互通有无，情感朴实真切。如谁家盖房，左邻右舍甚至离家远一点的村民都会主动义务助工，助工的人越多，说明房主和邻居相处相帮得越好；如遇谁家有丧事，邻里之间主动帮忙料理，直到丧事完毕；如遇谁家住宅或柴草垛着火，村民只要看到或听到哪里有火灾，就会立即放下手中的活计，自带救火工具奔赴火场，奋力扑救，有的不顾个人安危，若逢夜间酣睡中被惊醒后会立即起身，速奔火场，义无反顾。现在如遇火情，在消防机关未赶到之前，邻里之间会采取各种措施，携手控制火势，消防队会迅速赶到。如遇谁家有重病患者，消费过大，邻居们都会伸出热情之手，送钱送物济危解困；如谁外出家中老小无人照顾，只要托付给邻居，就可以放心地出门了。农闲时左邻右舍常常串门，嘘寒问暖，互相交流，传递着关爱与热心，一家的喜事，百家祝福，一人的烦恼是百人的话题。邻里之间若发生矛盾，有许多热心人会出来调解劝慰直至达到和谐。

多少年来，大梁庄村邻里之间和谐友好、朴素坦诚、常来常往、互通有无，相帮、相靠又相依的良好习俗传承下来。

二、农民新风

（一）饮食新风

进入21世纪，大梁庄村民对健康的追求不再仅仅停留在“无病一身轻”的初级阶段，“需要阳光、需要空气，更需要健康的生活方式”已成为新世纪新追求。现在村里的中青年人因工作忙碌，快节奏的生活以及逐渐宽裕的物质生活，更加注重饮食质量，老年人更加注重身体保健。

村民自制营养丰富的饭菜
（邓卫莹摄）

“民以食为天”是自古以来中国人的一句老话。村民从过去的食不果腹、粗茶淡饭到如今追求营养均衡、绿色食品。60年代以前，饮食是老百姓维系生命的最低标准，而现在却成了一种享受。市场经济冲破了地域和国界，天南地北的美食把市场装扮得五彩斑斓。开放的大梁庄村民热衷于尝试各类新奇的美食，在追求美食的同时，形成绿色健康的饮食观念。牛奶、豆浆、鸡蛋、肉类、新鲜的水果和蔬菜，已成为百姓健康食谱里不可缺少的角色。时下部分老年人又开始重视药膳食疗或服用保健食品。

随着生活水平的提高，村民的饮食观由20世纪50—60年代的“充饥温饱型”

演进到“美味享受型”，现在又向“养生保健型”转变。讲究营养均衡的科学饮食新风正在村民中形成。

（二）健身旅游新风

进入 21 世纪，村民对健康的关注呈逐年上升的趋势，健康已成为生活中的首位，环境已成为新的社会话题。“一年之计在于春，一日之计在于晨”，每天清晨当第一缕阳光洒向大地时，晨练大军以其独特的魅力成为村中一道特别的风景，男男女女在健身广场晨练，有扭秧歌的，有做健身操的，有利用各种健身器材健身的，尽管一群大爷大妈的动作不够优美，动作略显单调、缓慢，但是他们随着优美的音乐表情很是享受，很显然村民享受的是精神的愉悦，是对健康的向往。傍晚茶余饭后，合唱队、舞蹈队、自由组合的散步队伍又活跃在村头巷尾，如今的晨练大军正向着恢复活力、提高生活乐趣、增强抗病能力、增进身体健康的目标挺进。闲暇时村民组团或自驾出游，近年来不少村民已去过海南、云南、北京、山东、山西、大连等地游览祖国的大好河山和名胜古迹。

（三）阅读新风

2006 年 10 月，大梁庄建立农家书屋。至 2018 年 12 月，室内藏书 4518 册，有农业技术、法律知识、计划生育、紧急避险、养生保健、科普知识、长短篇小说、社会科学等 20 余种书，还有报刊 10 余种。村民不出村就可以选择自己所需的书籍与报纸杂志。一些村民经常到农家书屋阅读浏览各种报刊和书籍。近几年，网络文化日新月异地发展，许多村民利用手机、电脑、iPad 阅读国际国内重大新闻和学习各种文化知识。阅读学习，在村内成为新风尚。

第十章　村庄建设

大梁庄村村落形成已有600多年历史。20世纪40年代至70年代中期，村庄建设变化不大。70年代末期至2010年，村庄建设有长足发展。村两委多年来坚持统一规划，严格管理，村宅由多年潮湿的土坯房变成宽敞明亮的砖瓦房。村庄基础设施不断完善，90年代初，村域内大道小路、胡同，全部硬化、绿化、美化，村庄干净整洁。2010年9月大梁庄村平房改造，民房拆迁。2012年年底启动新居建设，2018年村民喜迁环境优美、集中供暖供气、文体设施齐全的花园式高层居住小区——梁晨馨苑。村民居住环境得到质的改善，村民出行更加便捷，文体活动更加丰富，人民生活更加幸福。

第一节 房屋建筑

一、民房

（一）平房

新中国成立前，全村村民住房都在南运河北岸，砖瓦房极少，绝大多数农户住的是土坯房。多数房屋南北朝向，东西长3丈，南北宽1～1.5丈。要增加房间数，一般都是在自家院内盖南房或东房、西房。房屋结构为土木结构连三间，一明两暗，房的原材料为“三土一木”（土盖、土墙、土地面、木檩），房内设施具备“三台”（锅台、炕台、窗台）。每个家庭不论有多少人口，都是三间房，一家平常四五个孩子，一般都和老人一起住。人均面积4平方米。住土房最怕下雨，因房盖是泥土苫盖，每年经大雨冲刷后造成“渗水”或“漏水”，那时人们有一段顺口溜，就是“外面大下，屋里小

陈金起的房屋（20世纪90年代）

石万均的房屋（邓卫莹摄于2003年）

下，外面不下，屋里还下（渗水）”。人们每年在春季泥房一次，也挡不住房漏。

新中国成立后至70年代中期，全村房屋土坯房居多，结构略有提升。那时，时兴房子“穿鞋戴帽”，就是地面以下做碱，用砖垒七层或九层，防止房子被碱损坏，房子上盖用砖封檐，屋内砖铺地面。用白灰粉刷墙面，屋内亮堂起来。

70年代末期，因受唐山大地震的影响，形成了盖房热潮。1983年，实行联产承包责任制后，农民收入增加，村民把财力转移到修建房屋上来，普遍盖起连三间的砖瓦房。

90年代，村民建砖房又有新变化，兴起三间北房加二间东、西厢房。北房为卧室、客厅，以厢房做厨房、厕所、洗澡间，同时提高房屋建设和装修质量，多数村民在大门两侧用水刷石加各种彩石勾勒出各种花纹图案，有的在大门两侧粘贴彩色瓷砖，屋内地面由水泥地面向水磨石和地板砖发展。富裕的村民安装灯池、护墙板和上下水道。20世纪90年代，村民的住房质量提高很快。

1997年中北镇政府下发文件，规定全镇境内停止发放村民宅基地，从此结束了村民新建平房的历史。1998年后，部分村民在老房基地上翻建新房。

（二）楼房

2012年年末，大梁庄开始建设新居——梁晨馨苑，共建村民住宅楼13栋，1760套住宅，15.2922万平方米，楼层为22～24层。2017年年底竣工，2018年10月村民乔迁新居。

2018年大梁庄村民新居（李淑起摄）

二、村用公房

村集体用房称为公房，是全村党、政、群组织办公、村民活动集中的场所。

1. 大梁庄大礼堂　1958年建，在村中心关帝庙后面，东西长30米，南北宽10米，大礼堂用于召开社员大会、举办重大集体活动，1986年拆除。

1987—2012年大梁庄村委会旧址（李冬摄）

2. 大梁庄老年活动中心　老年活动中心建于1987年，东西长30米，南北宽7.5米，内设群众活动室等。2012年，平改拆除。

2013 年丰光路 6 号村委会办公处

2018 年党群服务中心（韩宝霞摄）

3. 村组织办公场所　解放初至 20 世纪 70 年代，大梁庄村党、政、群办公场所在老关帝庙院内。关帝庙在 1976 年地震时被震塌，村集体在庙院南临街处盖房 4 间，作为村组织办公地点，直至 1986 年 1 月。

1986 年 2 月，村组织办公地点搬到村属企业汽车改制厂内，借用该厂的办公楼二楼两间办公室办公，直到 1986 年年底。

1987 年，大梁庄村在村北新建办公场所，为独门独院，房屋宽敞明亮，办公设施较齐全。正房东西长 50 米，南北宽 5 米，共有 8 间，有党支部、村委会、大会议室、计生办、会计室、库房、传达室等。2012 年年底，全村拆迁基本完成，村委会办公地址拆除。

2013 年，村委会办公场所搬至大梁庄村工业园内西青道丰光路 6 号，点火线圈西厂院内。

2018 年，梁晨馨苑小区村用公房共 9724 平方米（含村委会办公楼、监控区、卫生室、服务区、中老年活动室、物业及商业用房等）。

第二节　基础设施

一、生产、生活用水

南运河是大梁庄人的母亲河，自元朝南北大运河修通以来，这条河一直在大梁庄土地上流淌着，甘甜的河水不仅为大梁庄勤劳善良的人民带来生活之便，还为古老、荒蛮的原野带来生机和繁荣。村民的生产生活用水，都离不开这条母亲河。

（一）生产用水

新中国成立前，大梁庄的菜田、粮田生产只能靠天吃饭，只有临近南运河的园田用河水浇地，村民用泼斗打水，费劲大，提水少。20 世纪 50 年代末，开始使用水车浇水，这种方法较用泼斗前进一大步。60 年代初，农民浇地都改用水泵抽水，加快了提水速度，增加了种植面积，改良了土壤，农业生产保持连续增长的良好势头。

（二）生活用水

大梁庄村从有先民居住至 1964 年，均以南运河水为生活用水，那时村里在运河边有多个挑水口，河边有挑水板凳。村民生活用水都到南运河挑水口去担。到家后，将水倒进水缸里，放些矾搅匀，等泥沙沉淀后再用，过几天淘洗一次缸。

1964 年，大梁庄村在村西打一眼机井，方便了村民生活用水。1965 年，在村内建饮水点，村民饮用机井水，结束村民南运河取水的历史。1982 年，自来水入户，村民不出门就可以饮用清洁干净的自来水，方便了村民生活。

二、用电

大梁庄村自古至 20 世纪 50 年代中期，村里不通电，村民的生产、生活均靠手工操作。生产落后，户户使用煤油灯照明。1957 年，大梁庄村通了电，照明电灯取代了昏暗的煤油灯。此后，电力不断增加，逐步用于农业和工副业生产。

三、路、桥

村路　1985 年前，大梁庄村中的大路、小路、胡同全都是土路，雨天泥泞坎坷，晴天尘土飞扬。80 年代末期，随着村集体经济的增长，村委会把改善村域环境提上议事日程，逐年投资修筑村域道路，先后修建兴梁北道、兴梁中道、大梁庄路、振兴路、河沿东路、老洋车道等。柏油路面，路宽 5 ~ 6 米，全长 4500 余米。村西道路与国道 104 相连，村东道路与王庄村相通，村北路与西青道接壤，村南路至南运河大梁庄桥。村中主要道路两侧栽种杨树、柳树，进行绿化美化。90 年代初，村委会投资对全村 64 条胡同全部修缮，路面铺设沥青混凝土，至此，全村的胡同、小路、大道，全部硬化、绿化、美化，路路相通，干净整洁。村民出行十分便利。

大梁庄桥　大梁庄桥 1995 年建成，由西青区水利局承建，为井柱结构，载重量 15 吨，桥宽 6 米，长 44 米，桥对面为大蒋庄、祁庄村。2012 年因大梁庄平房改造，全村拆迁，该桥被拆除。

四、供气

（一）灌装液化石油气

20世纪80年代，罐装液化石油气陆续进入农户。90年代，在村中普及，村民做饭、烧水用上清洁能源，取代煤和柴。大梁庄村灌装液化石油气使用至2017年。

（二）天然气

2018年10月，村民迁入新居——梁晨馨苑。住宅楼统一由津燃华润燃气有限公司集中供气，村民炒菜做饭用上了清洁能源。

五、供暖

20世纪50年代末，村民取暖用土制煤球炉，条件好的买个外包铁皮燃煤炉，条件差的用砖、铁条和泥垒建取暖炉。因煤按票证供应，数量很少。一天只能燃3～4个小时。70年代，铸铁炉入户，做饭、烧水、取暖并用，环保性和安全性比简易炉具提高了。80年代末期，村民家中陆续安装土暖气，由于燃煤放开，各家各户根据自己的需要调节供暖温度，此供暖方式一直延续到2010年平改拆迁。

2018年10月，新居梁晨馨苑住宅楼统一由西青热力公司集中供暖。

第三节　平房改造

一、起步阶段

2010年3月，村党总支、村委会按照镇政府的统一部署，根据兄弟村的平改状况，本着既要与时俱进又要符合大梁庄村实际的原则，决定启动全村的平房改造工作，并草拟《大梁庄村平改方案》。平改方案制定后，经多次细致的调查研究，听取不同人员对平改方案的意见和建议，不断修改完善。2010年4月6日，在西青宾馆召开全体党员、村民代表大会，经认真讨论，一致通过《大梁庄村平改方案》，简称《平改方案》。

《平改方案》是全村平改工作遵循的纲领性文件，是大梁庄全体干部、群众在平

2010 年 4 月，大梁庄村平房改造启动会议召开
（村党总支提供）

2010 年 4 月，大梁庄村平改方案进行现场表决
（村委会提供）

改工作中遵循的依据。

平改是大梁庄村的一次大变革，也是从未做过的复杂工作，村两委班子成员认为，只有依靠群众才能推动平改工作。2010 年 4 月 15 日，大梁庄村召开党员、村民代表大会，推荐和选举大梁庄村平改领导小组成员、平改工作小组成员、平改监督指导组成员，并一致通过。

平改领导小组

组　长：侯树枫

副组长：范茵江

成　员：董学强　王学云　杨玉章

平改工作小组成员：侯树枫、范茵江、王学云、董学强、杨玉章、邓建国、范茵华、石蕴山、范茵树、李加孝、李玉良、刘景和、石景起、王佩全、肖汉阳、肖汉英、于贺彪、周广顺

平改监督指导组成员：侯树枫、范茵江、邓建国、范茵华、石蕴山

二、收回土地

平改收地涉及全村每家每户的切身利益，为此，在收回土地工作中，村党总支、村委会和全体平改小组成员，做了大量工作。从确认地块到确认承包人，从丈量土地到核实面积，从签订合同到领取补助款，层层严格把关，做到公平公正，较好完成收地工作。

（一）耕地（园田）

根据镇政府的统一规划和部署，大梁庄村开始进行收地工作，收地包括村民承包的园田、鱼池、迁移坟墓及村域内所有建筑物的拆除。

收地中，村委会考虑到农户农业投资的实际，采取合理补偿的方法，规定大棚含青苗费补 12000 元 / 亩，温室 14000 元 / 亩。农户从退地当月起领取失地补助金，每人每月 300 元（18 ~ 60 周岁）。

收地过程中，出现的各种问题，村党总支、村委会、平改小组及时研究，制定相应的解决措施，先后出台《大梁庄收地实施方案》等 3 个相关文件，使在收地工作中出现的问题得到了较好的解决。经村党政组织和平改领导小组的努力，以及广大村民的积极支持，从 2010 年 7 月至 2018 年 12 月，全村共收回耕地 987 亩，收回鱼池 30 亩。

（二）租用集体房屋、大型车间和违章建筑

截至 2017 年 3 月 20 日，拆除大型车间和违章建筑共 5.92 万平方米（95 户）。

截至 2017 年 12 月 31 日，拆除租用集体房屋共 6533.6 平方米（5 户）。

（三）移坟腾地

2010 年 8 月，随着收地工作的基本完成，大梁庄村移坟工作开始。村党总支、村委会本着既要搞好移坟腾地工作又要尊重村民多年来风俗习惯的原则，为村民办实事、办好事。领导班子成员和群众代表到河北省兰生园墓地考察，选好墓地。大梁庄村对移坟户给予补贴，每移一座坟补助 2300 元。截至 2011 年 6 月 20 日，全村移坟 259 座，共补偿 59.57 万元，为以后的土地利用打下了良好基础。

（四）科学领导

从收回耕地到移坟这些涉及祖辈和每个村民切身利益的敏感工作，平改领导小组一方面积极宣传平改政策，另一方面抓典型、以点带面推动平改工作发展。工作中 10 名村民带头交了自家承包地，从而推动全村收地工作进度。他们是孟兆军、李润良、陈俊武、张振起、李刚、周振起、李汝勋、董开忠、李运祥、于贺彪。

2010 年 8—9 月，平改小组根据拆迁工作的实际，研究制定 7 个相关文件，有效解决收地、移坟中出现的问题。

三、房屋拆迁

2010 年 9 月 20 日，开始进行拆迁民房工作，在全村张贴大梁庄村拆迁公告。主要内容包括：

（一）范围

大梁庄村宅基地范围内所有民房和周边地区的公产和私产住房、厂房及其建筑物。

（二）置换楼房标准

三间正房置换楼房 115 平方米，四间正房置换楼房 153.3 平方米，五间正房置换

楼房 191.6 平方米（不含拐弯、南房、副房）。

（三）奖惩

凡在规定时间内拆迁，并按规定办理完手续的，每间正房奖励 2000 元，未在规定时间内拆迁的，不享受奖励。

（四）租房补贴

拆迁期内，每户每月享受 1200 元的租房补贴。

房屋是历代农民各家各户的主要资产，是一代甚至几代人，聚集人力、财力建成的主要生活场所，有的视为命根子。全村拆迁是任何年代、任何人没有做过的工作，也没有现成的成功经验。要搞好拆迁工作，既要符合上级政策，又不能造成不和谐因素。这是摆在村党政组织、平改领导小组面前一项艰苦细致的工作。为此，村党政组织、平改领导小组在平改前走访、座谈、召开会议，出台 30 多份平改文件，使平改工作有序进行。在工作中村干部和平改工作小组成员不怕辛苦，有的路途很远，均按时到岗，不分昼夜加班加点地工作，有的乘出租车赶到村委会做拆迁工作，有的在工作中忍受着冷言冷语，顶着歪风邪气坚持工作，为全村的平改做出贡献。

截至 2018 年 12 月 1 日，全村已拆除 652 户、652 所房屋，共 1956 间。

大梁庄村拆迁前十名的户是李汝鹏、赵全友、李加华、李汝强、范茵江、安守福、张春林、侯树枫、王洪生、董开俊。

第四节　新　居

2012 年年末，始建大梁庄新居——梁晨馨苑。2017 年年底，新居建设已基本完成。2018 年 10 月，村民喜迁新居。

一、建设概况

建设新居住区是大梁庄村民盼望已久的头等好事。经请示，成立新居建设领导班子，村党总支书记侯树枫任组长，成员有董学强、李加孝、周广顺、薛明凯、董志新、陈成宝、杨乐章。成员分工明确，各负其责，是新区建设的重要组织保障。

2010 年 5 月，拆迁前陈家台胡同成员留影（邓卫莹摄）

梁晨馨苑位于南运河北岸，南邻王庄小区，东临春光路，西接规划路，北靠阜锦道。小区占地面积 120 亩，东距天津市区 7 公里，西距杨柳青政府 3 公里，中北镇域内多条道路直通梁晨馨苑，多条公交线路在小区周围设站，交通便利。

小区的建设单位：河北中基华工程管理有限公司，河南国基建设集团有限公司，天津市恒时建筑工程招标代理有限公司，江苏天宇建设集团有限公司，天津富海建设发展有限公司。

在整体建设中，镇党委、镇政府的主要领导多次到施工现场，指导解决建设中出现的问题，尤其在出现资金困难影响工程进度时，镇领导多次想方设法，多方筹集，及时解决工程中资金和大梁庄村民租房费等问题，保障工程建设和大梁庄村民生活正常进行。

在工程建设中，得到区、镇有关部门领导和专业技术人员的大力支持，区、镇安全建设、环保、消防、质检、公安等部门多次到施工现场检查，指导解决工程建设中出现的问题，保证工程建设的顺利进行，为大梁庄村民幸福安居做出重要贡献，大梁庄全体村民铭记在心。

二、建设项目

（一）住宅建设

梁晨馨苑村民住宅楼共 13 幢，住房 1760 套，楼层为 22 ~ 24 层，建筑总面积 15.2922 万平方米，五种户型分别为 153、115、95、76.6、58 平方米，均为南北朝向。楼内水、暖、电、燃气等设施齐全。2018 年 8 月均检验合格。

（二）公建项目

公建一：建筑面积 5877 平方米，内设监控室、服务区、卫生服务室及商业配套

2010年前，大梁庄平改前的胡同（邓卫莹摄）

设施等。

公建二：建筑面积2697平方米，内设文体活动室及商业配套设施等。

公建三：建筑面积1150平方米，为党群服务中心办公楼。

（三）环境建设

梁晨馨苑环境建设由天津市津美园林工程有限公司承建。

建设项目包括：

1. 地上车位400个。地下停车场5万余平方米，车位1413个。

2. 绿化面积2.9414万平方米，绿化率达37.8%，包括乔木、灌木、地被三种。

乔木：银杏、国槐、杨树、法桐、山杏、柿子树等。

灌木：太阳李、西府海棠、碧桃、金银木、大叶黄杨球。

地被：马马蔺、金娃娃萱草、迎春花等。

3. 体育健身跑道386米。

4. 综合球场648平方米。

5. 成人广场舞场所988平方米。

6. 儿童乐园2378平方米。

7. 沥青混凝土主路1.7611万平方米。

梁晨馨苑东门（韩宝霞摄于2018年）

紧邻春光路的住宅楼（韩宝霞摄于2018年9月）

8. 方亭 2 座，门廊景框 2 组，单臂花架 2 个。

梁晨馨苑新区从 2012 年年底动工建设，至 2017 年年底竣工。2018 年 8 月，各部门验收合格。9 月 29 日，村两委组织全体村民在梁晨馨苑进行抓阄。10 月 9 日，村委会全体工作人员为村民发放新楼房钥匙，村民开始乔迁新居。

2018 年 9 月 29 日，村民抓阄新楼房（李树起摄）

第十一章　教　育

清宣统三年（1911），大梁庄人于金波在村内创办小学堂，校名为“民立二十初等小学堂”，解放后改为大梁庄小学。大梁庄村普及小学教育，始于二十世纪五六十年代。20世纪80年代末期，大梁庄村小学生、初中生的“四率”均达到100%。随着教育事业的发展，村民文化程度大幅提升。解放后至2018年，大专以上毕业生和在读生达到234人。近十年有146人，是改革开放前的48.7倍，是解放后50年总和的1.62倍。各种助学奖励制度不断完善，助学资金不断提高。2018年，高中阶段助学金是70年代的3.15倍，中专助学金是70年代的2.52倍，大专、本科助学金是70年代的8.3倍。

第一节 私 塾

解放前，大梁庄村民的文化程度较低，绝大多数村民斗大的字不识几个。清末至民国初年以私塾为主，村里只有极少数学龄儿童到塾师家上私塾。塾师家中设备极其简陋，需要学生从家中自带板凳。当时村中有塾师1人，学生不足10人。

私塾不讲学制，只分长期和短期两种，学生入学不受年龄和时间限制。家庭条件好的子女可念长期的，条件稍差的念短期的，只念“冬仨月”。大多数农户条件差，学龄儿童尤其是女孩不能上私塾。上私塾要交一定的学费，或银圆，或粮食。

私塾教材是因人施教。初入学读《三字经》《百家姓》《千字文》《弟子规》等，进而读《幼学琼林》《大学》《中庸》《论语》《孟子》等。有极少数人能读“五经”（《诗经》《尚书》《周易》《礼记》《春秋》），除以上课程外还有珠算、写字（毛笔大小楷）。教学方法单一，基本是读、背、写，教师一般不给讲解。等读到“四书”“五经”时，教师才给重点讲解，这叫“开讲”。以后就要开始练习写作文章（八股文），绝大多数村民的子女达不到这种程度，认些字、会算术、能打算盘就很不错了。

第二节 幼儿教育

一、园（所）设立

1958 年，人民公社化以后，各生产大队搞“三化两院”（食堂化、托儿化、缝纫化，幸福院、妇产院）。大梁庄村成立托儿所（村民称为儿子班），生产大队派有文化的妇女担任抚育工作，大队按一般社员待遇给记工分。托儿所的老师除管理孩子外，还利用简陋的条件组织幼儿开展各种活动，激发幼儿兴趣。

1978 年 12 月中共十一届三中全会以后，党中央发出“全社会都要关心少年儿童健康成长”的号召，境内的幼儿教育开始逐步走向正规发展。大梁庄村建起“育红班”，招收学龄前儿童 40 余人。乡教委派一名小学教师担任幼儿抚育、教育工作。有教师，有桌椅，有教室，有简单的活动用品，如小足球、篮球、皮球、跳绳、沙包、铁环等。1985 年，大梁庄村“育红班”幼儿 40 余人全部转入小学“学前班”，对幼儿进行规范教育和行为习惯的培养。

1991 年，建立乡办“中北斜乡第一幼儿园”，园址设在李楼村，这是一所从校舍到教学都十分正规的幼儿园。园内有教学班 4 个，入园学幼儿 180 人，配备教师 9 人，村内部分幼儿到中北斜乡第一幼儿园入园。

2010 年，大梁庄、王庄平改拆迁共建新居，新居配套建设公共设施比较齐全，其中最好的配套建

中北镇中心幼儿园（韩宝霞摄于 2018 年 11 月）

幼儿园创意活动室、图书室（韩宝霞摄于 2018 年）

幼儿绘画作品（韩宝霞摄于 2018 年）

课内外活动（韩宝霞摄于 2018 年）

筑是大梁庄、王庄幼儿园建设项目。此项目 2011 年由天津御河沿置业有限公司投资、山西六建集团有限公司承建。2017 年竣工，园名为中北镇中心幼儿园。幼儿园占地面积 1.79 万平方米，建设用地面积 9457.10 平方米，界外用地面积 8473.20 平方米，建筑面积5698.76平方米，绿地率38%，建筑密度26.44%。幼儿园南至大梁庄还迁房，北至阜锦道，东至大梁庄还迁房，西至规划路。园内各种幼儿活动设施齐全。教学楼内有教学活动室、寝室、洗手房、衣帽间、医务保健室、无障碍卫生间、音体室、网络机房、多功能创意活动室、教师办公室、警卫室等共 81 间。2018 年 3 月，村内大多数幼儿就近入园，共享优质的教育资源。

二、保育教育

20 世纪 80 年代后，村内幼儿教育教学主要采用天津市教育局统编教材。按照《天津市幼儿园教学大纲》和天津市大中小学及幼儿园爱国主义教育实施细则的要求达到幼儿教育和保育的目标，促进幼儿正常发育和机能的协调发展，增强体质，培养其良好生活习惯和参加体育的兴趣；发展幼儿智力，培养其正确运用感官和运用语言交往的基本能力，增进其对环境的认识，培养有益的兴趣和求知欲望；培养其初步动手能力。村中幼儿通过参加园内的各种活动萌发幼儿爱家乡、爱集体、爱劳动、爱科学的情感；从小培养诚实、自信、好问、勇敢、爱护公物、克服困难、讲礼貌、守纪律等良好的品德行为和习惯；活泼开朗的性格；初步感受美和表现美的能力。

随着改革的深入，村民对幼儿教育更加重视，绝大多数村民子女入园选择中北镇中心幼儿园。

三、福利

2014 年 7 月 20 日，大梁庄在西青宾馆召开党员、村民代表大会，会上侯树枫代表村两委班子对大梁庄村农业籍学龄前儿童报销保育费的规定进行详细的说明和解释，全体代表进行充分的讨论一致通过。具体报销比例是：幼儿进入一、二类幼儿园，村委会给报销保育费 50%，计 240 元，镇政府再给报销保育费 50%，计 240 元，共报销 480 元。幼儿进入三类幼儿园，村委会给报销保育费 50%，计 150 元，镇政府再给报销保育费 50%，计 150 元，共报销 300 元。这一举措很受村民拥护。

第三节 普通教育

一、小学教育

（一）小学发展概况

据《西青区志》记载，清宣统三年（1911），于金波在大梁庄村创建小学堂，校名为“民立二十初等小学堂”，是乡境内最早建立的小学堂之一，有担任学堂管理和教育工作的2人、学生43人、教育经费228两纹银。

1912年，“民立二十初等小学堂”改为“公立十一小学”，于金波任校董事长（大梁庄人），有教师1人、教室1间、学生28人。学校经费主要靠庙产收入。

解放后，“公立十一小学”改为“大梁庄小学”（公办小学）。解放初期政府多次对教育资源进行整合，学校体制几经改组，1954年，大梁庄小学改为大梁庄联合小学（简称大梁庄联校），负责人为程以清。1965年，区政府规定，每个公社组成一个联校，当时大梁庄村隶属李楼公社管辖，因此村内小学属于李楼联校的一个分校，称为大梁庄分校。当时村内小学共有教学班4个、教师10余人、学生150人。1968年，增设高小班，学校共有教学班6个、教职工约20人，生源来自祁庄、大蒋庄、小蒋庄、王庄等村，共有学生230余人。1971年，大梁庄小学调整为4个教学班（1～4年级）。因教育布局

20世纪80年代大梁庄小学生在操场上留影
（董玉玲提供）

的调整，1999年，大梁庄小学的学生全部转到李楼中心小学上学，只保留学前班。2007年，原校舍改为村民文体活动中心。

20世纪80年代教师董玉玲在大梁庄小学门前留影

（二）村内小学生受教育情况

解放前，大梁庄村学龄儿童入学率较低，为40%左右，村内只有教师1～2人，且大复式教学。上学的儿童多数只能达到1～2年级水平。极少数学生达到小学3～4年级水平。

解放后，党和政府多次提出“教育为大众服务”的方针，学龄儿童入学率不断提高。1950年，全村学龄儿童有110人，入学儿童70人，入学率约64%。1959—1961年，学龄儿童入学率有所下降，入学率只有57%。1965年，政府加大对教育的管理，教师队伍不断壮大，教育环境逐步改善，学龄儿童入学率逐年提高。1968年，全村学龄儿童入学率达89%。中共十一届三中全会后，教育事业迅速发展，尊师重教已蔚然成风。学龄儿童的入学率、普及率、巩固率、毕业率显著提高。1988年，大梁庄小学提前完成国家规定的普及初等教育任务，村内儿童入学率达98.86%，巩固率达98%，毕业率达95%，普及率达98.6%，超过国家规定的标准。1990年以后，全村儿童的入学率、巩固率、普及率、毕业率均达100%。

二、初中教育

1956年以前，乡境内没有中学，全村达到初中文化程度的只有5人，都是在中北乡境外的中学就读。由于路途较远且交通不便，小学毕业生上初中成为当时村民的一大难题。后经区人大代表邱钟洵（小学教师）的提议，区人民代表大会讨论通过，在中北乡境内建一所中学。1957年，国家投资在西北斜村南建了一所公办中学——北斜中学。当时大梁庄村有2人在北斜中学上学，村内小学毕业生能上中学的梦想终于实现了。20世纪60年代末期，村内小学毕业生能上中学达到30%，70年代末达到了80%。80年代，区、镇两级政府狠抓九年义务教育，制定一系列措施，并加大对教育的投入，改善办学条件，优化教学资源，提升教育环境，村内的小学毕业生均在北斜中学上学，升学率达到97%。90年代后，大梁庄村民子女的初中入学率、巩固率、毕业率均达100%。

第四节 中等高等教育

一、中等高等教育概况

百年大计，教育为本。几十年来国家不断加大对教育的投入，国民重视教育的程度不断提升。市、区多次调整教育布局，多次掀起普及教育高潮。一批又一批有文化、有技能、有纪律、有道德的大中专毕业生走进社会主义建设各个领域，贡献他们的文化素养、技术能力，创造性地发挥他们的聪明才智，村民也越来越感受到文化知识的力量和作用，鼓励子女上好学、多上学、多深造，掌握更多的本领，为建设美好家乡做贡献。村民子女上学深造，在大梁庄村已蔚然成风。2008—2018 年，高中、中专毕业生和在读生共 389 人，1958—2018 年，大专以上毕业生和在读学员共有 234 人。其中大专毕业生 83 人，本科毕业生 110 人，硕士研究生毕业 6 人，大专以上在读人员 35 人；取得学士学位 75 人，取得硕士学位 4 人。近十年，村民子女上大专、本科人数逐年增加，大专以上的毕业生和在读人员共有 146 人，是解放后 60 年总和的 1.61 倍。

1960—2018 年大梁庄村大专以上毕业生、在读人员情况表

表 11-1

序号	姓名	性别	出生时间	毕业或在读学校	学历	学位
1	石景岩	男	1938.8	天津师范学院	本科	工学学士
2	董开华	男	1938	河北工业学院	大专	
3	陈金铎	男	1941.12	军事电信工程学院	本科	
4	邓建国	男	1952.5	首都经贸大学	本科	
5	董开春	男	1954.1	天津师范学院	本科	
6	张春林	男	1954.1	天津体育学院	大专	
7	王长安	男	1955.2	西青区委党校	本科	
8	徐文林	男	1956.1	天津医学院	大专	
9	杨树臣	男	1956.5	天津经济管理干部学院	大专	

续表 11-1

序号	姓名	性别	出生时间	毕业或在读学校	学历	学位
10	陈俊奎	男	1957.8	辽宁朝阳农学院	大专	
11	徐文海	男	1958.1	中央党校	大专	
12	陈俊亮	男	1958.11	中央广播电视大学	大专	
13	梁泽青	男	1960.4	中央党校	大专	
14	侯树枫	男	1962.1	中央广播电视大学	大专	
15	沙润明	男	1963.1	天津市委党校	本科	
16	李汝鹏	男	1963.3	天津师范大学	本科	
17	李玉良	男	1963.4	中央广播电视大学	大专	
18	王学云	女	1963.6	中央广播电视大学	大专	
19	侯树枝	男	1964.1	大连海运学院	本科	
20	董玉清	女	1964.2	天津城建大学	本科	工学学士
21	肖艳云	女	1968.1	天津师范大学	研究生	教育硕士
22	董开云	女	1968.9	天津师范大学	本科	
23	杨玉章	男	1969.12	中央广播电视大学	大专	
24	王建华	男	1970.2	天津大学机电学院	本科	学士
25	董金梅	女	1970.4	天津师范大学	本科	
26	肖长虹	男	1970.11	武警工程大学	本科	工学学士
27	范秀敏	女	1971.3	天津师范大学	本科	
28	石蕴辉	男	1971.6	天津城建学院	大专	
29	张志朋	男	1971.6	天津农业机械化学院	大专	
30	李益成	男	1971.8	天津理工学院	本科	
31	李俊岑	男	1971.12	天津医科大学	大专	
32	石蕴建	男	1972	天津理工大学	大专	
33	吴洪梅	女	1972.1	中央广播电视大学	大专	
34	李玉芝	女	1972.9	中央广播电视大学	本科	
35	肖艳丽	女	1973	天津师范大学	本科	
36	李俊林	男	1973.11	天津师范大学	本科	
37	曹建艳	女	1974.2	天津师范大学	本科	教育学学士
38	范宝卫	男	1974.3	天津大学冶金学院	大专	
39	肖艳梅	女	1974.9	天津医科大学	本科	医学学士
40	董立冬	男	1975.1	天津农学院	本科	
41	刘震	男	1975.11	北京科技大学	本科	
42	石乐顺	男	1976.1	天津广播电视大学	大专	

续表 11-1

序号	姓名	性别	出生时间	毕业或在读学校	学历	学位
43	李汝觐	男	1976.3	天津中医药大学中医学院	本科	
44	邓春卉	女	1976.7	天津外国语大学	本科	
45	李益祥	男	1977.4	天津城建学院、天津市委党校	研究生	工学学士
46	陈文国	男	1977.8	天津医科大学	本科	工学学士
47	孙莹	女	1977.12	天津医科大学	本科	医学学士
48	邓卫娜	男	1978.1	天津师范大学	本科	
49	李益平	女	1978	香港理工大学	研究生	物理治疗硕士
50	范秀静	女	1978.1	天津农学院	大专	
51	董学明	男	1978.1	天津理工学院	本科	
52	于洪伟	男	1978.2	西青区委党校	大专	
53	邓春辉	男	1978.9	天津大学机电分校	大专	
54	邓云	女	1979.7	南开大学	本科	
55	祁秀娜	女	1980.4	中央广播电视大学	本科	
56	高国其	男	1980.7	天津商业大学	本科	工商管理学士
57	邓卫莹	女	1981.4	天津大学	本科	工学学士
58	肖长艳	女	1981.6	天津城建学院	本科	工学学士
59	王美丽	女	1981.11	天津工业大学	大专	
60	陈志熠	女	1982.1	中央广播电视大学	本科	
61	陈文坤	女	1982.1	天津农学院	本科	法学学士
62	杨金路	男	1982.7	中央广播电视大学	大专	
63	李奇	男	1982.7	南京陆军指挥学院	大专	
64	石乐君	女	1982.9	天津科技大学	研究生	
65	侯慧玲	女	1982.11	天津工商职业技术学院	大专	
66	王晓丹	女	1982.12	天津城建学院	本科	管理学士
67	邓伟	女	1982.12	天津师范大学	本科	文学学士
68	王桂良	女	1983.1	中央广播电视大学	本科	
69	董金珠	男	1983.1	天津机电职业技术学院	大专	
70	高国华	女	1983.3	天津商业大学	本科	管理学学士
71	李静	女	1983.8	天津工商学院	大专	
72	李培	女	1984.11	中央广播电视大学	本科	
73	李靖	女	1984.11	天津现代职业技术学院	大专	
74	陈磊	男	1985.11	南京陆军指挥学院	本科	
75	关静雯	女	1985.12	天津理工大学	本科	工学学士

续表 11-1

序号	姓名	性别	出生时间	毕业或在读学校	学历	学位
76	徐慧	女	1986.1	天津大学	本科	工学学士
77	周学强	男	1986.1	天津城建大学	本科	理学学士
78	董博	男	1986.1	中央广播电视大学	大专	
79	张趁	女	1986.1	天津理工大学中环信息学院	本科	工学学士
80	薛明凯	男	1986.3	天津科技大学	本科	理学学士
81	王晶	女	1986.4	天津市轻工职业技术学院	大专	
82	孟宪静	女	1986.9	天津理工大学	本科	文学学士
83	石乐臣	男	1986.9	天津渤海技术学院	大专	
84	石建敏	女	1986.11	天津农业大学	本科	农学学士
85	李冬	男	1986.11	中央广播电视大学	本科	
86	屈宝军	男	1986.12	天津工程师范学院	大专	
87	张运娜	女	1987.1	天津农业大学	本科	管理学学士
88	石建堃	女	1987.2	河北工程大学	本科	工学学士
89	孙娜	女	1987.3	南开大学滨海学院	本科	管理学学士
90	陈彦颖	女	1987.4	天津广播电视大学	本科	
91	李靖	男	1987.7	青岛飞洋职业技术学院	专科	
92	肖立霞	女	1987.8	天津青年职业学院	专科	
93	刘方	女	1987.9	中央广播电视大学	本科	
94	董建慧	女	1987.11	天津科技大学	本科	经济学学士
95	刘洪旺	男	1987.11	天津交通职业学院	专科	
96	刘洪兴	男	1987.11	天津交通职业学院	专科	
97	李晖	女	1987.11	天津财经大学	本科	管理学学士
98	梁瑞军	男	1988.2	华东理工大学	本科	工学学士
99	徐立峥	男	1988.2	太原理工大学	本科	工学学士
100	李帅	男	1988.2	哈尔滨工业大学华德学院	本科	工学学士
101	张俊英	女	1988.2	天津轻工职业技术学院	专科	
102	石睿	女	1988.8	天津师范大学	本科	管理学学士
103	李汝琦	男	1988.8	天津冶金职业技术学院	专科	
104	杨金岳	男	1988.9	山西农业大学	本科	农学学士
105	李萍	女	1988.8	天津师范大学	本科	教育学学士
106	李荣	女	1988.11	天津渤海职业技术学院	专科	
107	董学来	男	1988.11	天津城市职业学院红桥分院	专科	
108	李美	女	1988.11	天津工艺美术职业学院	专科	

续表 11-1

序号	姓名	性别	出生时间	毕业或在读学校	学历	学位
109	孙梅	女	1988.11	中央广播电视大学	本科	
110	刘玉威	女	1988.11	天津广播电视大学	大专	
111	李春雨	女	1988.11	天津轻工职业技术学院	本科	
112	杨金宝	男	1988.12	河北师范大学	本科	理学学士
113	宫济双	女	1989.1	天津医科大学	本科	理学学士
114	薛明双	女	1989.1	天津财经大学	本科	工学学士、管理学学士
115	董雪	女	1989.4	天津工业人学	本科	管理学学士
116	刘洪斌	男	1989.4	天津广播电视大学本科在读		
117	杨岩	男	1989.6	天津商业大学	本科	经济学学士、文学学士
118	陈莹莹	女	1989.6	天津开发区职业技术学院	专科	
119	李俊伟	男	1989.7	天津理工大学中环信息学院	本科	工学学士
120	李俊庆	男	1990.1	天津大学建筑工程学院	专科	
121	李菊	女	1990.1	天津青年职业学院	专科	
122	于洪鹏	男	1990.1	天津城市建设学院	本科	理学学士
123	王慧	女	1990.1	天津广播电视大学本科在读		
124	于春丽	女	1990.4	天津交通职业学院	专科	
125	侯盛兴	男	1990.6	石家庄机械化步兵学院	本科	
126	王莹	女	1990.11	天津商业大学宝德学院	本科	文学学士
127	梁楠	女	1991.1	山东力明科技职业学院	专科	
128	陈成凯	男	1991.1	沈阳农业大学高等职业技术学院	专科	
129	董蒲阳	女	1991.1	吉林师范大学	本科	管理学学士
130	王晨	男	1991.1	郑州大学	本科	工学学士
131	肖长爽	女	1991.2	天津工业大学	本科	管理学学士
132	陈志超	男	1991.2	天津广播电视大学	本科	
133	周明安	男	1991.5	吉林大学	本科	工学学士
134	李汝爽	女	1991.6	山西师范大学	本科	理学学士
135	沈圆圆	女	1991.8	宜宾学院	本科	法学学士
136	李亮亮	男	1991.11	天津工业大学	本科	文学学士
137	董金明	男	1991.12	太原工业大学	本科	工学学士
138	李达	男	1992.1	天津大学	本科	工学学士
139	于春艳	女	1992.1	黑龙江大学	本科	法学学士、文学学士

续表 11-1

序号	姓名	性别	出生时间	毕业或在读学校	学历	学位
140	张洪刚	男	1992.1	中国民航大学	本科	工学学士
141	周学文	女	1992.3	天津财经大学珠江学院	研究生	硕士学士
142	石建美	女	1992.3	南开大学滨海学院	本科	管理学学士
143	张鹏	男	1992.4	河北工业大学城市学院	本科	法学学士
144	陈成姝	女	1992.4	天津财经大学	本科	经济学学士
145	徐立波	男	1992.5	天津理工大学	本科	工学学士
146	石静	女	1992.6	吉林师范大学	本科	教育学学士
147	薛明武	男	1992.6	中国人民公安大学	本科	工学学士
148	于红宇	女	1992.9	鞍山师范学院	本科	管理学学士
149	安晓培	女	1992.12	天津中德职业技术学院	专科	
150	李立伟	男	1992.12	天津开发区职业技术学院	专科	
151	李宝雪	女	1993.1	辽宁医学院	本科	理学学士
152	李霜	女	1993.3	天津城市职业技术学院	大专	
153	陈彤	女	1993.6	晋中学院	本科	文学学士
154	吴敬轩	男	1993.8	电子科技大学	本科	理学学士
155	祁旭	男	1993.11	天津广播电视大学	大专	
156	刘碧莹	女	1994.1	天津医科大学临床医学院	本科	理学学士
157	李玥	女	1994.1	天津商务职业学院	专科	
158	李宁	男	1994.1	天津财经大学	本科	经济学学士
159	杨笑	男	1994.1	天津体育学院运动与文化艺术学院	本科	艺术学学士
160	董宁	女	1994.2	天津体育学院	专科	
161	李稳	女	1994.5	天津科技大学	本科	管理学学士
162	李俊旭	男	1994.6	北京交通大学	本科	工学学士
163	李俊会	女	1994.6	河北联合大学	本科	理学学士
164	石建香	女	1994.7	天津国土资源和房屋职业学院	专科	
165	刘莎莎	女	1994.7	天津工业大学	专科	
166	高国涛	男	1994.7	天津工程师范大学	大专	
167	薛明阳	男	1994.8	天津市交通职业学院	专科	
168	陈成达	男	1994.8	天津市生物工程职业学院	专科	
169	张学婷	女	1994.8	天津外国语大学	本科	
170	陈洁	女	1994.11	北京科技大学天津学院	本科	艺术学学士
171	陈成迪	男	1994.11	天津中德职业技术学院	专科	
172	董猛	男	1995.1	天津冶金职业技术学院	专科	

续表 11-1

序号	姓名	性别	出生时间	毕业或在读学校	学历	学位
173	侯慧铭	女	1995.4	天津师范大学	本科	文学学士、理学学士
174	祁鑫	女	1995.4	潍坊学院	本科	管理学学士
175	石桂刚	男	1995.6	天津工业大学（在读）	本科	工学学士
176	薛成林	男	1995.6	天津市职业大学	专科	
177	于磊	男	1995.6	天津市南开艺术中学	专科	
178	李乾	女	1995.7	河北工业大学城建学院	本科	工学学士
179	白洁	女	1995.7	天津工业大学	本科	
180	李敬	女	1995.7	天津市职业大学	专科	
181	陈雅楠	女	1995.7	天津城市职业大学	大专	
182	李俊鑫	女	1995.9	天津商务职业学院	专科	
183	董小宇	女	1995.12	天津商务职业学院	专科	
184	李俊鹏	男	1995.12	天津商业大学	本科	学士
185	李俊双	女	1995.12	哈尔滨商业大学	本科	学士
186	李丽	女	1996.1	济宁学院（在学）	本科	学士
187	石贵强	男	1996.1	天津商业大学（在学）		
188	杨金印	男	1996.1	天津师范大学（在学）		
189	董金瑶	女	1996.2	天津城市职业学院	大专	
190	李媛媛	女	1996.5	河南城建学院	本科	学士
191	肖峰	男	1996.6	辽宁科技大学	本科	学士
192	石建晴	女	1996.6	天津青年职业学院	专科	
193	刘志磊	男	1996.8	天津理工大学（在学）		
194	董莹	女	1996.9	山东力明科技职业学院	大专	
195	李嘉欣	女	1996.11	西安科技大学高新学院（在学）		
196	程琪	女	1996.11	天津师范大学（在学）	专科	
197	张晓阳	女	1996.11	天津海运职业学院	专科	
198	薛明翠	女	1996.12	天津师范大学	专科	
199	孟宪成	男	1996.12	天津师范大学（在学）		
200	李巍	男	1996.12	天津天狮学院（在学）		
201	李加倍	女	1997	天津交通学院	大专	
202	石文洁	女	1997.1	天津商务职业学院	专科	
203	周俊发	男	1997.1	天津市城市建设管理职业技术学院	大专	
204	董楠	女	1997.3	天津商业大学宝德学院（在学）		

续表 11–1

序号	姓名	性别	出生时间	毕业或在读学校	学历	学位
205	石晓瑀	女	1997.4	吉林工程技术师范学院（在学）		
206	李加佳	女	1997.4	天津交通职业学院	专科	
207	李俊冉	女	1997.4	天津体育学院（在学）		
208	陈成港	男	1997.6	天津工业大学（在学）		
209	李俊磊	男	1997.6	天津公共技师学院	大专	
210	刘艳国	男	1997.7	天津城市建设管理职业技术学院	大专	
211	陈旭	女	1997.7	天津交通学院	大专	
212	刘艳国	男	1997.7	天津城市建设管理职业技术学院	大专	
213	董莹	女	1998.1	天津交通职业学院（在学）		
214	董超	男	1998.1	浙江工商大学（在学）		
215	董婉莹	女	1998.1	天津财经大学珠江学院（在学）		
216	张浩雪	女	1998.2	天津滨海职业学院（在学）		
217	李斌	男	1998.3	天津农学院（在学）		
218	董磊	男	1998.5	燕京理工学院（在学）		
219	董斌	男	1998.8	天津理工大学（在学）		
220	屈雅晴	女	1998.8	天津外国语大学（在学）		
221	吴静瑶	女	1998.8	天津电子信息职业技术学院（在学）		
222	陈成森	男	1998.9	沈阳体育学院（在学）		
223	杨洁	女	1998.1	天津城市职业技术（在学）	大专	
224	李梦楠	女	1998.12	天津师范大学（在学）		
225	陈志健	男	1999.1	天津冶金职业技术学院（在学）		
226	李庆民	男	1999.1	中国刑事警察学院（在学）		
227	董华	男	1999.3	天津工业大学（在学）		
228	董萌	女	1999.9	天津生物工程职业技术学院（在学）		
229	杨丹	女	1999.9	天津医科大学临床医学院（在学）		
230	杨晴晴	女	1999.9	天津大学仁爱医院（在学）		
231	范明震	男	1999.11	天津渤海职业技术学院（在学）		
232	李晶	女	1999.12	江西财经大学现代经济管理学院（在学）		
233	刘艳杰	男	2000.1	天津外国语大学滨海外事学院（在学）		
234	董瑶	女	2000.3	天津财经大学珠江学院（在学）		

二、助学奖励

1974 年，大梁庄大队研究决定对村民子女上学、村民自学成才人员给予相关的助学奖励。大队规定：在读高中生，每人每年补助 400 元；中专生每人每年补助 500 元；大专及其以上在读生每人每年补助 600 元。在村企业上班的村民参加各种专业培训的费用由村企业担负；村民自学成才取得各种专业学历证书人员，一经被企业及有关部门录用，学费全部报销。生产大队每年从集体提留中提取 5% 作为教育发展基金，保证村民接受各种学习教育培训，提高村民文化知识水平和综合素质，随着集体经济的发展，助学奖励不断提高。

2010 年，村两委规定，凡是农业籍村民子女考上专科、本科的每年给予 3000 元的奖励补助。2014 年，调整为每人每年 5000 元的奖励补助。2010 年，规定上中专、高中、中等技术学校的在校生每人每年给予 1260 元的奖励补助。2018 年 11 月，党员、村民代表大会决议，为全日制在校硕士生每人每年发放 5000 元助学奖励。助学奖励已延续多年，2010—2018 年共发放大中专生助学奖励 178.188 万元。

2010—2018 年大梁庄村发放在校大中专学生奖励补助一览表

表 11-2

时间	大专、本科			高中、中专		
	奖励金额（元/年）	人数（人）	合计（万元）	奖励金额（元/年）	人数（人）	合计（万元）
2010.9	3000	45	13.5	1260	43	5.012
2011.9	3000	34	10.2	1260	52	6.552
2012.9	3000	37	11.1	1260	50	6.300
2013.9	3000	37	11.1	1260	36	4.357
2014.9	5000	45	22.5	1260	34	3.207
2015.9	5000	45	22.5	1260	24	2.671
2016.9	5000	41	20.5	1260	22	2.598
2017.9	5000	34	17.0	1260	22	2.598
2018.9	5000	30	15.0	1260	24	1.493
合计			143.4			34.788

说明：1. 中途辍学或因病因事休学的学生，村委会不发放助学奖励金

2. 2014 年后中专、高中免交学费的学生，村委会不发放助学奖励金

第五节 成人教育

大梁庄村党组织和村委会十分重视成人教育以及村民综合素质的提升。2008 年 1 月，大梁庄村成人文化技术学校成立。校址在村委会办公大院内。有 76 平方米教室 1 间，有 80 余套座椅，有现代化的教学设备（液晶大屏幕、影碟机、DVD、音响设备、摄像照相器材等）。

校务委员会共有 7 人，村党总支书记任校务管理委员会主任，副书记任校务管理委员会副主任，其他委员有党务专职干部、村委会干部，还有具备一定专业知识与技能的村民。校务委员会根据上级成人教育部门的要求，结合大梁庄村民实际，以成人文化技术学校为主阵地，组织村民开展了一系列内容丰富、形式多样的学习培训与社会实践活动。一是安排大梁庄村富余劳动进行的职业技术培训，通过培训使村民至少掌握一项非农业的就业技能，提高村民的就业能力。二是开展实用技术培训，使农业劳动力获得绿色证书和农业技术员的证书，持证上岗。三是安排和鼓励村干部参加各级各类培训及学历教育。四是联合有关部门或大专院校开展法律、养生保健、卫生防疫、优生优育、安全、科普等讲座与咨询。五是根据不同时期上级党委的中心任务，办好党员干部培训班。六是充分利用成人文化技术学校远程教育平台，让村民获取更多的知识与信息。

通过几年的学习与培训，村民的整体素质得到提升。据 2011 年统计，有 10 余人获得绿色证书，有 70 余人获得初级、中级专业技术职称；有 20 余人获得从业资格证书；有 10 名村干部获得岗位培训证；有 400 余人岗位技术水平显著提升。近几年，村两委更加重视村民的技能培训，每年要组织 70 余人参加百万技能人才培训，全面提高劳动者综合素质。

几十年来，大梁庄村民通过参加各级各类的学习培训，文化水平显著提升。20 世纪 50 年代，全村具有高中文化水平的只有 5 人，占全村人口的 5.4‰，大专以上学历只有 2 人，占全村人口的 2.15‰。近十年，全村共有 146 人在全国各地高等院校上学。近十八年与 20 世纪 50 年代相比，村民的文化水平以惊人的速度发生着变化。近十年的高中毕业生比 20 世纪 50 年代增长 25 倍；大专以上文化水平提升 70 余倍；各行各业的中级以上专业技术人员提高 10 倍。

2008 年大梁庄村成人文化技术学校校务管理委员会成员一览表

表 11–3

姓名	单位职务	校委会职务
侯树枫	大梁庄党总支书记	校务管理委员会主任
范茵江	村委会主任、党总支副书记	校务管理委员会副主任
王学云	党总支委员	校务管理委员会成员
杨玉章	治保主任	校务管理委员会成员
陈志勇	村委会成员	校务管理委员会成员
李玉良	村委会成员	校务管理委员会成员
郝建云	主任助理	校务管理委员会成员

2008 年大梁庄村成人文化技术学校专兼职教师一览表

表 11–4

姓名	性别	年龄（岁）	工作单位	职务	任教科目
李玉良	男	45	大梁庄村	村委会成员	计算机基础知识、水产品种植
陈志勇	男	41	大梁庄村	会计	农产品养殖
杨玉章	男	39	大梁庄村	治保主任	家禽的养殖及管理、安全知识
郝建云	男	24	大梁庄村	主任助理	市场营销及管理

2008 年度大梁庄村成人文化技术学校培训活动计划表

表 11–5

培训时间	培训内容	培训人数（人）	授课教师	备注
第一季度	温室黄瓜的种植及病虫害防治	60	陈志勇	完成
	冬季芹菜的移苗及施肥	58	陈志勇	完成

续表 11-5

培训时间	培训内容	培训人数（人）	授课教师	备注
第二季度	农产品的销售及市场拓宽	80	郝建云	完成
	春季笋的移苗及病虫害防治	102	陈志勇	完成
	鲤鱼的养殖	40	李玉良	完成
第三季度	长毛兔夏季喂养及防治	36	杨玉章	完成
	淡水虾的养殖	18	李玉良	完成
第四季度	菊花的防病	80	陈志勇	完成
	农产品市场销售和水产品市场销售	128	郝建云	完成
	冬季温室养猪注意事项	16	杨玉章	完成

第十二章　文化　体育

解放前，村民迫于生计终日辛劳尚不得温饱，对文化体育生活的享受是可望而不可得。解放后，党和政府十分重视村民文体活动，村党政组织从组织上、设备上、场地上等多方面提供保障。1950年，大梁庄村成立业余剧团。20世纪60—70年代，成立毛泽东思想宣传队、篮球队。改革开放后成立秧歌队、锣鼓队、舞蹈队、合唱团、体育运动队。这些组织在农闲时活跃在村中，唱歌、跳舞、强身健体，并经常参加区、镇组织的文艺展演、体育赛事。书法、绘画、编织、旅游等在百姓中悄然兴起，村民的文化品位及身体素质显著提升。

第一节　文　化

据《津门保甲图说》记载，清道光二十六年（1846），大梁庄村有寺庙4座，其中真武庙2座、关帝庙1座、土地庙1座。清末，村域内又建1座寺庙，名为河滩寺。大梁庄村的5座寺庙内供奉的主要是神佛。河滩寺里供奉着观世音和其他神佛。由于历史久远，村内老人只能回忆起河滩寺庙部分情况。每年农历二月十五日是庙会，村里人和附近村庄的人们纷纷到河滩寺聚会、焚香、磕头、诵经，举行祭神佛活动，祈求神佛保佑是年五谷丰登、家庭平安。可见解放前村内大部分人信仰宗教，主要是道教和佛教。村民的言与行受道教、佛教思想影响较深。

新中国成立以来，村民经历了不同时期的文化洗礼，精神生活的追求随着经济发展要求越来越高。现在村民看电影、戏剧，参观名胜古迹、书画展，搞收藏，参加各种文娱活动、网络学习……积极地追求现代文明给村民带来的新享受。

老有所乐（王学云摄于2018年）

一、文化活动

新中国成立后，村民的文化活动逐渐兴起。1949年，大梁庄村成立第一个业余评剧团，有成员40余人，团长为于万友。村业余评剧团，配合土地改革、镇压反革命运动，恢复和发展经济，宣传党的方针政策，丰富村民的文化生活。当时村里的主要演员有陈金兰、刘淑珍、陈俊德等人。逢年过节在村内小学校搭台唱戏，有时受邀到附近村庄演出，有时还到乡境外北郊区等地进行演出。演出的剧目有秧歌剧《兄妹开荒》《小放牛》《夫妻识字》等，还有评剧《小女婿》《刘巧儿》《小二黑结婚》《夺印》《罗汉钱》等。1952年，村里成立秧歌队、锣鼓队，农闲时两队十分活跃，热闹非凡。重大节日村民们敲锣打鼓，腰系红绸，在村中的大街小巷跳起来，给村庄增添喜庆的气氛。1966年，大梁庄村的剧团改为“毛泽东思想宣传队”，唱红歌演样板戏，跳“忠”字舞等，组织开展赛诗会。其他文化活动均被视为“四旧”被抑制。当时大梁庄宣传队在中北斜乡乃至西青一带小有名气，乡里组织的大型庆祝活动或文艺节目巡演，大梁庄村宣传队自编自排的节目常常作为压轴好戏闪亮登场，深受广大群众欢迎。大梁庄村宣传队排练的“样板戏”经常被乡境内和乡境外的村庄、企事业单位邀请演出。1973年年底，村宣传队解散。

大梁庄锣鼓队（2010年村委会提供）

2011年，大梁庄村合唱团参加中北镇庆“七一”演出

改革开放后，村党支部、村委会两个文明一起抓，村里的文化活动又活跃起来。

秧歌队、舞蹈队、合唱队、锣鼓队、乐队等生机勃勃，村中的每一个场地都有他们活动的踪影。村两委曾多次组织和推荐文娱骨干参加各种演出赛事。1993 年 5 月，大梁庄村民王俊梅参加乡团委、乡文化站共同组织的卡拉 OK 演唱比赛，并获三等奖。1998 年，大梁庄村秧歌队参加中北镇组织的民间秧歌大赛，并获优秀奖。2001 年，大梁庄舞蹈队参加中北镇“迎国庆广场舞大赛”并获优秀奖。2002 年，大梁庄秧歌队代表中北镇参加西青区“宏利杯”秧歌大赛，并获区级一等奖。2003 年，大梁庄舞蹈队在天津热带植物观光园参加中北镇举办的健身广场舞大赛，获第二名。2005 年 9 月，大梁庄秧歌队参加中北镇举办的“环球杯”迎国庆新秧歌大赛，这次活动市、区、镇有关领导出席，评委特邀了区、市舞协的专业人员。此次比赛标准较高，要求在继承传统秧歌的基础上要有新的创意，在道具、队列变化、舞蹈动作等方面体

2014 年，大梁庄舞蹈队参加中北镇运动会开幕式表演（村委会提供）

肖长勇演唱京韵大鼓（2016 年）

2015 年，大梁庄合唱团参加中北镇红歌大赛（村党总支提供）

韩永芬演唱京剧（2016 年）

现出现代秧歌的韵味。村里的舞蹈队在村两委的大力支持下，自编、自创、自导，排练中大家集思广益，不断完善每一个舞蹈动作，在比赛中获三等奖。

2010 年 9 月，大梁庄合唱队参加了中北镇“爱祖国、爱家乡”第二届红色歌曲大赛，获优秀奖。2011 年，合唱队参加中北镇举办的庆祝建党 90 周年第三届红色歌曲大赛，获三等奖。2012 年，合唱队参加中北镇第四届群众歌曲大赛，获三等奖。2013 年，合唱队在中北镇举办的第五届群众歌曲大赛中，获二等奖。2014 年，组建大梁庄村民间艺术文化组织，舞蹈队、合唱队定期开展活动。2014 年 9 月，大梁庄村 88 人的合唱队参加中北镇第六届群众歌曲大赛获三等奖。2015 年 9 月，合唱队参加中北镇第七届群众歌曲大赛获二等奖。重大节日、纪念日，村文艺队伍都会为村民奉上一场有特色、喜闻乐见、丰富多彩的节目。

二、电影电视

1953 年，大梁庄村民在村内观看第一场露天电影《保卫家乡》，电影由驻村部队放映。20 世纪 50 年代中后期至 60 年代，西郊区放映队到村放映的次数很少，村民一年只能看一两场露天电影。1972 年，九一九公社成立了放映队，轮流到各村放映。放映队一进村，村里的高音喇叭就通知大家，村民兴高采烈地奔走相告：“今天演电影！”村民们晚饭后提前带着大小板凳，扶老携幼前去观看。由于条件的限制，村民一年只能看上七八场露天电影。

随着科技水平的逐步提高，村民过去梦想的事已变成了现实。过去村民听着半导体、收音机就梦想将来有一天这个小匣子不但能听，还能看到演员的面目和演技，科技的发展实现了村民的愿望。1966 年，村委会购买第一台 21 寸黑白电视机，村民每天晚上聚在村委会院内观看电视节目（那时只能收看天津和北京电视台的节目）。20 世纪 70 年代末至 80 年代中期，村里少数农户购买黑白电视机，每天晚上都会招来亲朋好友、左邻右舍，大家围坐在一起，边看边议，热闹非凡。《霍元甲》《红楼梦》《西游记》等电视剧就是从那时候开始成为无数村民心中永恒的经典，至今谈到这些村民仍会津津乐道、眉飞色舞。80 年代后期，黑白电视机普遍进入农户，这时村民足不出户就可以看到 4 ~ 6 个频道的节目。1991 年，村委会首次安装闭路电视系统，家家户户可以收到 10 ~ 13 个电视频道节目。90 年代，彩电陆续进入千家万户。1996 年，大梁庄村家家户户都安装了有线电视，全国各省市几十个电视频道的节目可供选择，内容十分丰富，可以满足不同层次、不同爱好的村民需要，有国内外新闻，有经济、法治、卫生健康、体育、曲艺、电影、电视连续剧、社会生活等，令人目不暇接。村民们每天下班回家打开电视机手拿遥控器从头到尾按一遍，总能找到自己喜欢的节目，如若一段时间隔离，那么对世界的了解程度就大打折扣了。如今等离子、液晶大屏幕、数码电视也进入农家，上百个电视节目可供村民选择，满足了不同层次村民的精神需求。

三、网络学习

71 岁村民王长泰上网学习（韩宝霞摄于 2018 年）

20 世纪末，随着各种网络的开通，西青的宽带网、天津电话电信网、科技网等也相继开通。2018 年有 600 余户村民购买了电脑、iPad，家家都是互联网用户。村民在家就可以上网。网络学习使村民的生活发生变化，除了可以跨地域联络外，还为村民开启平等交流、平等学习的平台，人人都能表达意见，人人都能获取各方面的知识与信息，草根文化在盛行。

2000 年，移动通信进入 2G 时代，村民手中拿的大部分都是 2G 手机。2010 年后，3G 手机成了村里许多农户和追求时尚青年的新装备。2018 年，村民全部用上 4G 手机，它从声音、文字传输进化为全方位的多媒体的“掌上电脑”，村民利用手机看报、看电视、听音乐、收听新闻、学习知识、查阅资料、收发微信等。尤其是年轻人利用手机听各种科学讲座和培训，从中获得各方面的知识与技能。2018 年，村内 80% 的村民都会利用手机学习各种文化知识。

四、书法　绘画　手工编织

董开荣，73 岁，书法爱好者。退休后，坚持不懈地练习书法，他的大、小楷毛笔书法作品，多次参加区镇比赛并获奖。

朱凤英，66 岁，铅笔画爱好者。退休后，一有空儿，就拿起铅笔在家画起来。中、小学课本中的插图、衣服、被面、布匹中的图案、生活中的花鸟鱼虫等，都是她绘画的素材。她的作品细腻，生动，活泼，形象。

董立洪，56 岁。白玉春，61 岁。她们平日喜欢手工编织，作品美丽，新颖，实用，有的穿着舒适，很受亲朋好友及村民喜爱。

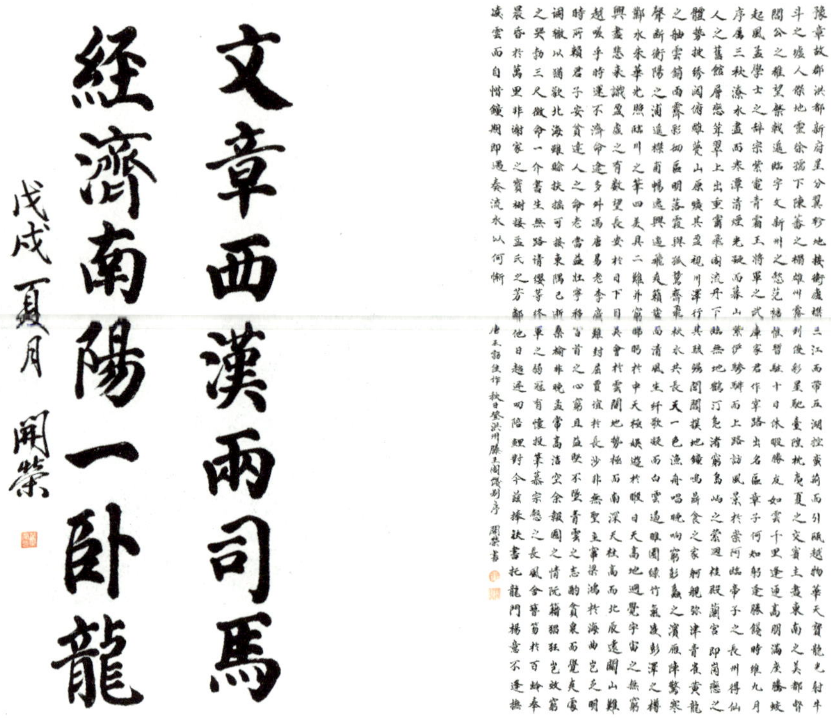

董开荣书法作品（韩宝霞摄于 2018 年）

朱凤英铅笔画作品（韩宝霞摄于 2018 年）

董立洪编织作品（邓卫莹摄于 2017 年）

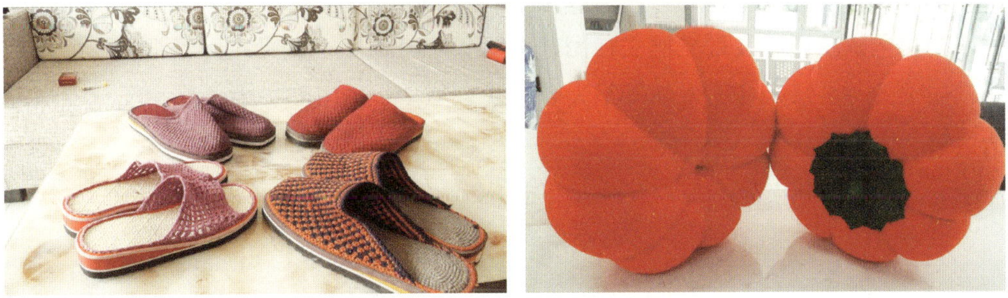

白玉春编织作品（邓卫莹摄于 2017 年）

五、农家书屋

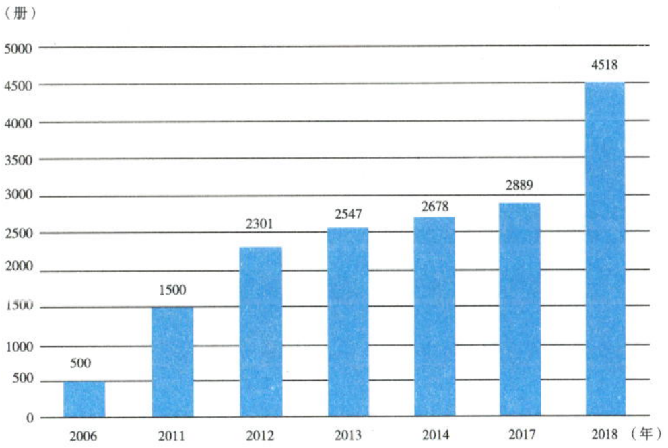

2006 年 10 月，大梁庄村建立农家书屋，购买各类图书 500 余册。2011 年达 1500 册，2012 年，增加 801 册；2013 年，增加 246 册；2014 年，增加 131 册；2016—2017 年，增加 211 本；2018 年，增加 1629 册。农家书屋共有图书 4518 册。有文学、养生保健、社会科学、自然科学等多种书籍，还为村民订阅了多种报纸，如《今晚报》《天津日报》《人口报》《天津青年报》《人民日报》等 10 余种，还有《杨柳青》《女士》《青年文摘》《经纬线》《农民文摘》等 10 余种刊物，可供村民阅读学习。

六、集体荣誉

2011 年，大梁庄合唱队在中北镇第三届红色歌曲大赛中获三等奖。2012 年，大

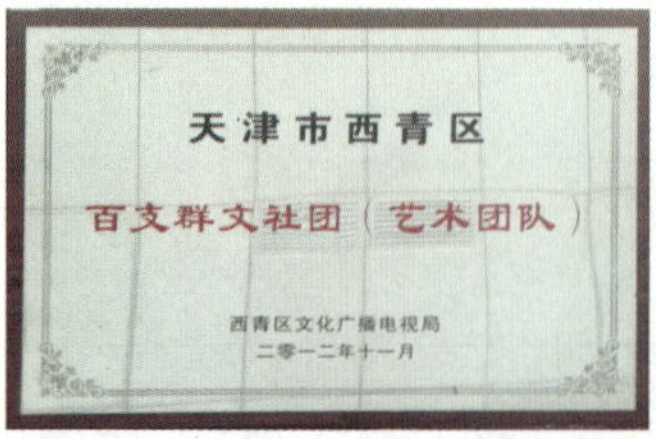

2012 年，村文艺队获评区级艺术团队

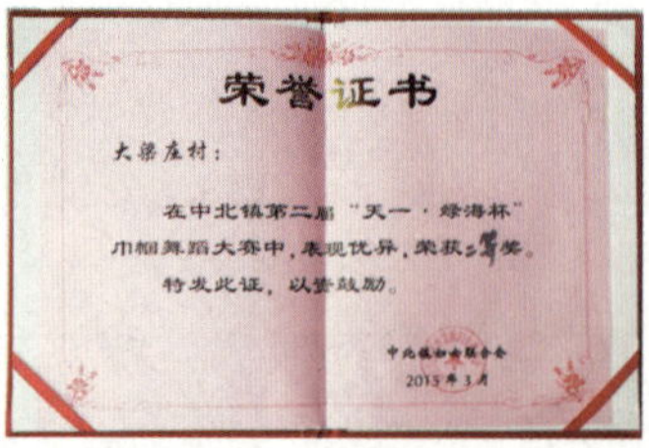

2015 年，村舞蹈队获镇级舞蹈大赛二等奖

2016 年，村文化室获评区级十佳文化室

梁庄村文艺队获评区级百支群文社团艺术团队。2015 年，大梁庄村舞蹈队在中北镇第二届“天一・绿海杯”巾帼舞蹈大赛中获二等奖。2016 年，大梁庄村文化室被评为区级十佳文化室。

第二节　体　育

新中国成立前，大梁庄没有体育组织，更谈不上体育设施了，村民只是在农闲时三五人聚在一起做一些健身活动，如摔跤、举砘子、弹球、打木棒、铁饼砸窑、跳绳、踢毽子等。

新中国成立后，党和政府十分重视民众的体育健身活动，不仅成立体育组织，还不断加大对体育的投入，不断为基层添置各种体育器械和建设不同层次的体育设施。

一、体育设施

20 世纪 60 年代，大梁庄村建立篮球队，村集体投资建成篮球场、乒乓球室。购置了篮球、乒乓球台、球拍等运动器械，满足村民的体育活动需求。2004 年，村集体在村内建文体活动中心，占地面积 4200 平方米，建筑面积 300 余平方米，有棋牌室、健身房、文娱活动室、乒乓球室、篮球场。在室内外安装各种体育健身活动器材，有跑步机、单车、太极推手轮、单双杠、健骑机、施腰器、腰部按摩机、儿童滑梯等十余种，满足不同层次村民的体育健身需求。

二、组织活动

20世纪50—60年代，村团支部经常组织青年开展体育活动，民兵组织积极配合，如篮球、乒乓球、棋类等各种赛事。闲暇时青少年聚在一起扇元宝、弹球、打扑克。打扑克玩法较多，有争上游、打百分、“拱猪”等。棋类有“下五成”，棋子棋盘就地取材，小石子、小瓦片、小砖块均可作为棋子。棋盘是用树枝在地上横纵画5条线，共16个方格，一步走一格，先吃掉对方四个棋子为胜。此棋盘还可以玩“二人打虎”。村中的少年儿童除参加学校组织的体育活动外，放学后还三五成群地在一起滚铁圈，一边跑一边玩儿，以跑得快铁圈不倒为胜。还有的玩“顶腿”，也叫“斗鸡”，两人可玩，也可多人参加，参加者一般10岁左右，双方相对而立，一条腿搬上来弯曲在前身，另一条腿直立前进或后退，用弯曲的膝盖撞击对方，撞倒对方为胜。1968年，大梁庄村成立篮球队。农闲时经常组织大梁庄青年与邻村篮球队打联谊赛。1980年后，在乡体育协会的领导下，成立村级体育协会。当时全乡共组建6个联谊协会，大梁庄村属于第五联协组织（第五联协有小蒋庄、祁庄、王庄、大梁庄）。那时六大联协组织采取轮流“做东”的办法经常进行体育技艺的切磋，开展各种体育赛事。1990年，大梁庄村运动员参加中北斜乡“迎亚运爱家乡”首届农民运动会，大梁庄村的梁双成获象棋比

村民在文体活动中心健身（2008年村委会提供）

拔河比赛（2010年村党总支提供）

2011年“9·19”健步走活动（村委会提供）

村民在棋牌室下棋（韩宝霞摄于2018年）

赛第二名。肖汉文获男子乒乓球单打第六名，大梁庄村男子乒乓球队获得团体比赛第四名。此后连续参加10届乡镇农民运动会。2002年9月，大梁庄代表队参加中北镇“跨越杯”第七届全民运动会，五子棋比赛大梁庄获第二名。2003年，大梁庄村参加中北镇健身广场舞大赛，并获第二名。2006年9月，大梁庄运动员参加中北镇“和谐杯”第九届全民运动会，大梁庄村运动员在参赛中多项获奖，田径获团体总分第二名，手扑球获团体第七名，羽毛球获团体第一名，五子棋比赛获第二名，足球射门获团体第四名，篮球获团体第二名，拔河女子组获团体第二名，拔河领导组获团体第三名。此次运动会大梁庄代表队获团体总分第二名，获最佳组织奖。2010年，大梁庄参加西青区健身操（舞）展示赛获二等奖。1990—2018年，大梁庄代表队连续十三届参加中北镇全民运动会，连续5届参加“9·19”万人健步走活动，连续多次参加西青区健身操（舞）展示赛，获得领导和群众好评。

梁晨馨苑篮球场（韩宝霞摄于2018年）

进入21世纪，村民兴起了晨练和晚练，每天的清晨和晚上，村民们自发组织起来从事各种体育健身活动，有的跳广场舞，有的做健身操，有的在文体活动中心利用各种健身器材进行体育锻炼，有的三五成群到村外慢跑、快走、散步，动作节奏有快的、有慢的，还有的在棋牌室下棋。

三、集体获奖

2006年9月，大梁庄运动队获中北镇第九届全运会拔河比赛第二名（韩宝霞摄于2006年）

2010年8月，大梁庄村运动员获区级健身操（舞）比赛二等奖（韩宝霞摄于2010年）

第十三章　交通　邮电

自村庄建立至20世纪50年代，村域道路均为土路，交通十分不便。50年代末期至60年代中期，国家在村域周边修筑多条交通干线。80年代，大梁庄村始修村路，并与交通干线连接，为村民出行提供了便利。

21世纪，境内交通发展日新月异，城际铁路、国道、省道贯穿全境，区道、镇道、村路纵横交错、网络密集、四通八达，交通运输快速便捷。

1961年，大梁庄村安装第一部手摇式电话机。20世纪90年代中后期，少数村民家庭安装了固定电话。1998年，少数村民使用传呼机。2004年，大梁庄村电话入户率达60%左右。2010年后，移动通信迅猛发展，手机用户取代部分家庭固定电话。2018年，大梁庄村每户家庭至少有2部手机。

第一节 交 通

一、公路

（一）北大道

天津解放前，大梁庄村北有北大道。东起小西关北面的自来水厂，西至杨柳青。结构为土路。该路地势洼，沿途村庄少，又因进入市区前需摆渡过河，还要经过曹卞庄之间的乱葬岗，出行极为不便。后来由于西青道和津杨公路的修通，1960年后北大道废弃。

（二）津杨公路

津杨公路的前身为南运河大堤，旧称津德公路，从天津西墙子河老天津监狱起至杨柳青段，途经运河沿21个村庄，里程约14公里，因公路沿南运河而行，故弯道多，比从杨柳青到天津的实际路程延长2公里，这是天津西郊一带乡民去天津市区的一条主要通道。路面为土路且坑洼不平，每逢雨天，泥泞不堪，车辆难以通行。20世纪50年代末，多次维修，只是填新渣。1962年，国家第一次对此路进行修筑，路面铺上了炉灰渣石，初步解决雨后难以行车的问题。1979年，国家对此路进行第二次修筑，在原路基础上裁弯取直并降低了原路面的高度，东起李家园铁道洞口，西至杨柳青镇南营建路，总长度10公里，在大梁庄对河设公交站。公路的修筑给沿途村庄带来生机。

（三）津同公路

在大梁庄村北（现西青道），天津专员公署公路局于1955年10月，派出测量小组进行勘测，是年11月开工填筑路基，宽8.5米。1956年6月，铺设石灰路面，7月通车。河北省交通厅正式命名为津保公路北线，原津同公路废止。1958年2月，此路定为省级干线公路，进行翻修。1959年6月竣工，穿越大梁庄地界。

（四）京福公路

京福公路在大梁庄村西100米处，1966年开始修建，穿越天津境内107.61公里，经多次改造拓宽，路基宽12 ~ 18米，沥青路面，穿越李楼、大梁庄地界。

二、桥

（一）村西木桥

1964年，在村西建桥，木架结构，桥宽约4米，长约60米，此桥由舟桥部队承建。1969年，因国道104修筑，该桥被拆除。

（二）大梁庄桥

1995年，在村南南运河建桥，井柱结构，载重量15吨，宽6米，长44米，由西青区水利局承建，此桥命名为大梁庄桥，直通津杨公路。2012年，因全村拆迁，该桥被拆除。

大梁庄桥（2005年村党总支提供）

三、公交线路

大梁庄村公交线路路线表

表13–1

线路	起止站	途经	下车站
158路	密云路—杨柳青	西姜井、大蒋	大蒋
153路	西站—杨柳青	西青区政府、民族中学	建华医院
661路	西站—红光农场	杨庄子、曹庄、王庄	王庄子
669路	山西路—杨柳青	滨江道、曹庄、王庄	建华医院
672路	天津站—杨柳青	百货大楼、李楼	李楼桥

续表 13-1

线路	起止站	途经	下车站
824路	天津站—数码城	百货大楼、曹庄	建华医院
603路	杨柳青—中北乐园	西马、阜锦道	中北镇中心幼儿园

第二节 运 输

一、陆路运输

新中国成立前，沿运河村庄运输工具基本有三种：畜力车、人力车和船，当时主要靠这三种工具运输。穷人家买不起大车，少数人仅有一辆小推车或尺咀子车。人力小推车一般载重量为 150 ~ 200 公斤，庄户人家进城卖菜都使用这种运输工具。不久又兴起铁轱辘安铁条，车轱辘上装轴承的铁轮大车，拉起来较省力。20 世纪 50 年代中期，铁轮大车逐渐被胶轮大车（老百姓叫大胶皮轮）代替，此车用骡马驾辕，载重量可达 2 吨左右。每家每户购置人力小拉车，载重量 350 公斤。1957 年，村集体购置第一辆胶轮大车。1958 年，村集体共有胶轮大车 30 余辆，社员拥有人力小拉车 500 余辆。

1960 年，大梁庄村有手扶拖拉机 1 台、55 铁牛拖拉机 1 台、链轨拖拉机 1 台、20 拖拉机 2 台。1973 年，大梁庄村集体购置第一辆解放牌大汽车，主要用于农业生产，兼营运输。1980 年后，汽车已成为农业生产、交通运输的主要工具。据统计，1980 年，大梁庄村有大货车 3 辆、小客车 7 辆、小货车 15 辆、后三轮车 14 辆、二轮车 18 辆、农用三轮车 2 辆、小拖 5 辆，全村机动车驾驶员有大客车 1 人、大货车 32 人、后三轮车 14 人、二轮车 20 人、轻骑摩托车 13 人。2018 年，全村有小客车、出租车 900 余辆，小货车、大货车数十辆，为农业、工业运输及村民生活提供方便。

二、水路运输

南运河自隋朝至明清，始终是国家的交通命脉，也是历史上南粮北运的主要航道，同时又是大梁庄村民销售蔬菜和各种商品的重要渠道。新中国成立前，村南建渡口，农业生产的蔬菜基本上靠水路运输。1930—1949 年，运河沿的 22 个村，有船主 7 户，共有木船 12 只，全部靠人工牵引加风帆行进，每只船载重量为 20 ~ 30 吨。大梁庄村的船主李焕庄负责运送谢庄、李楼、大梁庄 3 个村蔬菜。运送蔬菜的程序是，菜农晨起摘菜，将菜洗净装筐，筐上拴好标有户主姓名的布条，按定好的时间运送到渡口，由船主装船，运至天津小西关或东浮桥（金汤桥）菜市场，由各蔬菜商向外批发，最后由蔬菜商扣除各种费用向农户结算。新中国成立初期，农产品仍沿袭过去运输及交易的方法，农户出售自己的农产品换回所需生活用品。1952 年，南运河首先全线通行轮船拖带航线。1956 年，推广高线拖带法，水路运输效率比新中国成立初期提高近 10 倍。南运河水大时可通行 100 马力汽轮和 140 吨木船，低水时可通行 50 吨以下木船。1956 年 1 月，大梁庄村成立高级社，养船户将船入社集体经营，之后陆路运输道路不断修筑，运输工具逐年发展，以水运为主逐步转为以陆运为主。1964 年以后，河水逐年减少，有时枯竭断流，结束了南运河行船运输的历史，村里工农业产品运输全部改为陆运。

第三节　邮　电

一、邮政信箱

新中国成立前，全乡境内无邮局，来往信件是由天津邮电局和杨柳青邮电局的投递员投递。1958 年，乡境内设邮电所，坐落在中北斜村，属李七庄邮电局管辖，1965 年撤销。此后，大梁庄村属杨柳青邮局管辖，在村内供销社门旁安放邮政信箱，供销社负责代售邮票。

二、投递

新中国成立初期，投递员将邮件送到大梁庄村公所，由村公所通知收件人来取。1957 年，大梁庄村成立广播站，每当信件送到村后，就用广播通知收信人来取，寄信时可直接放到邮箱内或大队办公室，再由投递员取走。此种投递邮寄方式，一直延续到 2010 年。

三、汇款、邮寄物件

新中国成立初期，村民汇款需本人到邮局办理或用保价信封装款，最多不能超过30元。包裹直接到邮局进行邮寄，领取包裹时，持邮局送来的寄邮单到邮局领取。

四、快递速运

20世纪90年代末期开始，随着互联网的发展，网络购物作为一种新的购物模式悄然诞生。21世纪初期，互联网已在大梁庄村普及，网络购物的优点更加突出，网购逐渐被大梁庄村民接受。村民网购商品包罗万象，小区内菜鸟驿站十分繁忙，村民不出小区就可以取到自己的网购商品。

大梁庄村民在网购的过程中主要涉及的快递公司有顺丰速运、中国邮政、京东快递、圆通快递、申通快递、韵达快递等。

第四节　现代通信

新中国成立前，村内无通信设施，村民与外界联系均靠亲戚朋友捎口信或亲往。20世纪50年代初，境内通邮，大梁庄村民与外地亲友来往，采取寄信方式联系、问候。

1961年，大梁庄村集体安装第一部手摇电话机，属公社交换台的分机。村民若有急事可用电话联系，有时等待时间较长。

20世纪60—80年代的电话机（韩宝霞摄）

20世纪90年代的电话机（韩宝霞摄）

1987年，公社交换台取消，大梁庄村改为自动式电话，属杨柳青79局管辖，1993年改为程控式电话。1995年，电话开始普及，大梁庄全

20 世纪 80 年代末期使用的“大哥大”

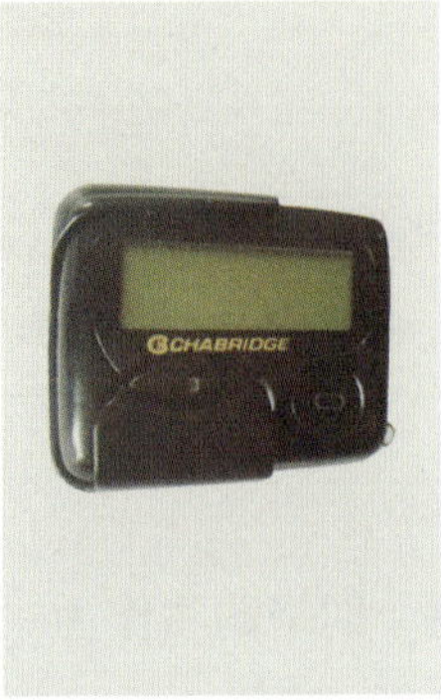

20 世纪 90 年代使用的寻呼机

21 世纪初使用的手机

村共安装固定电话 26 部，其中集体 10 部，个人 16 部。

20 世纪 80 年代末期，移动电话出现。当时的移动电话外形酷似半块窄长的砖头，俗称“大哥大”。1991 年，大梁庄村第一个使用“大哥大”移动电话的村民是范茵华。由于“大哥大”价格昂贵，有价无市，而且只有音频功能，通话质量欠佳，并没有来得及普及就被后来的小巧玲珑的手机和小灵通取代了。这时的手机，有音频、文字传输功能。部分村民手中使用的是摩托罗拉、诺基亚等品牌手机。

20 世纪 90 年代中期，传呼机开始出现。90 年代末，传呼机发展达到顶峰。21 世纪初，传呼机在手机的强大攻势下，逐渐走下坡路。2005 年，传呼机完全被智能手机取代。这时的 3G 手机不仅有音频、文字传输，还有图片、视频，还可以视频通话，微博开始兴起。2013 年后，4G 高清视频手机兴起，功能强大，传输速度快，网络频谱宽，通信灵活性高，抖音等视频成为青少年的宠爱，村里的中青年经常利用互联网手机购物，平板电脑也受到青少年喜爱。

2018 年年底，4G 手机已经在大梁庄村内普及，村民手机的拥有率达到 80%。70 岁以上的老人有的会用手机上网浏览学习，有的会接发短信、微信，有的会玩各种游戏。幼儿园的小孩，也会用手机浏览。为了方便老人生活，大梁庄村委会为 80 周岁以上的老人提供居家养老服务，为其安装家庭移动座机。

2013 年后村民用的 iPad（韩宝霞摄）

2010 年后使用的智能手机

第十四章　医疗卫生　社会保障

1965 年，大梁庄村建立红医站，方便村民就医，村内传染病得到有效防治。村红医站紧密配合大队，坚持不懈地开展爱国卫生运动，村庄环境干净、整洁、美丽。2007 年，大梁庄村获评天津市市级卫生村。1984 年，大梁庄村实行退休金制度，随着集体经济的发展，退休金不断提高。2005 年，大梁庄村实行新型农村合作医疗制度，村民参合率 100%。2006 年后，村委会为符合条件的村民缴纳一定数额的养老保险金，村民到法定年龄可以领取一定数额的退休金。2009 年，村委会为全体村民办理医疗保险。2014 年，大梁庄村加大医疗保险报销力度，村民住院费在完成区、镇两次报销后，村委会再给予第三次医疗补助，彻底解决村民因病致贫问题。2018 年年末，730 名退休老人生活全部得到保障。近十年，村委会出台一系列生活保障政策，全面提高村民生活质量。

第一节　医疗卫生

一、红医站

1964 年以前，大梁庄村没有医疗卫生室，村民有病只能到杨柳青医院或天津市区医院去看病，村民就医成了最大的难题。1965 年年初，区、乡开始培训乡村卫生员。培训期满后在村红医站工作，为患病村民诊病治病。村民张双林是大梁庄村红医站最早的乡村医生。随着医疗卫生工作的需要，逐步增加医务人员，最多时 3 ~ 4 人。1983 年后，村红医站改名为大梁庄村卫生所。

大梁庄村红医站医务人员从医情况表

表 14-1

姓名	从医时间	职务
张双林	1965　2007年	乡村医生
董开茹	1966—1971年	乡村医生
刘桂敏	1970—2005年	乡村医生
陈金爱	1975—1979年	乡村医生

续表 14-1

姓名	从医时间	职务
石蕴华	1970年1月至1974年11月	乡村医生
杨树武	1967—1973年、1975—1987年	乡村医生
孟兆敏	1976—2016年	乡村医生
李广刚	1976—2016年	乡村医生

村红医站从开始至结束（1965—2016 年）历经 51 年。51 年来，红医站的村医除负责村民普通病、传染病、儿童疾病的防治外，还担负着村爱国卫生活动的开展和产妇的接生工作。据统计，1965—1983 年，村医共接生新生儿 500 余人。大梁庄村医的接生工作很受村民及中北镇西部村庄村民的欢迎，村医经常应邀到西部村庄为产妇分娩。20 世纪 70 年代初期，村医一年中最多时接生 73 名婴儿。村红医站多年来坚持立足本职、为村民健康服务的宗旨，成绩显著，多次受到市、区、乡的表彰。

二、疫苗接种

1965—1983 年，大梁庄村红医站负责村内儿童的疫苗接种工作。红医站接到公社卫生院的疫苗接种通知后，立即对村内儿童的年龄、姓名、疫苗种类进行核实，核实无误后进行接种。甲类疫苗有卡介苗、乙肝疫苗、脊灰疫苗、百白破疫苗、流脑疫苗、麻疹疫苗、乙脑减毒疫苗、甲肝疫苗、麻风腮疫苗、白破二联疫苗等。村内儿童甲类疫苗接种率 100%。乙类疫苗有七价肺炎球菌结合疫苗、口服轮状病毒疫苗、流感儿童巴斯德 / 流感史克、冻干水痘减毒活疫苗、A+C 群脑膜炎球菌多糖疫苗 / 流感英伏可等。村内少数儿童接种乙类疫苗。1984 年后疫苗接种工作由中北斜乡（镇）医院负责。

三、传染病防治

20 世纪 60 年代后期，大梁庄村儿童肝炎传染流行迅速。大队要求，患病儿童不得出行，由红医站医生上门治疗，直至康复。患病儿童康复后，凭医生证明方可出行、上学。在大队和红医站的不懈努力下，病情得到有效控制，村内患病儿童全部治愈。

20 世纪 70 年代初期，村红医站十分重视传染病的预防工作，在加大卫生宣传的同时，还种植草红花、草明子等中药材。收获后，发到全村各户，有效地预防传染病。

2003 年 4 月，全市出现非典型性肺炎传染病，在抗击“非典”这一特殊战斗中，大梁庄村两委成员深感责任重大，必须挺身而出，保护好村民的生命安全。在镇政府部署工作的第三天，大梁庄村辖区内的顺威电器有限公司出现发热病人，随即被送往市肺结核医院，大梁庄村有 20 多人在该厂上班，根据上级有关部门指示，需要对大梁庄村在该厂上班人员及其家属进行隔离。在这紧要时刻大梁庄村党员充分发挥党员包户和党员联系户的作用，用党员包户的办法，将任务落实到每个党员。有的党员年龄已高，仍勇敢地挑起重担；有的党员给隔离人员送吃送喝和采购生活用品；有的党员带病坚持工作；有的党员白天没时间，就让家人代替；有的党员放弃自家地和应卖的菜，坚守在岗位上。四名村医持续作战，诊病，测温，消毒，出色地完成疫情监测任务。村党总支书记以身作则，每天晚上都在村里巡检，村两委成员每天 24 小时值班，工作到深夜。执行隔离任务的党员始终坚守在自己的工作岗位上，及时为隔离家属送药、送水、送物，严格消毒。在干部和党员的共同努力下，无一人被感染，圆满完成抗击“非典”的任务。大梁庄村被西青区评为“抗击非典先进单位”。

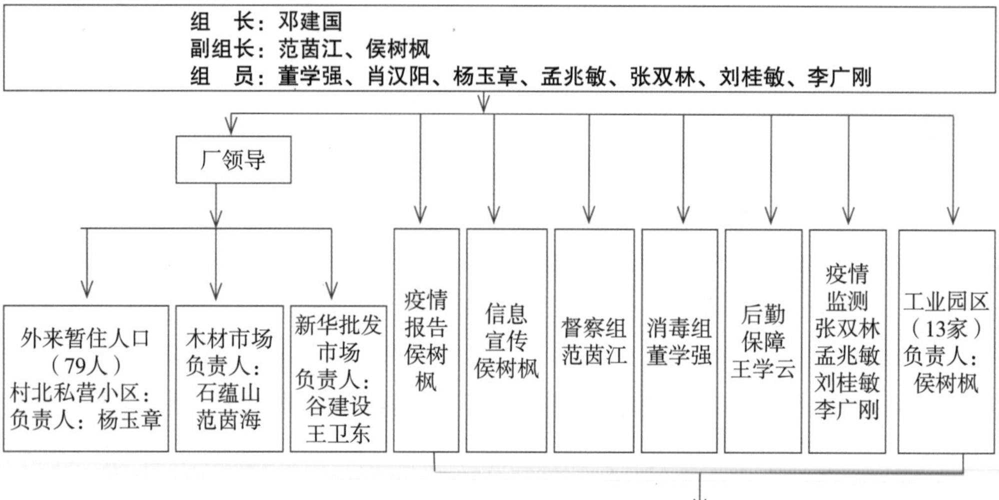

1组 陈金波 陈俊章 17户	2组 陈俊德 李中林 15户	3组 王金梅 石景轩 13户	4组 张建吉 徐国新 15户	5组 高天龙 贾金泉 15户	6组 李继芬 李汝萍 15户	7组 梁少安 张延苓 13户	8组 陈金春 15户	9组 李金彪 11户
10组 李汝佩 石景运 17户	11组 肖汉英 刘素芝 16户	12组 周振勋 陈金爱 15户	13组 侯冠文 石蕴甫 15户	14组 杨玉章 杨树芬 15户	15组 石蕴山 15户	16组 董开芳 15户	17组 石乐友 17户	18组 刘祥苓 13户
19组 李汝井 13户	20组 李自阳 杨树香 15户	21组 范茵泉 17户	22组 李加庆 16户	23组 王敬福 李柏林 15户	24组 张维泽 15户	25组 李加林 15户	26组 陈金友 17户	27组 陈文虎 16户
28组 徐伟 15户	29组 杨树臣 12户	30组 李家良 15户	31组 李玉强 17户	32组 石景起 15户	33组 高家顺 13户	34组 李汝胜 15户	35组 李家安 15户	36组 肖长柱 9户
37组 沙润明 12户	38组 高天成 16户	39组 范茵海 13户	40组 于凤苓 13户	41组 王春霞 13户	42组 李加海 13户	43组 陈志友 11户	44组 李金祥 15户	45组 屈宝旺 11户
46组 陈志海 13户	47组 于贺彪 13户	48组 薛洪明 11户	49组 李自泉 15户					

图 14–1　大梁庄村预防非典型性肺炎工作网络示意图

四、爱国卫生

（一）爱国卫生运动

新中国成立至20世纪50年代末，党和政府为改变不卫生状况和传染病严重流行的现状，在全国范围内开展群众性爱国卫生运动。大梁庄村民积极投入“爱国卫生运动”中。在村内掀起除“四害”运动的高潮。儿童、老人、成年人齐上阵，消灭老鼠、麻雀、蚊子、苍蝇，填平污水坑池，清理卫生死角，村内卫生面貌得到改善，收到显著成果。

20世纪60年代，大梁庄村十分重视村内的环境卫生，组建卫生清洁队，共有队员8人，负责管理全村域卫生清洁工作。这一时期，清理南运河河边堆肥，改造老厕所，清理污物，修缮街道，村域面貌进一步得到改观。大梁庄村第二生产队，被评为公社级卫生先进集体。孙凤荣、石维治被评为公社级卫生清洁户。董玉坤、孙玉祥、石景亭被评为公社级卫生先进个人。

20世纪70年代，大梁庄村红医站深入实际入户宣传卫生科学知识，在大队革委会的领导下，大梁庄村实行“两管五改”，即管水、管粪及改水井、改厕所、改畜圈、改炉灶、改造环境，村内卫生面貌得到进一步提高。

改革开放以后至2018年，村内卫生工作常抓不懈，坚持村党总支、村委会领导，各部门协作，群众动手，全民参与，着重治理影响群众健康的危害因素，不断改善村域环境，大梁庄村每年集中清理村域卫生6 ~ 12次，清运垃圾污物100余车次，出动人员300 ~ 400人次，村域环境干净、整洁、优美。2007年9月，大梁庄村获评天津市市级卫生村。

卫生工作是一项任重道远的工作，村两委经常抓，反复抓。大梁庄村在被评为市级卫生村的基础上，再创新绩。2008—2009年，整修村域道路4936.58平方米，村北道路两侧植树400余株，经常对村周围、河坡及村北大道的白色垃圾、涂鸦、上下水沟进行清理。

2010年大梁庄村进行平改拆迁。拆迁后村两委采取多种措施加强村域环境的保护。2013年11月，村党总支书记、村委会主任侯树枫与中北镇政府签订“四清一绿”目标责任书。由于大梁庄处于拆迁阶段，荒地面积较多，主要分布在村北以及国道104两侧。清理杂草秸秆和苫盖荒地以及还迁楼工地的环境，成为村卫生工作的重点。近五年，多次对阜锦道以北荒地使用机械推土机等设备进行清理。对国道104两侧及阜锦道以南的荒地雇用人工清理，并对老村域管界内的卫生死角时常进行清理。2016—2018 年，每年平均苫盖荒地 800 余亩，清理杂草秸秆 900 余亩。治理污水沟 2 条，严格排查村域内散乱污企业，关闭散乱污企业 9 家。在巡视中发现在村域内乱卸垃圾事件 5 起，并对当事人进行教育，责令其把卸污清理干净并运送到指定地点。还迁楼工地的环境卫生，村两委按照上级要求，在特殊时间停止施工，确保环境达标要求。对建筑工地裸露地面及全部渣土进行苫盖，确保还迁楼工地的环境卫生。

2009 年，干部群众在老村宅清雪（邓卫莹摄）

2018 年，村民喜迁梁晨馨苑，按照村镇“四清一绿”的工程要求，村委会安排专人管理，随时发现，随时清理，定期清整。村志愿者服务队经常组织“爱我家园”的群众性卫生活动，使村民居住环境整洁优美。

2018 年，志愿者在梁晨馨苑开展清理活动（村党总支提供）

（二）清垃圾场，保护村域环境

1958 年，受历史环境和客观条件的影响，一些企业和单位到农村占地经营，其中南开环卫局在未与大梁庄村办理任何手续情况下，在大梁庄土地上办起垃圾场，长期存放垃圾，每日倾倒几十吨垃圾，形成了数米高、数十米宽、数百米长的垃圾山。村域内蚊蝇成团，臭气熏天，严重影响着村民的生产和生活。夏季，雨水冲走的垃圾填满沟渠，堵得污水倒灌菜畦，使农业生产遭到严重破坏，村域环境遭到严重污染，此种状况已延续 40 余年。2001 年，村党政组织向上级有关部门多次反映大梁庄村北垃圾场污染大梁庄村域环境问题。是年，大梁庄村 355 名村民联名签字向村委会和《今晚报》反映南开垃圾场污染环境问题，并现场阻止垃圾进场。经全村干部、群众共同努力及上级有关部门的积极协调，2004 年垃圾场被拆除。

（三）户厕改造

2004 年，根据镇政府的安排部署，大梁庄村进行户厕改造马桶入户工程，投资

20 万元新打一眼机井，投资 50 余万元改造全村胡同的下水道，清挖排水沟 1 条，修建化粪井 6 座。经努力，克服重重困难，完成户厕改造 608 户，给村民提供较好的卫生条件，预防各种传染性疾病。大梁庄户厕改造成绩突出，主管户厕改造的村党总支副书记范茵江被评为天津市户厕改造先进个人。

五、健康普查

2004 年，大梁庄村对 4 周岁以上的村民进行体检，体检人数达 1500 余人。

2008 年，大梁庄村对村内 60 周岁以上的老人进行体检，体检人数 240 人。此后，村委会每年组织 60 周岁以上老人健康查体。体检报告单及时发到老人手中。

2014—2018 年，村内老人参加体检人数分别为 366 人、257 人、434 人、450 人、480 人。2018 年 6 月 1 日，村民韩永芬在中北医院体检后，高兴地写了一段顺口溜："大梁今日去体检，疾病隐患早发现，感谢政府关心咱，我们老人心里安。"

六、集体荣誉

1973 年，大梁庄红医站被评为公社级先进集体。

1992 年，大梁庄村被评为乡级卫生先进集体。

2004 年，大梁庄村被评为区级农民健康体检先进单位。

2007 年，大梁庄村被评为天津市市级卫生村。

第二节　社会保障

一、退休金制度

20 世纪 80 年代以前，大梁庄村没有退休金制度。老人身体弱或有些小毛病，就由生产队照顾干些轻活儿，如倒粪、看园子、值夜等。工分要比正常劳力少，壮劳力一天工分 10 分，老年人 8 分、7 分或更少，70 周岁以上老人在家干些力所能及的劳动。老人生活，依靠儿女抚养，形成多年的习俗就是"养儿防老"。新中国成立前和成立初期，房屋少，大部分老人只能和儿子吃住在一起，生活由儿子负担。20 世纪60年代，村里开始放宅基地，成婚的儿子申请宅基地盖房，开始和老人分开居住，有的家庭儿子多的都离开父母单独生活，随之出现老人的赡养问题。

近年来，随着文化水平的提高和法律知识的普及，村中大多数家庭的子女都能尊老敬老，并尽到对自己老人的赡养义务，出现很多先进典型，但也有极少数家庭在尊老、养老上出现问题，有的因养老问题闹家庭矛盾到村委会调解，有的到镇里解决，还有的到司法部门，养老问题成了社会安定、家庭幸福的大问题。根据村里的经济发展状况，大梁庄村从1984年开始，实行退休金制度。村委会为女50周岁、男60周岁以上的退休老人发放退休金，男每人每月15元、女每人每月10元。随着集体经济的发展，村民退休金不断增长。2018年，全村老人730人享受退休待遇，其中311人每人每月领取村内发放的退休金1200 ~ 1300元，419人领取社会统筹养老保险800 ~ 1700元。

1984—2018年部分年份大梁庄村委会发放退休金标准情况表

表14-2

年份	男（元/月）	女（元/月）	备注
1984	15	10	
2001	35	30	
2002	50	45	
2003	60	55	
2004	70	65	
2005	100	100	
2006	150	150	从7月份调整
2007	200	200	从2月份调整
2008	400	400	从1月份调整
2009	400	400	
2010	500	500	从2月份调整，早退人员不增加
2011	500	500	从2月份调整
2012	550	550	2月份当年满70岁再加50元/月
2013	700	700	从2月份调整

续表 14-2

年份	男（元/月）	女（元/月）	备注
2014	800	800	2月份当年满80岁再加100元/月
2015	850	850	2月份当年满80岁再加100元/月
2016	950	950	从2月份调整
2017	1050	1050	2月份当年满80岁再加100元/月
2018	1200	1200	2月份当年满80岁再加100元/月

说明：此表指村委会发放的退休金

二、城镇职工养老保险

根据《天津市城镇职工养老保险条例》，大梁庄村两委于 2006 年 6 月 29 日召开党员、村民代表大会，通过村民参保条件和要求。

（一）参保条件

符合参保条件的村民：男，1947 年 12 月 1 日至 1976 年 12 月 31 日出生，女，1957 年 12 月 1 日至 1976 年 12 月 31 日出生；大梁庄村有正式户口的农民，可参加天津市城镇职工养老保险。为减轻村民参保压力，村集体为村民每人负担 2 万元，村民个人仅交 4000 元，合计 2.4 万元。

（二）要求

符合参保条件的参保人员，要求必须全部参保，凡符合此次参保年限的，不再享受村集体的退休金，应参保村民如不缴纳 4000 元的参保金，在其退休后不再享受村内任何退休金待遇。至 2006 年年底，全村 961 人参加了此项保险，村民到法定年龄每月领取一定数额养老保险金，2018 年，村中退休老人每月最多可领取 1700 元，最少可领取 800 余元。

（三）范围扩大

在养老保险工作不断完善、不断增加的同时，大梁庄村两委研究决定继续扩大养老范围。于 2014 年 11 月 15 日召开村民代表大会，一致通过《关于全面解决大梁庄村民养老问题的决议》。

1. 执行中北镇《关于全面做好中北镇村民养老保障工作的指导意见》，制定大梁庄村养老办法。

2. 大梁庄村养老补贴基金标准为每人 5.6708 万元，只用于养老保险补贴。

3. 经过工作，村委会为 276 人办理城镇职工养老保险。

大梁庄村经过几年的努力，按上级的文件要求，结合大梁庄村实际办理三种养老费：一是311人在大梁庄村领取村集体发放的退休金；二是为1237人办理城镇职工养老保险；三是为212人办理城乡养老保险。村民到法定年龄可以领取一定数额的养老保险金。至2018年12月，全村共1760人养老有了保证。

三、农村合作医疗

1965年年初，由中北斜卫生院（当时称卫生所）及区卫生局负责培训一批半农半医的村卫生保健员，每村1～2人。经培训后，他们基本掌握了一般常见病的诊断、治疗方法，然后任所在村保健员，其报酬由大队按社员劳动力标准记工分，平时也参加一些田间劳动，当时称为赤脚医生。大梁庄村赤脚医生有张双林、董开茹、刘桂敏、李广刚等。

1966年，大梁庄村开始实行合作医疗制度。社员在村红医站（村诊所）看病不花钱，就医费用全部由村集体负担，此办法只试用两年就结束了，原因是当时人们的卫生知识差，无限度多拿药，造成很大浪费，使村集体负担增加，被迫停止。

1968年，村诊所开始实行新的就诊办法，村民看病费用实行三七开（社员药费个人负担30%，村集体负担70%），一直延续到20世纪80年代末。

2005年，大梁庄村实行新型农村合作医疗制度，镇财政对农民每人每年投入20元，区财政投入40元，市财政投入10元，村民个人投入30元，参合金共计100元，大梁庄参加合作医疗的村民个人交纳费用全部由村集体承担。2006年后，市、区两级财政投入的比例逐年提高，村民参合率100%。新农合进一步完善了个人交费、集体扶持和政府资助相结合的统筹机制，对农民住院费用和大额医药费给予一定的补助。

四、医疗保险

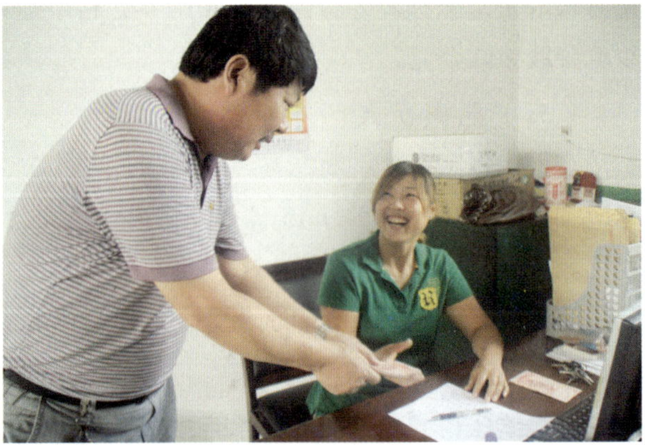

村民报销医疗费（2011年村委会提供）

2009年，新型农村合作医疗并入城乡医疗保险。村委会为农业户口村民交纳保险金，参保率100%。2012年，村委会为符合条件的已婚妇女投保三个险种，即团体意外伤害保险、安康团体疾病保险、意外住院保险，妇女患病后得到有效治疗，减轻了家庭负担。2014 年 1 月 1 日，大梁庄村继续扩大医疗保险补贴范围和标准，补贴范围包括住院、门诊特殊病、急诊留观转住院。

补助标准：一是参加城乡医疗保险的村民，在完成基本医疗保险第一次、第二次、第三次医疗补助后，村委会按照申报金额的 10% 给予第四次医疗补助。二是参加城镇企业职工医疗保险的村民，在完成基本医疗保险第一次、第二次医疗补助后，村委会按照申报金额的 15% 给予第三次医疗补助。

2016—2018 年大梁庄村医疗补助情况表

表 14–3　　　　单位：元

年份	发生金额	统筹金额	城乡大病补助	医疗补助	区、镇、村补助
2016	4044521.35	1603697.05	146691.98	80606.91	1034311
2017	3637402.47	1449010.26	103521.46	78648.06	929802
2018	4803834.45	1878079.87	257206.61	112841.16	1126265

五、困难群众帮扶

2014 年 1 月，大梁庄村制定《关于重大疾病医疗费用自费部分报销的规定》，以帮扶因病致困家庭，医疗费自费部分报销规定如下：

第一，自费金额 1 万 ~ 4 万元按 30% 报销；第二，自费金额 4 万 ~ 7 万元按 40% 报销；第三，自费金额 7 万 ~ 10 万元按 50% 报销；第四，自费金额 10 万元以上的按 60% 报销；第五，一年自费总报销金额不能超过 10 万元。

2016 年，村委会为上述符合条件的 9 户村民报销，共 22.76 万元，最多一户报销 8.82 万元。近三年，大梁庄村委会为住院和患大病自费部分村民报销医疗费共 189 万余元，为村民缴纳意外伤害保险和妇女两癌保险共 70 余万元，全面解决因病致贫、意外致困等问题。

第十五章　方言　习俗

大梁庄人在长期的生产活动中，逐步创造并总结出许多涉及农事、气候、社会生活等在民间广泛流传并富有哲理的谚语、歇后语。地方特色鲜明，语言简练，诙谐幽默，今尤多使用。随着环境的改变和普通话的推广，村中众多青壮年都讲普通话，只有一部分老人还操着大梁庄村域的语音，但纯然味道越来越少。

勤劳、质朴、勇敢、智慧的大梁庄村民，在漫长的岁月中，经过世代的不懈努力，逐渐形成大梁庄村的丧葬嫁娶、产育寿诞、岁时节令等各种习俗，蕴含着浓郁的特色，带有封建迷信色彩的习俗逐步被淘汰，崇尚科学、孝敬父母、婚姻自由、男女平等、邻里友好、扶危济困、文明健康的好风尚已经形成。

第一节　方言　谚语

一、语音

中北镇总面积是39.78平方公里，面积不大，但东西两片的语音存在着差异。大梁庄人一张嘴，李家园人就知道是西片的。大梁庄语音属于静海话片区，西青区西部方言区，主基调是杨柳青语音。

（一）大梁庄话的声调

调值差异　大梁庄话语调值分4类（不包括轻声），与普通话一样，分阴平、阳平、上声、去声。在调值上有差异，普通话阴平55，大梁庄话阴平调值中降43；普通话阳平35，大梁庄话阳平调值55；普通话上声214，大梁庄话调值略低213；普通话去声调值51，大梁庄话调值低降31。

大梁庄话声调与普通话声调调值差异表

表15-1

声调	阴平（一声）	阳平（二声）	上声（三声）	去声（四声）
例字 / 调值 / 对比	师shī	时shí	使shǐ	事shì
普通话	55	35	214	51
大梁庄话	43	55	213	31

语音差异　普通话零声母呼字，大梁庄话多带 n 声母，如挨家挨户，大梁庄绝大多数年纪大的人读“nāi 家 nāi 户”；如挨打，读成“nāi 打”；如平安，读成“平 nān”；如马鞍，读成“马 nān”；如案件，读成“nàn 件”；藕粉，读成“nǒu 粉”；恩爱，读成“nēn 爱”；摁铃，读成“nèn 铃”等。

大梁庄话的韵母与普通话差异不大，但个别字词读音不准，如乱说，大梁庄话读成“làn 说”；暖瓶，读成“nǎn 瓶”；弄死，读成“nèng 死”；披头散发，读成“pēi 头散发”等。

（二）大梁庄话连续变调

大梁庄村 60 岁以上的人当说话语速快时，会出现连续变调现象。两个字以上连续变调，例如：

张家窝，大梁庄人说“掌颊沃”；起风了，大梁庄人说“齐缝了”；七人，大梁庄人说“气人”；家孝，大梁庄人说“架孝”；李家，大梁庄人说“离架”；大寺，大梁庄人说“达寺”；回老家，大梁庄人说“会捞架”；马敬喜，大梁庄人说“麻敬习”；车间主任，大梁庄人说“撤间竹任”；三十万，大梁庄人说“散十万”；喝酒，大梁庄人说“褐酒”；一出事，大梁庄人说“仪处事”；科技组，大梁庄人说“客技足”。

（三）大梁庄语言的儿化

“儿化”是一种语言现象。大梁庄人在几百年的历史长河中不断丰富和发展了“儿化”语言，收集起来有糖瓜儿、蛋黄儿、盖儿、板儿、天儿、块儿、段儿、样儿、家儿、汤儿、圈儿、院儿、拔儿、果儿、空儿、刺儿、侄儿、辈儿、本儿、皮儿、群儿、盒儿、凳儿、瓶儿、谱儿、票儿、钩儿、妞儿、玩意儿、牙签儿、小曲儿、小王儿、小张儿、小李儿、大款儿、大腕儿、冰棍儿、胡同儿、片儿警、爆肚儿、虾段儿、鱼片儿、屁股蹲儿、豆腐脑儿、份儿饭、倍哏儿、打眼儿、带手儿、当年儿、头儿、垫儿、罩儿、护短儿、买好儿、尝鲜儿、破烂儿、今儿、明儿、大头儿、铁杆儿、栽面儿、派儿、椽儿亮、扒头儿、拔裂儿、白吃饱儿、把家虎儿、股儿、白眼儿、红眼儿、百岁儿、包了儿、报儿、火罐儿、盘头儿、差道儿、步辇儿、馋猫儿、出数儿、穿小鞋儿、吃瓜落儿、皴儿、打驳拦儿、打脖溜儿、打蔫儿、打水漂儿、大了儿、大眼贼儿、踮脚儿、动劲儿、发小儿、符神儿、服软儿、刚头儿、硌窝儿、个扭儿、个头儿、跟手儿、够口儿、灌篓儿、号儿、豁个儿、猴儿、胡天儿、夹个儿、节骨眼儿、筋道儿、搅理儿、较真儿、就那儿、绝门儿、磕绊儿、老其根儿、落单儿、溜号儿、卖缺宝儿、毛包儿、美当儿、明镜儿、挨板儿、挨个儿、烟卷儿、耐心烦儿、蔫溜儿、拍呱儿、前儿、先头儿、表带儿、前茬儿、穷抠儿、缺宝儿、撒欢儿、傻八儿、鸡儿、上脸儿、要货儿、要人儿、水葱儿、托姐儿、班儿、玩儿闹、窝脖儿、高挑儿、小性儿、缘儿了、找乐儿、找碴儿、着面儿、支嘴儿，共150个。

（四）大梁庄话的“吃字儿”现象

大梁庄人说话语速快时，常常有“吃字儿”现象，在说话的语流中有些“字儿”就被吃掉了，例如地名或机构名称等。“杨柳青”大梁庄人就说“杨——青”，“派出所”就说“派——所”，“合作社”说“合——社”，“劝业场”说成“劝——场”，“嗓子眼”说“嗓——眼”，“豁出去了”说成“豁——去了”，“干什么”说成“干——嘛”，“咸菜疙瘩头”说“疙——头”，“豆腐皮儿”说成“豆——皮儿”，“豆腐丝”说成“豆——丝儿”，“蹬鼻子上脸”说成“蹬鼻——上脸”，“冰糖葫芦”说成“糖——堆儿”等。

二、方言

大梁庄人所说的方言，一部分可以在词典中查到，另一部分（个别方言）在词典中是查不到的，这是大梁庄人在革命和生产建设及生活中总结出来的，说起来比较简练上口。

大梁庄称谓、人品方面方言一览表

表 15–2

大梁庄方言	普通话注释	大梁庄方言	普通话注释
你老、你了	您	姥爷	外公、外祖父
姥姥	外婆、外祖母	少（shào）的	儿子
白眼儿	外孙子、外孙女	红眼儿	孙子、孙女
闺妮	女儿	大毛儿、大拿	一把手
小子	男儿	公母俩（姑母俩）	老年夫妇
半个儿	女婿	带犊子	随娘改嫁的孩子
老坦儿	外地乡下人	杠头	好抬杠的人
老帮子	对老人的蔑称	愣头青	行为鲁莽的人
轴子	性情固执的人	狗食	不走正道的人
怂蛋包	怯懦，无能的人	懺窝子	胆小窝囊的人
废物包	无能，干不成事	大爷（爷读轻声）	伯父
二唬头	愣头愣脑，不知深浅	毛包儿	做事不稳当，不冷静
蔫土匪	不善言表，一意孤行的人	咕棒槌	爱向领导告状说别人坏话

续表 15-2

大梁庄方言	普通话注释	大梁庄方言	普通话注释
尖头儿	不出力，爱要滑的人	个（gé）生	个性强，不好接近的人
一旦挑儿	连襟（姐妹俩夫君之间的称谓）	吹大梨	爱说大话、言过其实的人
刺儿头	无事生非，不好管理的人	下三儿烂	低贱下流、不干正事的人

大梁庄天文、地理方面方言一览表

表 15-3

大梁庄方言	普通话注释	大梁庄方言	普通话注释
雨星子	小雨点儿	贼星	流星
日头、老爷儿	太阳	扫帚星	彗星
开洼	野外	缺墒	形容土地太干
火烧云	晚霞	小巴拉儿	霰雪
秋傻子	立秋后炎热天气	月亮地儿	月光照着的地方

大梁庄时间、节气方面方言一览表

表 15-4

大梁庄方言	普通话注释	大梁庄方言	普通话注释
打晃儿	短暂地露一面	赶后儿	后天
头年、年似个	去年	前儿个	前天
白些	白天	黑些	黑夜
整宿（xiǔ）	整夜	五月节	端午节
阳历年	元旦	八月节	中秋节
晌午、晌午头儿	中午	一擦黑、天傍黑	傍晚
过半晌、后半晌	下午	黑晌儿	晚上
麻亮儿	黎明	个把月	一个月左右
大清早	早晨	赶明儿	明天
头半晌	上午	过年、来年个	明年

大梁庄动物、昆虫类方言一览表

表 15-5

大梁庄方言	普通话注释	大梁庄方言	普通话注释
树牛子	天牛	狗子	跳蚤
牙狗	公狗	蛤蟆	青蛙

续表 15-5

大梁庄方言	普通话注释	大梁庄方言	普通话注释
郎猫	男猫	仓官儿	仓鼠（田鼠）
蛤蟆秧子	蝌蚪	夜猫子	猫头鹰
耗子	老鼠	拐子	鲤鱼
钱串子	千足虫	叫驴	公驴
胖头	鳙鱼	草驴	母驴
长虫	蛇	黄鼠狼子	黄鼬
拉拉古	蝼蛄	刀螂	螳螂
地蛐、蛐蟮	蚯蚓	蝎老虎子	壁虎
大老喝（hè）	蜻蜓	家雀（qiǎo）儿	麻雀
猴折跟头	事情连接不断	蛤蟆吵坑	声音嘈杂喧闹

大梁庄植物蔬菜类方言一览表

表 15-6

大梁庄方言	普通话注释	大梁庄方言	普通话注释
转子莲	向日葵	火柿子	番茄
大麻子	蓖麻籽	蒜毫儿	蒜薹
喇叭花儿	牵牛花儿	棒子	玉米
土豆	马铃薯	山芋、红薯	番薯
洋白菜、圆白菜	卷心菜、甘蓝	弯子、滚子	豆角

大梁庄人体器官疾病类方言一览表

表 15-7

大梁庄方言	普通话注释	大梁庄方言	普通话注释
脑袋瓜、脑瓜子	头	膊拉盖儿	膝盖
脑门盖、耶拉盖	额	胳肢窝	腋窝
囊揣	人腹部的赘肉	流哈喇子	流口水
嗓子眼儿	咽喉	罗锅儿	驼背
掉碟肚	脱肛	拉肚子	痢疾、肠炎
个头儿	身高	害口、害孩子	妊娠反应
脚脖子	脚腕	孬破（孬分）	伤口溃烂、化脓
指盖子	指甲	撇子	拳头

续表 15-7

大梁庄方言	普通话注释	大梁庄方言	普通话注释
病秧子	体弱多病	弹弦子	偏瘫、半身不遂

大梁庄房屋、物品类方言一览表

表 15-8

大梁庄方言	普通话注释	大梁庄方言	普通话注释
电驴子	电动车	断间儿	隔扇
锅腔子	灶台	倒座儿	南房
电匣子	收音机	电棒儿	手电筒
排盖儿	秸杆做的锅排或放饺子用的		

大梁庄服饰、饮食类方言一览表

表 15-9

大梁庄方言	普通话注释	大梁庄方言	普通话注释
褂子	上衣	手巴掌儿	手套儿
大褂儿	长衫	嘎子	金戒指
围脖儿	围巾	黏粥	玉米面粥
棒槌果子	油条	果儿油	花生油
糖堆儿	糖葫芦	大油	猪油
疙瘩头	腌的芥菜头	菜团子	玉米面做的皮包上菜馅蒸制

大梁庄行为、动作类方言一览表

表 15-10

大梁庄方言	普通话注释	大梁庄方言	普通话注释
切艮	埋怨人	起腻	纠缠、添麻烦
胡吣	瞎说	挣崴	挣扎、尽力干
出门子	出嫁	走道儿	改嫁
拌蒜了	踉跄蹒跚	扽（dèn）	用力拉
打镲	开玩笑	涮人	耍笑、捉弄人
掉蒿子	流眼泪	偎窝子	睡懒觉、赖床
炸毛子	虚惊	掂掂	估量、权衡
白乎（话）	胡说八道、闲聊	比画比画	较量较量

续表 15–10

大梁庄方言	普通话注释	大梁庄方言	普通话注释
出古古牛儿	节外生枝	抄摊子	散伙
褶理	胡搅、无理取闹	毛咕	因疑惧而惊恐
背黑锅	受牵连落埋怨	撕狗皮	小孩子打闹
嘚啵（嘚）	说话唠叨	翻翻	喋喋不休
臭嚼	乱说一气	祸祸	损坏
矫情	强词夺理、争辩	不开面儿	不给面子
手潮	技术不精	嘬瘪子	比喻受窘为难
寒碜	不光彩、不体面	窝脖儿	办事碰钉子
挠头	感觉为难	穿小鞋儿	故意为难陷害
回脖儿	改变主意	穷尺	小气、寒酸
硌应	令人厌恶	生性	个性强不合群
插一腿	第三者	撞南墙	碰钉子
坐地炮	特别能打架的中年妇女	拔闯（chuàng）	替人打抱不平，壮威出气
打八杈（chà）	无正式职业干零杂活	白话蛋	口若悬河、夸夸其谈的人
听喝儿的	受别人使唤、听别人安排	听窗户根儿	偷听别人谈话
呛巴	七嘴八舌争议	划划（chàn）	胡乱堆放
出出	挑唆、背后胡乱议论	扒呲	说人短处、故意刁难人
瞎话篓子	常说谎话的人	糟改	讽刺、挖苦
念三音儿	说话暗含讽刺意	笑话篓子	常讲笑话的人
逗闷子	不直说、拐弯抹角、捉摸不透	拿龙	用拳脚教训人，迫使就范
大撒把	比喻管事者放手不管任其自由行事的行为	栽面儿	办事欠妥当，当众出丑，脸上不光彩
话篓子	漫无边际，滔滔不绝的人	弓拉得太满	说话太过头，没有回旋余地
拉抽屉	比喻食言反悔，出尔反尔	倒（读dáo）肠子	旧事或已办的事又重提
串老婆舌头	传播张家长、李家短的人	死性	办事不灵活，小气吝啬
二五眼	技术、质量等都不高	吃人儿的	以色骗取别人钱财的女人
撒芝麻盐儿	比喻将钱物分散使用	唾沫粘家雀（qiǎo）	比喻口惠而不实在
推活络船	遇事反复推诿	眯瞪	小睡、没睡醒
皱巴	不平整、不舒展	打嘚嘚（dēi）	因寒冷而发抖

大梁庄其他方言一览表

表 15-11

大梁庄方言	普通话注释	大梁庄方言	普通话注释
解大手、拉粑粑	大便	老其根儿	最初
解小手、尿尿	小便	归期根儿	归根到底
猛个丁	突然间	老鼻子了	很多很多
当间儿	中间	一水儿	一色一律
九地	地面	海了去了	多了去了
开洼	郊野	通脑儿	总共
好没影儿的	无缘无故	说出大天	无论如何
跟手儿	随即、随手	天每天儿	每天
地起儿	原先、当初	单另儿	单独另外
捎带脚儿	顺便办其他事	小九九儿	心中的算计
勾事鬼	引诱别人走邪道的人	了事儿的	居于纠纷双方的调解者
冤死鬼	遭诬陷受冤屈的人	海聊	漫无边际地聊天
人五人六	趾高气扬，装模作样	四六不懂	什么都不懂
活鱼摔死了卖	不会办事、弄巧成拙、好事办砸	一锅端	全部清除或全部消灭的意思
得亏（děi kuī）	幸亏、多亏的意思	炸窝	发生意外事故引起轩然大波
顶不济	预测最坏的结果	眼巴前儿	目前、当下

三、谚语

谚语是千百年来劳动人民的经验总结，它对气象、农业生产、人民生活、道德修养等多方面有一定的参考价值。大梁庄村民在长期的生产实践中编出许多朗朗上口的谚语，经常使用的谚语有以下几个方面：

（一）气象、节令、农业生产谚语

一年之计在于春，春光一刻值千金，二十四节气勿等人。

春播时，夏播刻，春争日，夏争时。

春雨贵如油，一场春雨一场暖，一场秋雨一场凉。

春种一粒粟，秋收万颗子；头伏萝卜，二伏菜，三伏种荞麦。

麦盖三层被，枕着馒头睡。春打六九头，穷人苦出头。

谷雨前后，种瓜点豆。春分刮大风，刮到四月中。

雨打清明前，农民好种田。雨洒清明节，麦子豌豆满地结。

榆钱黄，种地忙。

三伏无雨秋后旱，今年收成减一半。

庄稼一枝花，全靠粪当家。立了秋，再小一起揪。

种地不上粪，等于瞎胡混。人靠五谷养，苗靠粪土长。

人误地一时，地误人一年。人怕老来穷，谷怕老来旱。

人勤地不懒，庄稼凭人管。人勤地生宝，人懒地生草。

立秋十八天，寸草都结籽。白露早，寒露迟，秋分种麦正当时。

桃三杏四梨五年，枣树当年就还钱。白露镰刀响，秋分种麦忙。

立冬不锄菜，必定受 害。小雪封地，大雪封河，冬至数九天。

腊七腊八，冻死寒鸦。瑞雪兆丰年。

八月十五云遮月，正月十五雪打灯。春捂秋冻，到老没病。

春困秋乏夏打盹儿，到了冬天多睡会儿。

大暑小暑，遍地开锄。河里鱼打花，天上有雨下。

先下“牛毛”没大雨，后下“牛毛”不晴天。

青蛙叫得欢，必有阴雨天。二八月乱穿衣。

冷在三九，热在中伏。雨后东风来，来日雨还下。

燕子低飞蛇过道，明日必有大雨到。

水缸穿裙蛤蟆叫，不久将有大雨到。

燕子高飞晴天到，蜻蜓低飞要下雨。西北恶云长，冰雹在后晌。

雷声连成片，雨下河沟漫。晚间火烧云，明日晒死人。

红云变黑云，必定大雨淋；风大夜无霜，阴天也无霜。

早看东南，晚看西北。早怕东南黑，晚怕北云推。

日出红云升，劝君莫远行。日落红云升，来日是晴天。

瓦块云，晒煞人；馒头云，天必晴。

东边日出西边雨，阵雨过后又晴天。

满天乱云飞，雨雪下不停。雨后刮东风，未来雨不停。

旱了东风不下雨，涝了东风不晴天。

一九二九不出手，三九四九冰上走，五九六九河边看柳，七九河开，八九雁来，九九无凌丝，九九加一九耕牛遍地走。

泥鳅水上泡，阴雨即将到。池塘翻坑臭，大雨将要到。

早霞阴，晚霞晴；早霞不出门，晚霞行千里。

沙窝的萝卜张家窝的枣，曹庄子养花技术好。

（二）生活谚语

饱汉子不知饿汉子饥。有借有还，再借不难。

饱带干粮暖带衣。不吃苦中苦，不知甜中甜。

别把心夹在胳肢窝里。树怕老来空，人怕老来穷。

别把活鱼摔死了卖。远亲不如近邻，远水救不了近火。

别把屎盆子往自己头上扣。路是走出来的，办法是人想出来的。

别拿热脸蛋去亲他的冷屁股。不听老人言，吃亏在眼前。

姜是老的辣，醋是陈的酸，老人经验多。

病来如猛虎，病去如抽丝。不做亏心事，不怕鬼叫门。

不打馋的，不打懒的，专打没眼的。

远亲不如近邻，近邻不如对门。你敬人一尺，人敬你一丈。

没有金刚钻，别揽瓷器活儿。不怕没好事，就怕没好人。

当当买藕吃，口口是窟窿。酒色迷人胆，财物烧人心。

吃不穷，喝不穷，算计不到必受穷。

不怕不识货，就怕货比货。不当家不知柴米贵。

听人劝，吃饱饭。能省囤尖，不省囤底。

衣来伸手，饭来张口。拆了东墙补西墙。

吃穿能让，理不能让。吃萝卜就热茶，气得大夫满地爬。

吃五谷杂粮哪有没病的。丰年要当歉年过，常将有时当无时。

一日之计在于晨，一年之计在于春，一生之计在于勤。

细水长流，吃穿不愁。心急吃不了热豆腐。

迟干不如早干，蛮干不如巧干。重打锣鼓另开张。

打破砂锅问到底。车到山前必有路，困难面前有信心。

交人交心，浇花浇根。早起三光，晚起三慌。

能走十步远，不走一步险。清官难断家务事。

家和万事兴。饭后百步走，活到九十九。

夫妻没有隔夜的仇。富人一席饭，穷人半年粮。

骑驴的不知赶脚的苦。站着说话不腰疼。艺多不压身。

刀不磨要生锈，人不学要落后。

观棋不语真君子，举手不回大丈夫。闺女是娘的贴身小棉袄。

过耳之言不可听。好吃不过饺子，舒服不过倒着。

害人之心不可有，防人之心不可无。
十年铺子，人捧字号；百年铺子，字号捧人。
饿断枯肠，不吃种粮。
好男不吃分家饭，好女不穿嫁妆衣。好钢用在刀刃上。
荒年饿不死手艺人。皇上也有穷亲戚。
会当媳妇两头瞒，不会当媳妇两头传。
家有百口，主事一人。人分高低上下，货分三六九等。
家有贤妻，不遭横祸。饺子就酒，越吃越有。
经是好的，叫歪嘴的和尚念走板儿了。紧紧手，年年有。
满堂儿女不如半路夫妻。没有规矩，不成方圆。
没事别找事，有事别怕事。没有芭蕉扇别过火焰山。
没有过不去的河。在哪儿摔倒在哪儿爬起来。
按下葫芦起了瓢。能买不值不买吃食。能人背后有能人。
宁跟明白人打架，不跟糊涂人说话。
贫在闹市无人问，富在深山有远亲。
破鼓乱人捶，墙倒一路推。买卖不懂行，瞎子撞南墙。
生意买卖千条路，谁有信誉谁先富。生意无大小，信誉是个宝。
七十不留宿，八十不留步。七十三,八十四，阎王爷不叫自己去。
前人种树，后人乘凉。钱要花在刀刃上。强中自有强中手。
抢着不够，让着剩下。亲兄弟，明算账。情人眼里出西施。
求人不如求己。人不得外财不富，马不吃夜草不肥。
人串门子惹是非，狗串门子挨棒槌。
人挪活，树挪死。人靠衣服马靠鞍。
人叫人累死人，货叫人挤破门。
人无我有，人有我全，人全我优，人优我廉。
人怕出名，猪怕壮。人往高处走，水往低处流。
人无千日好，花无百日红。人燥有祸，天燥有雨。
百日床前无孝子。杀人不过头点地。少吃一口，舒坦一宿。
是福不是祸，是祸躲不过。有眼不识金镶玉。
瘦死的骆驼比马大。台上三分钟，台下十年功。
贪小便宜上大当。天上下雨地上滑，自己摔倒自己爬。

天时不如地利，地利不如人和。天下无难事，只怕有心人。

鲜鱼水菜，当时就卖。现上轿现扎耳朵眼。心病还得心药医。

牙疼不算病，疼起来要了命。夜猫子进宅，无事不来。

一把钥匙开一把锁。一家人不说两家话。家家有本难念的经。

一人难称百人意。有力使力，无力使智。有钱难买老来瘦。

鱼生火，肉生痰，豆腐豆芽保平安。与人方便自己方便。

早饭要早，午饭要饱，晚饭要少，不吃也好。

坐如钟，站如松，卧如弓，走起路来一阵风。

（三）道德品质谚语

大人不计小人过。但行好事，莫问前程。

得饶人处且饶人。好借好还，再借不难。

好话不背人，背人没好话。敬父别忘叔，敬母别忘舅。

买卖不成仁义在。明人不做暗事，真人不说假话。

刨绝户坟，踹寡妇门，欺负老实人。人要实，火要虚。

人正不怕影斜，脚正不怕鞋歪。善恶到头终有报。

问路不行礼，多走十几里。仙丹也治不了没良心。

老猫尿房檐，辈辈往下传。一分厚道一分福。

一嘴仁义道德，一肚子男盗女娼。用人不疑，疑人不用。

用人朝前，不用人朝后。

在家敬父母，何必庙烧香。有理走遍天下，无理寸步难行。

不怕人穷就怕志短。上梁不正下梁歪。

笑一笑，十年少。跟着好人学好人，跟着巫婆学跳神。

（四）其他

针眼大的窟窿斗大的风。

瓜子不饱暖人心。别把土地爷不当神仙。

不见兔子不撒鹰。不怕贼偷，就怕贼想。

不怕夜猫子叫，就怕夜猫子笑。心里没病不怕老年糕。

不怕一万，就怕万一；吃饭留一口，饭后百步走。

成事不足，败事有余。药补不如食补。

聪明反被聪明误。逮不着黄鼬惹一身骚。

胸无大志枉活一生。阎王爷好见，小鬼难缠。

夜猫子进宅，无事不来。
丑媳妇也得见公婆。吹笛还要找个捏眼的。
从小看大，三岁看老。聪明一世，糊涂一时。
包子有肉不在褶上。打虎亲兄弟，上阵父子兵。
打肿脸充胖子。大河里面没水小河干。
当面银子对面钱。多一事不如少一事。
放长线钓大鱼。胳膊肘不能往外拧。公说公有理，婆说婆有理。
姑表亲辈辈亲，打断骨头连着筋。寡妇门前是非多。
光脚的不怕穿鞋的。光听蝲蝲蛄叫就别种地了。
行家看门道，力巴看热闹。后浪推前浪，新人换旧人。
好汉不赚有数的钱。好马不吃回头草。
花钱买教训，就算交学费。黄鼠狼单咬病鸭子。
活人别叫尿憋死。计划赶不上变化快。
精通一技才能立身养家。旧的不去新的不来。
绝户爱财，花子惜命。来者不善，善者不来。
拉不出屎来别怨茅房。来早了不如来巧了。
老儿子，大孙子，爷爷的命根子。懒驴上磨屎尿多。
老鼠爱钻洞，坏人爱钻空。冷汤冷饭难咽，冷言冷语难听。
龙生九子，九子不同。房前不栽杨，屋后不栽柳。
没有不开张的油盐店。没有家贼，引不来外鬼。
没有梧桐树，引不了凤凰来。人过留名，雁过留声。
宁看儿子的屁股，不看姑爷的脸。屈死不告状，穷死不做贼。
人不可貌相，海水不可斗量。人争一口气，佛受一炷香。
大梁庄两头洼，不是死俩就是死仨。死要面子活受罪。
剃头打辫，少相一半。铁打的衙门流水的官。
小姐的身子丫鬟的命。心比天高，命比纸薄。
羊无头不走，雁无头不飞。贼咬一口，入骨三分。
嘴上没毛，办事不牢。家和万事兴。事无百年好，家无三代兴。

四、歇后语

北京的萝卜——心里美

烧纸擦屁股——漏一手

高丽棒子过年——要狗的命
属耗子的——撂爪就忘
门缝里吹喇叭——名声在外
门缝里看人——把人看扁
八仙桌子盖井口——随方就圆
吹鼓手抱公鸡——嘀嘀咕咕
阎王爷出告示——鬼话连篇
阎王奶奶有喜——怀着鬼胎
老鼠跳进粮囤——交好运
电线杆上插鸡毛——好大的胆子
姜太公钓鱼——愿者上钩
灶王爷吃糖瓜——稳吃把儿拿
屎壳郎带花——臭美浪荡
土地爷放屁——好大一股神气
拍花的逛娘娘宫——白搭功夫
二郎爷缝衣裳——神缭（聊）
头顶长疮脚底流脓——坏透了
茅房里的砖头——又臭又硬
公鸡站在笤帚上——硬充大尾巴鹰
耗子尾巴长疮——没有多少脓水
猴拿虱子——瞎掰
狗带嚼子——胡勒
狗拿耗子——多管闲事
狗咬吕洞宾——不识好人心
黄鼠狼下耗子——一代不如一代
癞蛤蟆上供桌——硬充大肚弥勒佛
脚底板的泡——自己走的
老太太吃柿子——嘬瘪子
刘备摔孩子——邀买人心
轮胎打气——许进不许出
圈子文化——腐败

抱着元宝跳井——舍命不舍财
瑞蚨祥的货——没假的
猪八戒照镜子——里外不是人
铁公鸡——一毛不毛
不倒翁做大车——没个稳当劲儿
半夜下馆子——有什么算什么
阎王爷不在家——小鬼造反了
大姑娘坐轿——头一回
电线杆上的风筝——缠上了
瘸拐李的葫芦——不知装的嘛药儿
癞蛤蟆想吃天鹅肉——梦想
土地爷拜娘娘——舍把老脸儿
土地爷掏耳朵——崴泥了
二奶奶带钥匙——当家不主事
九月圆脐十月尖——公儿母都肥
房顶子开门——六亲不认
老太太卖瓜——自卖自夸
擀面杖吹火——一窍不通
蛤蟆跳井——不懂（咚）
猴吃核桃——满砸
猴推磨——玩儿不转
狗赶鸭子——呱呱叫
狗掀帘子——全仗嘴了
黄鼠狼给鸡拜年——没安好心
芝麻开花——节节高
鸡孵鸭子——白忙活
丈二和尚——摸不着头脑
老太太买柿子——捡软的捏
驴粪球子——表面光
唱戏的腿抽筋——下不了台
屎壳郎打喷嚏——满嘴喷粪

老虎苍蝇一起打——贪官哭了

马屁股钉掌——离题（蹄）太远

猫哭耗子——假慈悲

磨坊的驴——听喝

木匠调线——一眼睁一眼闭

牛犊子驾辕——乱套了

骑驴看账本——走着瞧

秋后的蚂蚱——没几天蹦跶了

肉包子打狗——一去不回

屎壳郎变知了——一步登天

属狗的——翻脸不认人

水仙不开花——装蒜

小秃脑袋上的虱子——明摆着

小葱拌豆腐——一清二白

一张纸画个鼻了——好大的脸

妯娌打架——改哥们

猪八戒照镜子——里外不是人

做梦娶媳妇——净想好事

腊月的孩子——动（冻）手动（冻）脚的

第二节　习　俗

一、生活习俗

解放前，村民穿戴非常简单，由于经济条件差，多以粗布衣为主，加之每个家庭有3 ~ 5个子女，一般来说，衣服鞋子大子（女）穿小了给二子（女）穿，二子（女）穿小了给三子（女）穿，依次下去。这种习惯一直延续到20世纪70年代。衣服、鞋子缝补丁是很平常的事，在票证盛行时期也不足为奇。村民孩子多的家庭生活拮据，逢年过节只有上学的孩子有一件新衣穿，其余孩子都穿不上。

改革开放以后，村民生活水平提高较快，大传小、破了补的穿衣习俗已不见踪影，村中不管是大人还是小孩都是一季多衣，颜色款式丰富多彩。

近600年来，大梁庄村民有日出而作、日落而息、面朝黄土背朝天的劳作习惯。农民为多干活，采用一日两餐，早晨不吃早点，天一亮男劳力就下地干活到上午9点左右回家吃饭。夏天下午2点后开始劳作至晚7点回家吃晚饭。如干活地方离家远就带上干粮和水一直干到日落才回家。20世纪70年代末，劳作方式有所改变。进入80年代，劳作方式、饮食习俗发生很大变化，饮食改为早点、午饭、晚饭，一日三餐这个习惯延续至2018年。

大梁庄村住房习俗自古有上下房之分，一院三间房挨着大门口的一间为上房，中间一间搭锅台做饭餐饮使用，最后一间为下房，辈分高的住上房。20 世纪 50—60 年代，村中大部分家庭儿子结婚和父母同住三间房。1961 年，村集体开始放宅基地，符合条件的有 60 余户，村集体批准三间房基地自建房屋。房屋建好后大儿子婚后搬出去住，二儿子结婚继续在老宅内，婚后二儿子再申请要房基地，以此类推。80—90 年代，大梁庄村形成了老村老宅老人多，已婚年轻人都在新宅地居住，这种住房习俗延续至 2010 年平改拆迁。

二、岁时节令习俗

（一）农历节日节令习俗

1. 贴春联　古时传诵着一句顺口溜“二十九，贴道友，三十晚上熬一宿”。农历腊月二十九是贴对联、贴吊钱、贴福字的日子，村内吉祥喜庆，烘托出一派节日气象。有的村民义务为大家写春联，也有的村民去市场购买。这一天村民们把自家的大门、二门、角门、厢房门、影壁、灶前、水缸、猪圈、马棚、牛栏等处都要贴上对联、福字，红红火火，喜气洋洋。贴春联的习俗在大梁庄村数百年来长盛不衰，2018 年年底，村民集体迁入梁晨馨苑小区，在新居过第一个春节，家家户户贴上窗花、吊钱、福字、对联等，内容丰富，图案漂亮，质地上乘，让人看了更加赏心悦目。

春帖（韩宝霞摄于 2018 年）

2. 除夕　除夕就是腊月三十，俗称“大年三十”，小月是腊月二十九。这一日村民十分重视，外出人员均返回家中。解放前，这一天村里一般农户的堂屋挂女神佛、祖先画像或祖宗牌位，摆好香炉。晚饭前上贡品，焚香燃烛，敬祭神佛，叩拜祖考。贫苦人家宁可其他年货不买或少买也要“请香”“请神佛”，以求神佛保佑一家人兴旺平安。除夕屋院灯明烛亮彻夜不息。除夕夜不许扫地倒垃圾、泼水、动刀剪。在院子至堂屋地上撒些高粱穗、芝麻秸等，名曰“踩岁”，意为全家人岁岁平安，生活如芝麻开花节节高。

午夜子时（23 时至凌晨 1 时）为全神下界之时，素饺子上供焚香叩拜，求得一年素素净净不出偏差。村内鞭炮声声，焰火飞舞，烟云缭绕，震耳欲聋，以示驱邪避灾，辞旧迎新。之后全家人围坐一起吃饺子。因饺子呈元宝形，更岁时吃预示着来年财运兴旺。饭后开始祭祖，按辈分叩礼拜年。祭祖后由男主人携其孩童去至亲长者家拜年致候。除了祭祖外三十晚上还有守岁习俗，除夕这一天已婚妇女不能回娘家，不能踏入别人家门，大人小孩不准说“没了”“少了”“死了”等晦气话，只说吉祥话。

压岁习俗近年盛行。解放前，过年贫困农户没有压岁钱，富户和经济条件较好的农户给晚辈压岁钱或物。传说压岁钱或物是为了买通神祇、压住岁月，使孩子无病无灾、逢凶化吉。解放后，随着经济的发展，压岁钱不断增加。20 世纪 50—60 年代由几分钱到两角钱，70—80 年代由五角钱到 10 元，进入 21 世纪，一般农户给小孩压岁钱 100 ~ 200 元，经济条件好的、血缘关系近的给 500 ~ 1000 元。

3. *春节*　正月初一俗称大年初一，又称春节。春节法定假期 3 天。初一早晨全家人吃素饺子，饭后亲朋好友互相拜年祝福，孩童给长辈拜年，长辈要给压岁钱。各家都给来拜者准备好烟、茶、糖果等，以招待来拜者。拜年时如遇原来不和睦的邻居登门相拜，便意味着消释前嫌、愿归旧好，受拜者以礼相待，前怨尽弃。春节燃香放鞭炮吃水饺相互拜年习俗一直流传至 2018 年。

4. *迎财神*　正月初二是迎财神日。解放前，家家供奉财神，初二清晨家家放鞭炮迎财神。据说各家都要担水蓄满缸，拾把柴火进家，谓之“进财进水”、财源滚滚。这一习俗流传到解放初期。近 30 多年来，大年初二这一天演变为“姑爷节”，已婚妇女和丈夫及小辈儿一同回娘家给岳父岳母拜年。此时村内大街小巷车水马龙，人来人往络绎不绝，岳父岳母在家备好丰盛的午餐或晚餐招待姑爷，近几年有的家庭到餐馆里订餐款待姑爷。

5. *破五*　正月初五，村民习惯称为“破五”，这一天家家户户剁肉剁菜包饺子，意味着剁小人捏小人，清除一年内琐碎烦心事。这个习惯已沿袭多年。现在仍流传着“初一饺子初二面，初三饸子往家转（赚），初五剁小人”之说。

6. *元宵节*　正月十五是元宵节，也称“灯节”，俗称过小年。大梁庄村民过元宵节的习俗代代相传。近 40 年来，元宵节过得很热闹。村里秧歌队、锣鼓队的队员们穿着彩服，手握红绸带，个个喜气洋洋，在欢快的锣鼓声中沿着村中的大街小巷扭起来，同时还要参加区镇举办的为期三天的花会表演，热闹非凡。这一节日到来之前，杨柳青灯展就开始了。因大梁庄离古镇杨柳青很近，村民们携老带幼看灯展，人们争相拍照、录像留下美好记忆。这一日家家都吃饺子和元宵，象征合家团圆，元宵节一过“年”亦宣告结束。

7. 填仓节　正月二十五俗称“填仓”。解放前此日“家家打囤”，囤内放上五谷杂粮，象征是年五谷丰登。解放后，此习俗逐渐消失。

8. 龙头节　农历二月初二为龙抬头。解放前，民间信奉传说中的龙，龙经过冬眠到这一天被春雷唤醒，主管云雨的龙要抬起头来开始兴云布雨，所以大家都祈求龙王保佑民间风调雨顺、五谷丰登。此日村民有烙饼、煎焖子、炒鸡蛋、摊煎饼、包饺子的习俗。当日不挑水怕把懒龙挑进来。男子剃头理发谓之“剃龙头”。女人不准动针线，以免伤龙眼龙身。随着破除迷信及新农村建设的发展，带有迷信色彩的活动基本消失，但煎焖子、吃饺子等习俗仍延续。

9. 清明节　清明节是传统的祭扫节日。这一习俗从大梁庄村落形成后延续至今。在清明节前后几天内，各家子女、儿孙备好纸钱供品、蜡烛、香、鞭炮等扶老携幼到先人坟前先取土培坟，谓之“添坟”，之后摆好供品，燃烛烧香，行礼跪拜，烧纸钱，放鞭炮，以示对祖先的敬意与怀念。2010 年，大梁庄村平改拆迁，各家的坟墓都迁往公共墓地。村民清明祭扫都在公共墓地中进行。清明节期间，村内的小学校和在外上学的学生由学校组织师生前往烈士陵园扫墓。每年清明节，大梁庄村两委组织党员、村民代表到烈士陵园祭扫、敬献花圈、参观烈士纪念馆、缅怀先烈进行革命传统教育。

10. 端午节　农历五月初五为端午节。民间也叫“五月节”，村民有吃粽子的习俗。此日村民采集芦苇叶或到市场上去买苇叶、竹叶，将糯米、枣和豆馅裹进去包好，用线捆好煮熟即食，粽子香甜软嫩。节前家家门前挂艾草以示噬食鬼魅，去除邪恶。20 世纪 50 年代以前，五月里小孩要佩戴“老虎褡拉”，意在驱除五毒避瘟消灾。五月初五这天摘下扔到河中或远处。小孩佩戴“老虎褡拉”的习俗，近 20 年已消失。吃粽子、互送粽子挂艾草的习俗延续至今。

11. 伏日　解放前，有“头伏饺子、二伏面、三伏烙饼炒鸡蛋”之俗。现在年长的村民仍有过伏日的习惯。

12. 立秋　此日食瓜名曰“咬秋”，谓之免腹泻。立秋这一日村民有食饺子、食秋饼的习俗，曰“秋饱”“添秋膘”。

13. 乞巧节　农历七月初七为乞巧节。传说这一天是牛郎织女相会的日子，喜鹊为其在“天河”搭桥，谓之“鹊桥相会”。解放前，民间有许多少女在这一天向织女乞求智巧的习俗，形式多样，七夕夜晚盛一碗水放在星光下，小女子把绣花针丢在水里，让它漂浮在水面上，星光辉映下的针影照在碗底会生浮动的阴影，变幻多端，人们依其形状、漂针水影的粗细，可鉴别投针姑娘针绣工作是拙是巧。另外民间还有“观天河、祈五谷”的风俗。此风俗解放后逐渐消失。

14. 中元节　农历七月十五为中元节，俗称“鬼节”。村民家家户户祭祖上坟，烧纸箔。无条件去茔地者可在路边或十字路口处焚之。谓之给先人送去足够的钱财过节，免来人间打扰。此习俗延续六百余年，2015 年随着创文明城区活动的开展，此习俗已渐无。

15. 中秋节　农历八月十五正是三秋恰半，故谓之“中秋”，又因晚上皓月当空，格外明媚，乃团圆之象征，故有“团圆节”之称。

解放前，大梁庄村民有祭月、拜月、吃月饼的习俗。八月十五晚上富裕人家在庭院设几案，摆上圆饼、水果等供奉月神，并焚香叩拜。中秋拜月意为村民祈望月神恩赐家庭平安、万事如意。吃月饼习俗数百年来长盛不衰，村中富裕农户从食品店里买各式各样的月饼和水果，贫困农户自己烙月饼或蒸糖饼。晚上全家在庭院中团坐饮食赏月。近些年来，亲友之间互赠月饼、水果、烟酒等，相互祝贺。中秋节已成为村内仅次于春节的第二大传统节日。

16. 重阳节　农历九月初九为重阳节。《易经》将“九”定为阳数。九月九日两九相重故称“重阳节”，也叫“重九”。九与久同音，所以古代认为这一天是吉祥日子。此日有登高插茱萸，祈求福寿的习俗。大梁庄过去也有蒸糕相馈的风俗，但不普遍。村两委关爱老年人生活，每年重阳节村委会都为 60 周岁以上的老人发放节日礼品，特别是对村内的五保户更加关怀备至，每到节日带上礼品到家中慰问，节日期间组织各部门开展尊老敬老活动。

17. 寒衣节　农历十月初一为寒衣节，旧称“十月一”鬼要寒衣。过去每年到十月初一前后几天，各家各户用纸剪成衣服形状，带上纸钱到坟地烧化。村中各家各户此日去市场买纸钱、冥币和纸衣到村指定地点烧化，故曰为故去先人送去寒衣。这一习俗已渐无。

18. 腊八节　农历腊月初八为腊八节。民间传说腊月初八是释迦牟尼得道之日。为纪念佛祖的豁然顿悟和俨然得道，佛门弟子就熬大量的腊八粥施舍给人们。随着岁月的流逝，食腊八粥早已由佛门行事扩展为民间习俗了。几百年来村民有食腊八粥的习惯。腊月初八的早晨，家家用米黍、豆、枣、干果等八种食品混合在一起熬粥。此日家家户户用醋泡大蒜，称“腊八蒜”，备春节食用。大梁庄村民食腊八粥、泡腊八蒜的风俗已延传至 2018 年。

19. 祭灶　农历腊月二十三为祭灶王日。解放前，这一日晚上大梁庄村家家户户祭灶，供品有糖果、年糕、草料和清水，燃香叩拜，嘴里念叨着“年糕沾嘴，糖瓜沾舌”，目的是让灶王爷少讲坏话，叩祭后将旧灶王爷画像揭下来焚化，意为灶王爷上天。到腊月三十换上灶王爷新像供奉，是谓灶王爷回宫，并在神像两侧贴上对联“上天言好事，回宫降吉祥”，横批“一家之主”，食俗吃年糕。这个习俗延续到20世纪50年代初。50年代中后期，随着破除迷信思想的宣传，此俗已除。

（二）公历节日、纪念日

1. 新年　1月1日，又称元旦，法定节日，放假1天。同日机关、工厂、驻军、学校等各单位，张灯结彩，举行文艺联欢庆祝活动。部分在外工作人员返家与老人相聚。村委会每年组织迎新年庆祝活动。

2. 国际妇女劳动节　3月8日，亦称“三八”妇女节。村妇联以多种形式开展庆祝活动，宣传和保护妇女儿童的合法权益。镇政府年年举行庆祝活动，表彰先进。有的单位妇女放假半天。

3. 植树节　3月12日为植树节，始于1979年。每逢此节村两委都组织党团员和部分群众开展义务植树活动。

4. 国际劳动节　5月1日为国际劳动节，法定节日放假一天。解放后逢此日各单位举行庆祝活动。近几年有些村民、学生、职工等利用这个节日调休进行春游活动。

5. 中国青年节　5月4日为青年节，团支部组织青年举行各种纪念活动，村里的部分青年参加区镇团委组织的庆祝和表彰活动。

6. 少年儿童节　6月1日为儿童节，村里的儿童穿上节日的盛装，参加幼儿园和学校举办的文艺表演联欢活动。

7. 七一建党节　7月1日为中国共产党成立日，村党总支组织党员、团员开展各种形式的庆祝活动。组织部分党员参加区、镇组织的庆祝和表彰活动。

8. 八一建军节　8月1日为中国人民解放军建军日，军地双方组织开展拥军爱民活动。村委会对村内复转军人进行慰问。

9. 教师节　9月10日为教师节。教育部门的各单位举行庆祝和表彰活动，邀请村镇领导参加。

10. 国庆节　10月1日为国庆节，法定节日，放假三天。村委会开展各种形式的庆祝活动，给村民发放慰问品。部分村民利用国庆节长假外出旅游观光，串亲访友。

三、婚姻习俗

解放前，盛行早婚，注重门当户对，遵父母之命、媒妁之言。一般男子在十七八岁，女子在十六七岁完婚。当时民间流传有“早生儿子早得济”的说法。婚姻礼仪习俗烦琐庸俗，婚姻类型较多。旧式婚姻程序有说亲、送小帖、合婚、换龙凤帖、定吉辰送娶帖、过嫁妆、娶亲、认亲、回四、住对月。旧式婚姻类型有互换亲、娃娃亲、童养媳、亲上做亲、指腹为婚、冲喜亲、招女婿。

新中国成立后，颁布婚姻法，废除封建婚姻制度，婚姻旧习逐渐消失，流行自由恋爱，自主婚姻，反对父母包办买卖婚姻。婚姻类型有经介绍人牵线搭桥成婚的，有男女自由恋爱成婚的，有男女网聊恋爱走入婚姻殿堂等。新式婚礼简单喜庆，婚礼开始，新郎新娘手挽手伴随着婚礼进行曲入场。主持人介绍新人情况，新人交换结婚信物。小夫妻拜谢双方父母及长辈后，夫妻对拜。有长辈致辞、证婚人致证婚词、来宾代表致辞，有香槟、烛光以及全家福合影。典礼结束后，亲朋好友共进喜宴，新郎新娘敬酒，一一致谢。婚礼全过程摄像、录像，留下美好记忆。

四、寿诞习俗

（一）新生儿习俗

1. 祈子　20世纪60年代前，为求早生贵子，在新人结婚之前，新房内一般贴上一幅胖小儿画。新郎新娘入洞房吃饺子，有福人铺被褥、念喜歌等都有祈子之意。

2. 接生　解放前新生儿出生多请接生婆接生，分娩后立即派人到娘家报喜，娘家人便将准备的婴儿衣、被、尿布、鸡蛋、红糖、小米等送来，其他亲友也来探望。产房挂红窗帘，门挂红布门帘，忌生人进入。婴儿落生后，请亲邻奶妇喂奶，谓之“开口之意”。新中国成立后，产妇一般都由经过培训的村医接生。20世纪80年代，随着医疗事业的发展和人民生活水平的提高，产妇基本上都到医院分娩，既卫生又安全。

3. 洗三　解放前，孕妇产后第三天，要由接生婆给婴儿沐浴一次，俗称“洗三”。接生婆边洗边念喜歌。主家在饭桌上摆好供品。洗毕，接生婆把添盆钱、主家赏钱、鸡蛋、供品统统带走，欢天喜地称谢而去。“洗三”后，谢绝非至亲进产房探望，20世纪70年代后此习俗已消失。

4. 十二晌　婴儿出生第十二天，娘家人送来礼品，婆家款待，此日解禁。

5. 满月　婴儿出生一个月，亲友多以衣物、饰物馈赠，名叫“满月礼”，主人设宴招待亲友，俗称过满月。随着经济的发展，过满月更加隆重，贺礼也由原来的礼品演变成礼金，且逐年增多。婴儿满月后，母亲带着婴儿回娘家，叫“挪臊窝儿”。

6. 百岁　婴儿出生一百天，俗称“百岁”。主家“过百岁”，娘家人带来金锁、银锁、手镯或面桃一百个，取婴儿长命百岁之意。21 世纪后流行为婴儿拍摄“百岁照”，以示留念。

7. 生日　婴儿满周岁，过第一个生日。解放前，姑送鞋，姨送袜，舅母送件大马褂。21 世纪亲朋挚友送来礼金或各种礼物以示祝贺。

（二）寿庆

村内为老人做寿一般过九不过十，多过 59 岁生日，称“六十大寿”，66 岁过“六六大寿”。尤以 69 周岁、79 周岁、89 周岁生日隆重，即七十大寿、八十大寿、九十大寿，合家欢聚，亲朋好友均来贺寿，八十大寿时尊称老人为“老寿星”。其子女晚辈为老人送生日蛋糕、鲜花、孝敬钱或烟酒等礼物，其他贺寿者，寿礼多为现金。亦有送寿联、条幅、寿幛等。进入 21 世纪以来，部分家庭在饭店为老人过寿。

五、丧葬习俗

（一）旧式丧俗

有停床、报丧、缝孝衣、看材、成殓（入殓）、送路、出殡、圆坟、烧七等。

（二）新式丧俗

解放后，政府提倡破除迷信、移风易俗，丧葬礼仪逐步改革，程序简化，陈规陋俗逐渐淡薄。大梁庄村从 1966 年开始对死者实行火化，从此结束土葬习俗。诵经念佛渡桥等旧习俗早已绝迹。但送路、烧纸钱、圆坟的习俗一直延续。近几年，村集体为奖励丧事从简的农户，村委会给予 5000 元的补贴，违规者将不享受村委会及上级有关部门给予的丧葬补贴，并接受村委会及有关部门的批评、教育和处罚。2010年后，大梁庄村大多数逝者安葬在河北省兰生园公墓内。

第十六章　人　物

新中国成立后，勤劳的大梁庄人民在各级党组织的领导下，解放思想，开拓进取，在社会主义革命和建设中讲正气、讲文明、讲奉献，谱写着一曲曲动人的篇章。抗美援朝老兵董绍春，出国作战历时两载，在战火纷飞的岁月里，出色地完成了朝鲜西线的运输任务。老书记徐国新，在村、乡主要领导岗位上连续拼搏 31 年，为改变农村落后面貌做出了贡献。老队长李汝新一身正气，一心为民，廉洁奉公，把两个落后的生产队治理成先进队。全国孝亲敬老之星刘厚占与妻子周振苓，精心赡养孤寡老人 25 年，不是亲人胜似亲人的故事在天津大地广泛流传。董开弟、董学义、杨静等村民孝老爱亲的事迹，感人至深。这些村民事迹史载志书，教育后人，世代传承。

大梁庄村在外工作人员有 12 人担任科级以上领导职务，有 37 人获得中高级专业技术职称。他们在不同领域恪尽职守、钻研业务、努力工作、拼搏奉献，取得可喜的成就。

第一节　人物传

徐国新（1930—2010）男，大梁庄人，高小毕业。1957 年，加入中国共产党，1959—1979 年任大梁庄村党支部书记。1980—1983 年在中北斜乡政府工作，1984—1991 年任中北斜乡副乡长。

20 世纪 60 年代，徐国新带领全村干部群众，开垦荒地 70 余亩。为合理安排全村土地的种植与使用，他深入生产队调研座谈，提出指导性意见，使全村园田生产做到了春提前、夏排开、秋错后、冬储藏。蔬菜年年增产，超额完成对城市的供应任务。在稻田和旱田的种植上，实行生产民主，科学种田，粮食产量逐年增长，使大梁庄由过去的缺粮队变得自足有余。

20 世纪 70 年代，徐国新带领全村干部群众大搞农田基本建设，发展养猪业，改良土壤，使农业增产增收。1972 年，大梁庄村粮食亩产只有 165 公斤，1973 年，粮食亩产达 340 公斤，居全乡首位。1974 年，粮食亩产达 514 公斤，蔬菜平均每亩达 0.52 万公斤，村里出现了猪发展、肥源足、粮过千、菜超万，粮、菜、猪三贡献的良好势头。1974—1980 年，年年超额完成光荣粮上交及蔬菜对城市的供应任务。1979 年，大梁庄被评为西郊区“农业学大寨”先进集体。

1980 年，徐国新被调到乡政府工作，他深入村队指导全乡农业生产，使全乡农业生产年年增产。1983年，徐国新被评为天津市农业劳动模范。

李汝新（1927—2000） 男，大梁庄人，高小毕业。1956年9月，加入中国共产党，1954—1985年，李汝新曾任大梁庄村党支部委员、党支部副书记、生产队长、大队长。

1973年，大梁庄四小队班子比较薄弱。当时部分群众提议，李汝新调到四小队担任领导工作。在村党支部讨论会上，李汝新主动请战说："咱是一名党员，群众哪里需要就到哪里去。"他带领四小队社员改土、治碱，开沟挖渠，样样干在前。1977年，改造了20余亩园田，其中有2亩是十人见了十人愁的老废道，老砖头、石灰渣、水泥块足有1米多深，可他硬是把废道改造成园田。四小队在他的带领下，农业生产搞得生机勃勃，集体经济年年增长，粮食产量超千斤。

20世纪70年代末期，大梁庄一小队是全村的后进队，为改变一小队的落后面貌，党支部派李汝新到一小队开展工作。李汝新欣然接受任务。到了一小队，他抓纲治队，统筹管理，充分调动群众的积极性、主动性、创造性，把一小队的生产搞得红红火火。1979年，一小队粮食亩产达531公斤，是大梁庄村亩产最高的一个生产队。仅仅用了两年时间，他把一个过去人心散、出工迟、农活儿差、粮食产量最低的后进队变为一个人心齐、上班早、收工迟、样样工作都领先的先进队。

老队长李汝新，一心为公、一身正气、一心为民，专拣重担挑，展现了一个共产党员的高尚情怀。1978年、1979年，李汝新连续两年被评为西郊区劳动模范，工作期间连续多次被评为区、乡优秀共产党员。

第二节　人物简介

一、道德模范人物

保家卫国无怨无悔

董绍春　男，1932年11月12日出生，中共党员。1951年1月响应政府号召参加中国人民志愿军，1951年5月调到解放军总后勤部运输团服役，当时朝鲜战争处于运动战阶段，为了抗美援朝，董绍春与战士们一起在国内争分夺秒，马不停蹄地筹备援朝物资。1951年6月董绍春入朝，朝鲜战争处于阵地战阶段，战斗十分激烈残

董绍春出国作战 70 周年纪念奖章

董绍春获全国人民慰问奖章

董绍春获天津市防汛模范奖章

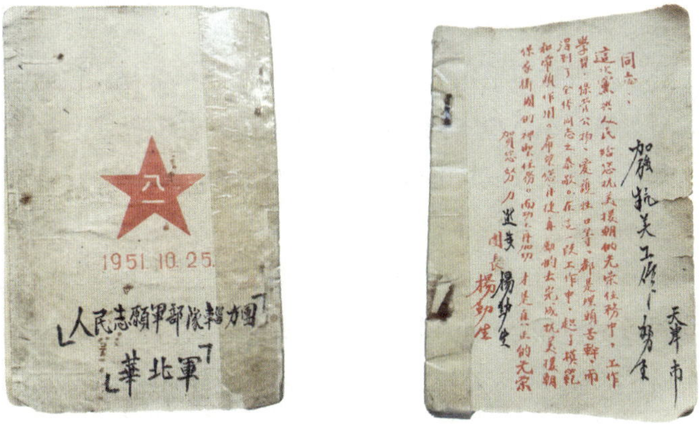

董绍春抗美援朝笔记本（韩宝震摄于 2018 年）

酷，在运输途中董绍春和战友们一起既要穿越敌军的枪林弹雨，又要冒着美国飞机空袭的危险，还要克服运输工具、道路被炸毁的困难，在极其恶劣的环境下，带着物资人背肩扛，跋山涉水，奔跑在战壕里，把作战物资及时送到战场，为赢得抗美援朝胜利提供保障。董绍春在朝历时两年，为在朝鲜西线作战的中国官兵承运物资。700 多个日日夜夜，他和战友们没睡过一个囫囵觉，没喝过一口干净水，夜夜奔赴在运输道路上，不知流下多少汗水，不知承受多少惊险，不知身体留下多少伤痛。为了保家卫国的大爱，他无怨无悔。

1954 年 6 月，董绍春退伍被分配到天津市粮食局工作，工作中任劳任怨，肯于吃苦，兢兢业业，努力完成上级交给的任务，1954 年获评天津市防汛模范。

对党忠诚的老党员

董开弟　男，1918 年 12 月 29 日出生，中共党员，大梁庄村人。1948—1954 年，在唐山市四远香糕点厂工作。1955—1962 年，在唐山市烟酒公司工作。工作期间他爱岗敬业、乐于奉献。1952 年，被评为唐山市甲等劳动模范。1956 年，被评为唐山市先进生产者。1962 年，他响应党的号召，还乡支援家乡建设，回到大梁庄参加新农村建设。1963—1987 年，他先后被评为乡（公社）级学习毛主席著作积极分子、生产标兵，他的家庭被评为乡（公社）级五好家庭。董开弟入党 58 年来，积极工作，乐于奉献，党哪里需要就到哪里去，处处做表率，群众都夸他是中国共产党的好党员。

董开弟老人获奖奖章（董学东提供）

董开弟老人（王学云摄于 2017 年）

不是亲人，胜似亲人

刘厚占 男，1955 年 3 月 2 日出生，大梁庄人，是西青民政局一名普通干部，1980 年还在部队当兵的刘厚占与同村姑娘周振苓结婚。就在这一年，村民李玉珍老人的老伴去世了，膝下无儿无女，李玉珍老人又体弱多病，生活清苦。刘厚占夫妇商量后把老人接到家中，亲切地称老人“二奶奶”，主动承担赡养之责。刘厚占复员后，被分配到西青烈士陵园工作，工资不高，妻子周振苓又没有工作，还要养育一双儿女。李玉珍老人到来后，日子过得很紧巴，但刘厚占夫妇从不让老人受一点委屈，想方设法让老人吃上可口的饭菜。全家人陪老人聊天，帮老人排遣寂寞。随着老人年龄增大，老年性疾病越来越重，常常大小便失禁，刘厚占夫妇耐心为老人擦身洗衣，精心照顾。老人因病不知住院多少次，刘厚占一家不分昼夜地服侍，

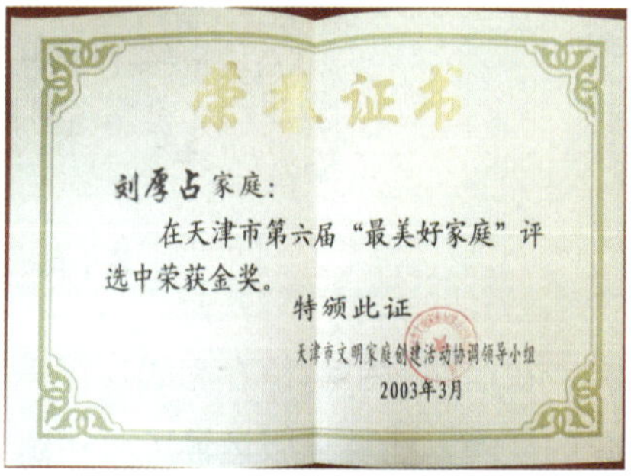

荣誉证书

刘厚占家庭：

在天津市第六届“最美好家庭”评选中荣获金奖。

特颁此证

天津市文明家庭创建活动协调领导小组

2003年3月

2003 年，刘厚占家庭获评天津市最美好家庭

荣誉证书

周振苓家庭：

被评为2001~2002年度天津市文明家庭标兵户。

特颁此证

天津市文明家庭创建活动协调领导小组

2003年3月

2003 年，周振苓家庭获评天津市文明家庭标兵户

刘厚占全国孝亲敬老之星荣誉证书

刘厚占获全国孝亲敬老之星奖章

当医院的大夫、护士和病房的患者得知李玉珍老人是他们赡养的孤寡老人时，都感动得流泪。为了让李玉珍老人安享晚年，夫妇俩在杨柳青购买了新楼房，让老人住进阳面大卧室。

在刘厚占夫妇言传身教下，孩子们格外孝顺“二奶奶”。老人感动得逢人便说：“厚占一家人，比我的亲人还亲。”2005 年，李玉珍老人含笑离开了人世。老人临去世时，拉着厚占夫妇的手说：“我有你们这样的好儿子、好儿媳，这辈子值了。”老人去世后，刘厚占夫妇为老人购置了墓地，将两位老人的骨灰放在了一起。刘厚占夫妇悉心赡养孤寡老人 25 年的感人事迹，谱写了一曲无私奉献、爱的颂歌，在天津大地广为传颂。1983—2005 年，周振苓多次被评为区、市级文明市民，其家庭被评为文明标兵户。2004 年，刘厚占被评为全国孝亲敬老之星。

好丈夫——董学义

董学义　男，1948年出生，大梁庄人。妻子王敬福是一名老党员，夫妻有一儿三女。退休后的董学义，在村里修理家用电器，儿子初中毕业后，跟着董学义学习修理电器技术，一家人生活得很幸福。然而，2000 年以后，家人与左邻右舍发现儿子董金宝行为异常，打媳妇，对父母不敬，经医院诊断为精神病。媳妇与他离婚了，留下 6 岁的孩子，由爷爷、奶奶抚养。2012 年，王敬福患小脑萎缩，病情发展很快，失去了自理能力，几次住院，董学义都陪在老伴身边，回到家里，耐心照顾，日复一日地为妻子擦洗、按摩、喂水、喂饭，从不厌烦，同时还要照顾孙子的饮食起居，按时接送孙子上下学，抽空还要看望在医院里治病的儿子。每天只有到了老伴和孙子进入梦乡的时候，他才可以歇一歇。他笑对生活，对妻子、儿子、孙子付出的爱是常人难以想象的，村里的人都说董学义既是好丈夫，又是好爸爸、好爷爷。

孝老爱亲的好儿媳

杨静 女，1982 年 3 月出生，2004 年与大梁庄村民肖永吉结婚。2009 年婆婆因患脑出血住进环湖医院，病情好转后，转住西青医院。婆婆住院两个多月，杨静衣不解带，细心服侍。出院后，她想尽各种办法照顾老人。2013 年，婆婆完全失去了自理能力，杨静辞去工作，包揽所有家务，精心照顾婆婆的饮食起居，合理调节膳食，消毒洗涮，常换被褥，定时按摩翻身，每天为婆婆洗澡、擦身。在杨静的悉心照顾下，老人营养均衡，面色红润，从来没有患过感冒、发烧等疾病，没有长过一点褥疮。2018 年，家庭医生给她婆婆测血糖、量血压，各项指标正常。她不仅照顾婆婆亲力亲为，还把孩子、家人照顾得十分周到。家中收拾得干干净净，一尘不染。十几年来，她用自己的爱心、孝心、责任心构筑了一个和谐幸福的家庭，她用自己的实际行动展示了孝老爱亲的传统美德。

二、干部简介

（一）副处级以上干部简介

2017 年 7 月，大梁庄村籍在外工作人员取得副处级以上职衔的有 6 人。他们是王长安、陈俊奎、徐文海、沙润明、肖长虹、范秀敏。

大梁庄村副处级以上干部一览表

表 16-1

姓名	性别	出生年月	工作单位	职务
王长安	男	1955.2	天津市西青区政府办公室	副主任
陈俊奎	男	1957.8	天津市西青区国土资源局分局	党组书记、局长
徐文海	男	1958.10	天津市公路工程总公司	工会主席
沙润明	男	1963.1	天津市西青区城市管理综合执法局	党组书记、局长
肖长虹	男	1970.11	天津市西青区地方税务局	副局长
范秀敏	女	1971.3	天津市西青区大寺镇	党委委员

（二）科级干部名录

大梁庄村在外工作科级干部共有 6 人，其中副科级 1 人，正科级 5 人。

大梁庄村科级干部一览表

表 16–2

姓名	性别	出生年月	工作单位	职务
李加茂	男	1943.11	西青区卫生防疫站	站长
陈志刚	男	1959.8	西青中北小学	副校长
董玉青	女	1964.7	天津中德工程设计有限公司	主任
李益祥	男	1977.4	张家窝派出所调度室	主任
高国祺	男	1980.7	西青市场监管局中北镇市监管所	主任
陈文坤	女	1982.1	静海独流镇政府办公室	主任

三、技术人员简介

大梁庄村在外工作人员取得中、高级专业技术职称的有 37 人，其中教育系统 21 人，卫生系统 5 人，其他系统 11 人。

大梁庄村教育系统中、高级专业技术职称人员一览表

表 16–3

姓名	性别	出生时间	任职年月	所任学科	工作单位	职称
石景岩	男	1938.8		化学		副教授
董开春	男	1954.1	2001.10	地理	西青中北中学	中学高级
陈俊亮	男	1958.11	2003.10	语文	西青成人中等专业学校	中学高级
李汝鹏	男	1963.3	2004.11	数学	杨柳青第四中学	中学高级
肖艳云	女	1968.9	2008.12	政治	天津劳动经济学校	高级讲师
董井云	女	1968.9	2010.11	数学	杨柳青第三中学	中学高级
李益平	女	1978	2012.11	康复治疗	天津医学高等专业学校	副教授
邓卫娜	女	1978.1	2008.11	英语	西青中北小学	小中高级
武学英	男	1929.3	1988.3	语文　数学	西青李楼小学	小学高级
李继芬	女	1934.7	1988.3	数学	西青李楼小学	小学高级
董大仲	男	1934.11	1988.3	音乐	西青李楼小学	小学高级
杨树娟	女	1953.4	1994.10	音乐	西青李楼小学	小学高级
董玉玲	女	1953.3	1997.10	语文　数学	西青李楼小学	小学高级
张春林	男	1954.2	2007.10	体育	西青中北中学	中学一级
陈志刚	男	1959.8	1995.10	语文　数学	西青中北小学	小学高级

续表 16–3

姓名	性别	出生时间	任职年月	所任学科	工作单位	职称
朱世勇	男	1959.3	2002.10	体育	西青中北第二小学	小学高级
李加友	男	1960.9	1996.12	数学	西青中北小学	小学高级
董金梅	女	1970.4	2002.10	数学	西青中北第二小学	小学高级
李玉芝	女	1972.9	2006.11	数学	西青中北第二小学	小学高级
李俊林	男	1973.11	2003.11	生物	杨柳青第四中学	中学一级
李恩银	女	1978.10	2009.11	语文	西青中北小学	小学高级

大梁庄村卫生系统中、高级专业技术职称人员一览表

表 16–4

姓名	性别	出生时间	籍贯	工作单位	职称
徐文林	男	1956.10	天津	西青结核病防治院	主治医师
李加茂	男	1943.11	天津	西青卫生防疫站	主治医师
孙莹	女	1977.12	天津	西青医院	主治医师
肖艳梅	女	1974.9	天津	中北社区服务中心	副主任医师
李汝觐	男	1976.3	天津	西青医院	主治医师

大梁庄村其他系统中、高级专业技术职称人员一览表

表 16–5

姓名	性别	出生时间	籍贯	工作单位	职称
陈金铎	男	1941.12	天津	国营惠阳机械厂	高级工程师
董玉青	女	1964.2	天津	天津中德工程设计有限公司	高级工程师
侯树枝	男	1964.10	天津	天津远洋运输公司	总工程师
徐文海	男	1958.10	天津	天津公路工程总公司	高级工程师
李益成	男	1971.8	天津	天津化工厂	高级工程师
肖艳丽	女	1973	天津	西青新闻中心	主任播音员
刘震	男	1975.11	天津	天津高盛钢丝绳有限公司	高级工程师
董学明	男	1978.1	天津	天津一汽夏利汽车有限公司	高级工程师
于贺龙	男	1964.10	天津	天津劳改局第三监狱	工程师
王桂良	男	1983.1	天津	华北设计研究总院	工程师
周学强	男	1986.1	天津	西青区城建检测实验室	工程师

附　录

附录一

大梁庄村村民自治章程

第一章　总　则

第一条　为依法实行村民自治，推进民主选举、民主决策，实现自我管理、自我服务，促进物质文明、精神文明和政治文明建设的协调发展，特制定本章程。

第二条　本章程依据《中华人民共和国村民委员会组织法》及国家有关法律、法规，结合大梁庄村实际，经村民代表会议讨论修订。

第三条　大梁庄村实行村民自治，是在党的现行政策和国家法律规定的范围内，在村党总支的领导下，由村民委员会具体组织实施，村民代表会议监督执行。

第四条　本章程是全体村民的行为规范，无论干部、党员、群众，章程面前人人平等，必须严格遵守。

第五条　由村民委员会具体组织实施，村民代表会议和村民大会监督执行。

第二章　村民组织

第一节　村民会议和村民代表会议

第六条　村民大会由户口在大梁庄村的十八周岁以上的农业村民组织，是全村的最高权力机构，村民代表会议由村民代表组成。

村民代表根据村民居住入住率每单元选举产生2～3名。村民代表必须是热爱党、热爱社会主义，具有一定的政治觉悟，有参政议政的能力和相应的政治水平，作风正派，办事公道，敢于坚持原则，主持正义在各项工作中起模范带头作用，在群众中具有一定的威望。

村民代表应密切联系群众，积极参加会议，收集村民意见和建议，有权向党总支和村委会直至向上级党委、政府反映问题。模范遵守国家法律和法规，带头执行决议，协助村委会开展各项工作，并向群众做好宣传，村民代表会和村民委员会任期一致。每届任期五年，村民代表可以连选连任，必要时也可以撤销和补选。

第七条　村民会议和村民代表会议由村民委员会负责召集和主持，村民代表会议根据工作需要召开，村民代表会议每半年召开一次，必要时可以随时召开。

第八条 村民会议和村民代表会议的职权

一、选举村民委员会。

二、听取和审议村委会的年度工作报告，并提出意见和建议。

三、审议和通过村经济和社会发展规划、年度工作计划，并做出相应的决议。

四、制定和修改村民自治章程。

五、监督村财务收支情况。

六、制定村内各项有关规定。

七、否决和修改村委会不适当的决议和规定。

八、撤换和补选村委会成员。

第九条 村民会议和村民代表会议的职权除第八条第一项以外其余各项可由村民代表会议代行职权。

第二节 村民委员会

第十条 村民委员会是在国家法律、法规规定的范围内，由村民自我管理、自我教育、自我服务的群众性自治组织，具有法人资格，接受镇党委、政府的指导和村党总支的领导。

第十一条 村民委员会的职责

一、认真贯彻执行党的路线、方针、政策，教育组织村民自觉遵守国家法律、法规。

二、向村民会议、村民代表会议负责报告工作。

三、完成镇政府布置的行政、经济等工作任务。

四、维护村民的合法权利，教育引导村民履行公民义务。

五、组织村民发展经济，做好大梁庄村生产的服务协调工作。

六、管理大梁庄村集体所有的土地和其他集体财产。

七、办理大梁庄村公共事务和公益事业，调解民事纠纷，维护社会治安，向上级政府反映村民意见、要求和建议。

八、做好优待抚恤、救灾救济、殡葬管理、五保供养等社会保障工作，开展移风易俗活动。

九、带领群众开展社会主义精神文明建设。

第十二条 村民委员会工作制度

一、学习制度。每月 15 日为学习日，由党总支统一组织，主要学习党的路线、方针、政策和各级党委、政府的有关文件，不断提高思想水平和政策水平。

二、会议制度。村民委员会每月一次办公会，每半年向党员、村民代表汇报工作，年终一次总结会，根据工作需要村民代表会也可随时召开。

三、建立任期目标，年度目标和干部分工负责制度，并定期总结检查，年终考核，落实村干部管理责任制度。

四、村务公开制度。凡涉及村民利益的事项都要进行公开，主要包括：国家计划生育政策的落实方案，上级党委、政府有关政策规定；大梁庄村重要村内事务；村干部分工职责；财务收支；计划生育；救灾救济等有关村民关心的重大事项。公开形式建立村务公开栏、召开村民会议或村民代表会议，以及向各户发放村务公开材料等。

第十三条 村委会下设综治信访、民政服务、劳动保障、财务办公室、计划生育等办公机构。

一、综治信访负责纠纷调解、法律咨询、法律援助、信访接待，户籍迁入、迁出、分户和注销，进行禁毒、预防青少年犯罪，反邪教等宣传。发动和依靠群众搞好大梁庄村的治安，协助政府和公安保卫部门做好治安工作，搞好日常的治安巡逻和安全检查。增进村民团结，维护社会稳定，加强纠纷信息反馈，严格控制恶性事件的发生。

二、民政服务负责申请最低生活保障所需材料的审核，办理老年人意外保险、发放老年人优待证乘车卡、居家养老评估，优抚对象资格审查，丧葬补贴申请与发放，残疾人证办理、救助金慰问品发放，退役军人服务管理等工作。

三、劳动保障负责合作医疗申请、审核及报销，养老保险相关手续办理，创业服务、就业服务、用工咨询，劳动纠纷调解等工作。

四、计划生育办公室是做好大梁庄村的计划生育工作。对已婚育龄妇女按期进行孕期检查和随访，对生育后的育龄妇女进行计生知识宣传和知情选择的指导。

五、财务办公室主要职责是严格控制按照财务管理制度，搞好集体财务的管理和审计工作。

第三节 村民小组

第十四条 村民小组是在村委会领导下，带领本组村民开展群众性自治活动的基本单位，是村民委员会联系村民的桥梁和纽带。

第十五条 村民小组长是由本组村民推荐产生，年龄在十八周岁以上热爱党、热爱社会主义、有实践经验、办事公道、遵纪守法，热心为村民服务的本组村民代表担任。

第十六条 村民小组长的职责

一、宣传贯彻党的路线、方针、政策和国家的法律、法规。

二、组织本组村民认真落实镇、村交给的各项工作任务。

三、按上级党委、政府及村委会的要求，组织本组村民积极推进物质文明和精神文明建设，并对村内各项村务情况进行监督。

四、及时向村民委员会反映本组村民的意见、愿望和要求，并提出合理化建议。

五、负责召集本小组会议和组织本小组村民参加活动，并及时向村委会汇报工作。

第四节　村　民

第十七条　凡大梁庄村的村民在村内享有以下权利

一、依照宪法的规定，享有公民应享有的一切权利和义务。

二、积极参加村内组织的活动，提出对大梁庄村发展有益的合理化建议，对村干部日常工作表现给予正确评价，纠正村干部的缺点错误，并对村务情况进行监督。

三、十八周岁以上村民有选举权和被选举权（剥夺政治权利的人除外）有参加村民会议、讨论决定重大村务事项的权利。

四、享有大梁庄村各项公共事业和公益事业利益的权利。

第十八条　每个公民在村内有以下义务

一、自觉遵守村民自治章程，认真执行村民会议、村民代表会议和村民委员会的决定、决议。

二、按时完成村民委员会分配的工作任务。

三、团结互助，尊老爱幼，维护集体利益，同一切危害及破坏村民利益的行为做坚决的斗争。

四、自觉开展移风易俗，积极参与全国文明城区创建活动。

第五节　村干部

第十九条　村干部是村民的公仆，必须牢固树立全心全意为人民服务的思想，努力干好本职工作，要求做到

一、认真贯彻执行党的路线、方针、政策，坚持四项基本原则，政治上同党中央保持一致，同市、区、镇党委、政府保持一致。

二、认真学习党的政策，学习科学文化知识，学习现代管理办法，不断提高工作能力和管理水平。

三、要坚持实事求是，讲究工作方法，发扬民主作风，尊重村民意见，善于耐心细致地做好群众的思想工作。

四、要吃苦在前、享受在后、履行职责、勤奋工作，带领村民勤劳致富。

五、不吃请、不受礼、讲奉献、清正廉洁、办事公正、不以权谋私，敢于同不良现象做斗争。

六、要时刻严格要求自己，处处以身作则，在各项工作中起模范带头作用，做群众的表率。

七、要坚持原则，主动开展批评与自我批评，自觉接受群众监督。

八、要维护集体利益，村干部团结一心，认真执行会议决议，齐心协力共同开展好各项工作。

第三章　经济管理

第一节　劳动积累

第二十条　为巩固壮大集体经济，走全体村民共同富裕的道路，要求村民要集思广益，出谋献策，为集体经济建设贡献力量。

第二十一条　大梁庄村以厂房租赁为主，除发放村民待遇和后勤人员工资外，其剩余财富为村集体所有。

第二十二条　村行政区域内所有土地，包括宅基地、耕地、荒地、闲置土地等均属集体所有，由村委会统一管理。

第二节　户口管理及福利待遇

第二十三条　大梁庄村农业户口男性青年符合国家法定年龄办理结婚登记的，配偶如是非农业户口，所生育的子女户口随父的，可享受村里的福利待遇。

第二十四条　大梁庄村农业户口女性与村外或外地农业户口男性结婚，其本人户口必须迁出到男方落户，如果女方户口未迁出的，本人只享受结婚当年的福利待遇，就业补助金只享受到结婚当月，以后村内不再给予任何待遇，所生子女户口村不予接收。

第二十五条　大梁庄村农业户口的女性与外村非农业户口男性结婚，若户口不能迁出，其本人享受村民福利待遇，其子女 2014 年 6 月 30 日以前出生并落户大梁庄村的享受福利待遇，其子女的配偶和所生子女的户口，村委会不予接收。2014 年 7 月 1 日以后出生子女的户口，村委会不予接收。

第二十六条　大梁庄村农业户口家庭招女婿，婚前必须向村委会提前提交男到女家落户书面申请书，其家庭必须具备以下条件

一、女方必须是无儿户，无论几个女儿，只允许其中一个女儿招女婿，男方必须是双儿户。

二、结婚后男到女家居住，女方必须有居住条件。

三、为确保老有所养，男方要与女方父母签订赡养老人协议，并经公证部门公证。

四、女儿中已有一个与大梁庄村村民结婚的，其他女儿不能再按招女婿办理。

五、大梁庄村女性结婚后再补办男到女家赡养老人手续的，不属于招女婿范围，均不享受村民任何待遇。

六、如果所招男性属于再婚，男方所带子女不享受村民待遇，婚后计划内生育子女户口随母的可以享受村民待遇。如招女婿是非农业，不享受村民待遇。

七、大梁庄村农业户口的女性，所招女婿到女方落户，十年后接收其户口并享受村民福利待遇，若离婚男方必须即刻将户口迁出，并停发一切福利待遇。

八、如发现利用招女婿骗取村民待遇的，村委会一经发现将停发各种待遇。

第二十七条 大梁庄村农业户口男性与外村农业户口女性结婚，并已生育，又出现离婚的，自法院判决生效及民政部门办理离婚手续后

一、如子女判给男方的，其子女享受村民待遇。

二、如子女判给女方且女方没改嫁他方的，女方及其子女享受村民待遇。如女方改嫁他方的，婚后女方户口必须迁出大梁庄村，如子女判给女方的，子女户口也必须迁出大梁庄村，无论任何理由户口不迁出的，均不享受村民各项福利待遇。

第二十八条 大梁庄村农业户口初婚的男性，同外村再婚女性是农业户口结婚的，女方可将户口落到大梁庄村享受村民待遇。婚后计划生育的子女享受村民待遇，若夫妻二人不再生育子女，女方所带子女 18 周岁后享受大梁庄村福利待遇。

第二十九条 由于各种原因已婚村民男方去世，女方和前夫所生子女在村居住，户口仍在大梁庄村的，可享受村民待遇，如女方与外单位（本市）男性再婚，则必须将户口迁出大梁庄村，如不迁出，再婚女方不再享受村民待遇，若女方与外单位男性（非本市）再婚，如男方需将户口迁至女方的，必须自领结婚证之日 10 年后，将户口迁至大梁庄村后方可享受村民待遇，但男方所带子女户口村不予接收。

第三十条 大梁庄村农业户口的男性村民离婚，离婚后女方户口不能迁出的，男方再婚的女方户口村不予接收；若前妻再婚，村可接收男方再婚后女方户口，其所带子女户口村委会不予接收，婚后符合计划生育规定的子女享受村民待遇。若离婚后女方已享受养老保险待遇，男方再婚后，其配偶不再享受村养老保险待遇。

第三十一条 大梁庄村农业户口的男性村民丧偶后再婚的，其配偶为农业户口的享受村民待遇。

第三十二条 大梁庄村农业户口的女性出嫁后，因离婚或丧偶等各种原因，大梁庄村不接收其户口。

第三十三条 大梁庄村男青年因上学、当兵、占地等各种原因就地农转非的，与大梁庄村农业户口的女性结婚的，其女方享受村民待遇，所生子女户口可随母，也可

享受村民福利待遇。

第三十四条 大梁庄村男性非农业户口，其配偶是外村或外地农业户口，接收其配偶户口。

第三十五条 凡是计划外生育或非法抱养的子女，不享受村民任何福利待遇。

第三十六条 因逮捕、劳教、少管等在服刑期间的村民，取消一切村民福利待遇，释放后恢复村民的福利待遇。

第三十七条 村民要认真遵守户口管理制度，对出生者随时登记，死亡的要及时注销。外来人员需要在大梁庄村短期居住的，应向村委会报请备案，并办理相关手续。

第三节 健全制度

第三十八条 建立健全财务管理制度，由村委会主任统一负责全村的财务管理工作。

第三十九条 大梁庄村成立由党员、干部、村民代表组成的民主理财小组，实行财务公开，加强财务监督。

第四章 社会秩序

第一节 社会治安

第四十条 每个村民都要学法、知法、守法，自觉维护法律尊严，同一切违法犯罪行为作斗争。

第四十一条 村民之间应团结互助，相互尊重，和睦相处，建立良好的邻里关系。不得侮辱诽谤他人，严禁造谣惑众，拨弄是非。对引起事端的，村委会要对其批评教育，对情节严重，触犯国家法律、法规的报送司法机关处理。

第四十二条 村民要爱护公共财产和住宅小区的各项公益设施，不得任意安装噪声大的设施，不得以任何理由破坏小区内公共设施，不得干扰影响其他村民的正常生活。

第四十三条 村民要遵守社会公德，诚实守信，爱护公共财产。

第四十四条 村民要自觉维护环境卫生，爱护公共设施，共同创造干净整洁的优美环境。

第四十五条 邻里发生纠纷时，要依靠组织或法律程序解决，对聚众闹事、仗势欺人、打架斗殴者村将给予批评教育，触犯刑法的由司法部门处理。

第四十六条 自觉维护生产生活秩序，不要扰乱公共秩序，不阻碍公务人员执行公务。

第四十七条　建立健全综治队伍，协助公安部门巡逻设卡，盘查犯罪嫌疑人，打击村痞村霸、扫黑除恶，及时发现和处理邻里纠纷和事故苗头，防止事故发生。

第四十八条　对违反本节条款者按以下办法处理

一、情节较轻的由村委会教育并限期改正。

二、触犯法律、法规的报送司法机关处理。

第二节　村风民俗

第四十九条　加强精神文明建设，提倡移风易俗，提倡文明健康，积极向上的村风民俗，反对封建迷信，告别不文明行为。

第五十条　办理丧事要从简，严格遵守大梁庄村殡葬管理规定。违反规定者，村委会将取消村里给予的丧葬补助费及各相关待遇。提倡丧事戴青纱、白花寄托哀思。

第五十一条　破除迷信，解放思想，不算卦、不相面、不悬挂带有封建迷信色彩的图像，不搞各种封建迷信的祭祀活动，不听、不看、不传淫秽书刊、录像。坚决抵制各种邪教，不参与各种赌博、传销活动，反对以家族势力干扰和影响集体事业的发展。

第五十二条　违反本节条款者，由村委会或主管部门给予批评教育，令其写出检讨书，限期改正，情节较重者，村将采取经济手段加以制止，触犯法律的由司法机关处理。

第三节　邻里关系

第五十三条　村民之间要互相尊重，互相理解，互相帮助，和谐相处，建立良好的邻里关系形成互敬、互爱的良好风气。

第五十四条　村民在经营、生活及社会交往中应遵循平等、自愿、互助互利原则，顾全大局，发扬风格，不要事事斤斤计较。

第五十五条　依法使用住房，严格按村规定维修房屋，不得妨碍和损害邻里利益。

第五十六条　邻里间发生纠纷要依靠组织解决，不得无理取闹、寻衅滋事，对制造纠纷的当事人，情节轻微的予以批评教育，造成人身伤害或财产损坏的，要承担一切医疗费用并赔偿经济损失，对情节严重、触犯法律的由司法部门解决。

第四节　家庭和谐

第五十七条　村民要遵循婚姻自由，男女平等，一夫一妻，尊老爱幼的原则建立团结和谐的新型家庭。

第五十八条　实行婚姻自由、男女平等，严禁包办婚姻、买卖婚姻，严禁干涉老年人再婚行为。喜事新办，提倡举行集体婚礼和旅游结婚。不铺张浪费，反对大操大办，借机敛财。

第五十九条 夫妻在家庭中的地位平等，反对男尊女卑，反对家庭暴力，夫妻双方共同承担家务劳动，共同管理家庭财产，有共同抚养、教育子女的义务。

第六十条 对丧失劳动能力无固定收入的老人，其子女必须尽赡养义务，生病就医、日常生活费由子女负担。

第五节 计划生育

第六十一条 计划生育是我国的基本国策，全体村民要认真执行天津市计划生育条例，优化人口结构，提高人口素质。

第六十二条 在大梁庄村居住的育龄妇女（包括暂住人口），都要执行计划生育政策，服从管理并按期接受孕情检查和随访工作，做好知情选择，落实节育措施。

一、计划生育手术奖励办法

1. 略。

2. 独生子女家庭奖励。

凡子女在 2015 年 12 月 31 日之前出生的独生子女家庭，其父母为农业户籍的夫妇，到退休年龄村每月为该家庭父母发放 200 元独生子女家庭奖励金（单农户家庭，农业户口的一方可享受上述待遇）。

二、生殖健康查体补贴

对大梁庄村已婚育龄妇女免费实施每年两次的“三情普查”，对按时参加 B 超检查的已婚育龄妇女发放补贴款每人每次 30 元；育龄妇女需在检查当天参加查体，确保参检率达到 100%。

三、关爱女孩家庭

关爱女孩，对遗弃、残害、虐待女婴及幼儿和其生母的，按照《天津市保护妇女儿童合法权益的若干规定》送交有关部门处理。

四、对违反计划生育的处罚

1. 不得藏匿外地躲避计划生育的人员，不准刁难、围攻、谩骂计划生育工作人员，不准在计划生育工作中弄虚作假，欺骗政府。

2. 夫妻双方非婚生育，依照《天津市人口与计划生育条例》规定，按程序依法征收社会抚养费。

第六节 社会福利和保障

第六十三条 为体现社会主义优越性，随着集体经济不断壮大，村委会将逐步完善社会福利、社会保障事业，为村民办好事、实事。

第六十四条 实行村民退休制度，退休年龄男 60 周岁、女 50 周岁，自出台城镇职工养老保险政策后，村委会投资为广大村民投保，退休后享受城镇职工养老保险待遇；现享受村劳保费的人员，继续享受村劳保费。

第六十五条 军有所优。现役军人服役期间，大梁庄村给予每年10000元优抚金；按《天津实施军人抚恤优待条例办法》规定，结合大梁庄村情况对复员退伍军人优先安排工作。

第六十六条 大力支持教育事业，对全日制在学大专生、本科生、研究生实行助学金制度每人每年补助5000元。

第五章 附 则

第六十七条 本章程由村民委员会负责解释。

第六十八条 为确保本章程的实施，村委会主任兼任村民自治小组的监督和检查章程的落实情况，并向村民代表会议报告。

第六十九条 本章程根据我村实际情况制定，全体村民要认真遵守。

第七十条 本章程自党员、村民代表大会讨论通过之日起执行。

大梁庄村委会

2018年

附录二

大梁庄村平房改造实施方案

随着中北镇经济的高速发展，为加快镇区建设速度，提高村民生活水平，改善住房条件，按照区、镇党委政府的统一部署，本着规划高起步、设计高标准的原则，启动我村平房改造工程。为实施这一惠民工程，经村党员、村民代表大会进行了充分的酝酿和讨论，制定出大梁庄村平房改造实施方案

一、平房改造规模范围

1. 本次平房改造工程是对大梁庄村地域内村民住房进行还迁改造，以平房置换楼房。

2. 凡在大梁庄村具有长期正式户口，所住房屋为村集体历年来发放其名下宅基地

的农业及非农业家庭住房。

3. 城市居民及外来的人员在大梁庄村购买住房并办理合法手续的户。

二、村内住宅解决办法

1. 以村民现住房屋的集体土地使用证和 1990 年核准的实际发放的村民住宅正房实际间数为依据，并以村委会核实确认的为准。

2. 凡在大梁庄村具有长期正式户口，现有房屋为村集体 1960 年以后发放其名下的宅基地农业及非农业家庭的住房，还迁楼按村委会发放统一的建房占地面积，每间正房包含院子还迁楼房 21 平方米，三间还迁楼房 63 平方米。村党总支、村委会考虑到大梁庄村村民的切实利益，结合大梁庄村实际情况，用村集体资产每间增补 17.3 平方米的面积，这样每间合计为 38.3 平方米，三间平房合计为 115 平方米的置换标准，四间平房，还迁 153 平方米，五间平房，还迁 191.5 平方米，其他以此类推。

3. 城市居民及外来人员购买大梁庄村住房每间房还迁楼房 21 平方米，不享受大梁庄村村民的补贴政策。因楼房房型设计的原因，每户允许按 4000 元 / 平方米增加楼房面积，增加面积不超过 38.3 平方米，增加面积款交齐后方可签订还迁楼房协议。

4. 村委会分配的三间房宅基地，现在超出三间宅基地的正房建筑面积，不计入还迁面积，按 500 元 / 平方米给予补偿，南房、配房、拐弯不给予补偿。

5. 村委会原分配的一所宅基地，又建一所而形成两个院的，只享受一所房分配 115 平方米楼房。

6. 对于村民住房面积偏少，并且符合增加楼房面积条件的户，为解决实际困难，可由个人申请，每户最多可增加 38.3 平方米，支付低于成本价的优惠价格 2000 元 / 平方米，增加楼房面积的村民在签订还迁楼房协议时，一并交清全部增加住房面积款。在同一家庭中，如出现父母向村集体出让平方米的，其子女不论是否符合增加平方米条件一律不允许以优惠价格增加平方米，否则村委会将取消该户享受增加平方米资格，不予办理相关手续。

增加还迁楼面积须符合以下条件：

（1）住房每口人不足一间房的户。

（2）三口人三间房，子女在 2010 年 12 月 31 日满 16 周岁的户。

（3）三代人同住唯一三间房的（老人的户口以身份证和户口本的住址为准，作为增加面积的依据）。

7. 平均每口人还迁楼房面积超过 38.3 平方米的户，不允许再增加面积。但直系亲属之间可以用原住宅调剂还迁楼面积。住房面积偏大的户，按对应房型选房后有剩余住房面积的户有意转让的，由村集体按 4000 元 / 平方米统一回购。

8. 老宅基地及无房户解决办法

本款老宅是指 1960 年以前所建并祖居至今的宅基地。

（1）老宅基地间量大小不标准的住房，一律采取按东西长度计算，套用村集体分配宅基地的标准，即随着年代的变化标准住宅按东西长分大小间，小间每间房 3.3 米，大间每间房 3.83 米。凡在以上标准尺寸内的村民住房，也就是东西长在 3.3 ~ 3.83 米一间房的都视为标准房。如果东西长度达到 6.6 米 ~ 7.66 米按两间标准给予还迁，达到 9.9 米 ~ 11.5 米按三间标准给予还迁，达到 13.2 米 ~ 15.32 米按四间标准给予还迁，依次类推。每超出上述标准尺寸 1 延米，给 10 平方米的楼房。（按延米计算，即 1 间东西长度超过 3.83 米；两间东西长度超过 7.66 米；3 间超过 11.5 米；4 间超过 15.32 米；5 间超过 19.15 米。）

（2）在村委会最后一次放宅基地时，拥有祖居老宅并符合要宅基地条件的，因院子大在院内增建住房而没要宅基地的（但未办证的），也没有出售过宅基地的户，且现仍三代同居。同时符合上述条件的，村委会为解决其住房困难，可按实际间数还迁楼房。

（3）无房户可按优惠价格 3000 元 / 平方米购买最小独单一套。

（4）对村民宅基地院子大，占地面积超过现村委会规定的标准宅基地占地面积的，以村民《集体土地使用证》为依据，按实际占地面积减去目前标准宅基地占地面积剩余的平方米数，每平方米补贴 500 元。（标准宅基地指 3 间房东西长 11.5 米，南北宽 11 米，即 3 间房占地面积为 126.5 平方米、4 间房占地面积为 168.52 平方米、5 间房占地面积为 210.65 平方米）。

9. 不符合增加还迁楼面积条件的户，可按 4000 元 / 平方米购买还迁楼房，最多不可超过 38.3 平方米。

10. 在规定时间内没有统计房型的户，大梁庄平房改造实施方案中所享受的优惠政策视为自动放弃。在分房时没有自由选择房型的权利，按已选定房型的村民剩余的房屋进行分配。还迁楼房平方米不变，但房型不确定。

11. 原有儿无房的老人，平房改造时该老人子女应安排好老人还迁住房。有纠纷的家庭村委会不予办理相关手续，待解决纠纷后再办理手续。

12. 在还迁过程中，如出现计划外生育的户，取消还迁资格。

三、拆迁及租房补贴

1. 凡在 2010 年 4 月 23 日至 2010 年 5 月 15 日内填写选房型确认表的村民，享受

《大梁庄平改实施方案》的优惠政策，否则按《大梁庄平改实施方案》第二款，第十条执行。

2. 凡在规定时间内拆除全部房屋并签订还迁协议的村民，按每间正房一次性奖励2000元,(以此类推)给村民租房费从拆房当月算起，对未按规定时间内拆除房屋的户不予奖励，村委会有权通过法律途径强制拆除，以确保平改工作顺利进行。

3. 签订还迁协议并拆除房屋后，对长期在大梁庄村居住且户口在大梁庄村的，村委会发给租房费每月每户1200元（含煤火费200元），每半年发一次，自还迁房抓阄之日次月起，不再发放租房补贴和煤火费。上述所说的“每户”，是指以结婚证或已婚每一代人为单户计算。户口在，不享受村民待遇的户，也不享受租房费。自本方案通过之日起，离婚户男女双方只按一户对待。

四、平房改造实施

1. 大梁庄村平房改造的实施是经两委班子成员、全休党员、村民代表大会多次调研讨论形成草案，并报镇政府审核后，经党员、村民代表大会表决通过后实施。

2. 村民还迁楼的选址　16号路以南，高压线以东，京沪高铁以西，18～24层带电梯的小高层公寓。

3. 平改过程中需要做好如下工作

（1）村平改领导小组由村民代表大会推选产生，负责房改工作规章条款的解释、实施和执行。

（2）由村平改领导小组负责与村民核实集体土地使用证及实际住房面积，确认还迁楼房型面积，签订还迁安置协议。村委会收回集体土地使用证。

（3）镇政府及建设部门对规划、设计、预算进行审核，并对工程招投标、质量监督、监理、现场组织等事项依照法律、法规进行协调　如水、电、气、暖、道路、污水等配套工程。

（4）旧村改造工程必须按照国家法律、法规及规范进行工程预决算，严格按照程序办事，确保工程质量。严格做好工程队伍招投标，工程质量监督、监理和工程验收，任何个人及单位不准违规操作，违规承包。

（5）置换楼房后产权登记一律按所有人户主名称登记，原则上按宅基地土地使用证登记，如有变更，必须有产权人、权力关系人共同到现场签字，提出书面申请后办理。

五、楼房还迁及账目管理

1. 住宅楼自正式开工日算起，计划30个月建成，力争24个月还迁，自抓阄分房通知发出的次月开始停发租房费。

2. 在楼房验收合格并具备入住条件十日内，在镇政府的监督指导下进行公开抓阄分房。

3. 平房改造工程的账目管理采取单设账户，专款专用，有计划地使用资金，计划外的资金使用，必须经平房改造领导小组审议通过，否则都无权调用资金。

4. 平房改造小组对房改的全过程进行监督，一是对资金的使用进行监督，二是对工程质量和工程进度进行监督，确保按照确定的方案进行实施。

以上方案经党员、村民代表大会讨论表决通过后生效，未尽事宜由大梁庄村房改领导小组负责解释。

大梁庄村党总支、村委会

2010 年 9 月 10 日

编后记

2017年3月，天津市西青区启动了村村建档修志工程。在西青区、中北镇两级党委、政府的领导下，大梁庄村两委高度重视村志编修工作，于2017年4月成立《大梁庄村志》编修委员会，侯树枫任主任，王学云任副主任，委员有5人。编修委员会下设一个编写小组，开展编修村志工作。

《大梁庄村志》历时三载有余，数易其稿得以成书。志书编修经历四个阶段：

一、篇目设计

根据《西青区村村建档修志工程指南》和中北镇镇志办公室《村志编修参考方案》，结合大梁庄村实际情况设计篇目。2017年5月，《大梁庄村志》篇目设计完成。后经多次修改完善，全书共设16章60节。章前设序、凡例、概述、大事记。末缀附录、后记。

二、搜集资料、编写志稿

2017年6月至2018年9月，编写小组克服重重困难，开座谈会，个别走访，电话咨询，查阅村级、镇级、区级档案数百卷，翻阅不同级别地方志书和地情资料，采集大量文字史料和图片资料，为《大梁庄村志》编写奠定了基础。其间，西青区地方志编修专家、中北镇镇志办工作人员，对大梁庄编修人员给予多次指导，2018年10月10日完成初稿。天津市地方志办公室区县指导处处长赵继华，对《大梁庄村志》初稿进行认真审阅，并提出修改意见。

三、评审志稿、修改完善

2018年11月29日，大梁庄村在中北工业园召开了《大梁庄村志》初审会，参审人员22人。与会人员对村志初稿进行充分讨论并提出修改意见，并一致通过村志初审稿。

2019年4月15日，村志初稿修改完成，送交西青区村志审验机构审阅。2019年5月28日，在中北镇政府召开中北镇首批村志复审评审会，10位专家、领导认真评审《大梁庄村志》。根据复审评审委意见，编修人员再次进行修改。

四、报送验收、终审定稿

《大梁庄村志》蓝本修改稿，于 2019 年 9 月 29 日报送西青区村志审验机构终审委员会审验。2019 年 11 月 11 日，在中北镇召开了村志终审会，经终审委员会审验定稿。

《大梁庄村志》的付梓问世，凝聚大梁庄人的期望，是集体智慧的结晶。《大梁庄村志》编修过程中，自始至终得到了大梁庄村两委的高度重视和支持。村党总支部派专人负责，积极协调解决村志编写过程中遇到的困难，保证了村志编写按时间节点完成。

《大梁庄村志》的出版，得到了区镇领导、有关专家和众多热心人的大力帮助，他们是天津市地方志区县指导处处长赵继华，西青区地方志责任编辑谢连华，西青区档案局局长林小琳、副局长薛安鲁，西青区档案局地方志顾问张立民、王洪海、李刚，天津市方志文化传媒有限公司董事长张峰、副教授张绍祖和张子荣，高级讲师张明，中北镇副镇长李胜润，镇志办主任庞庆燕，档案室负责人刘海燕，中北镇文化站李树起、姜哲，中北镇统计办公室张学良，中北中学高级教师沈普宁等。大梁庄村诸多党员、干部、群众为村志编写提供了许多宝贵的史料、老物件和图照。他们是王明珠、王学云、邓建国、邓卫莹、石蕴山、石景起、石景运、刘忠苓、刘桂敏、刘方、李冬、李自阳、李明俊、李俊生、杨玉章、杨婷婷、肖汉阳、吴煜、张双林、张瀛方、张春林、范茵华、范茵树、侯树枫、崔晓蕊、董开弟、董学强、董开春、董开来、韩永芬等。对以上各位领导、各位专家、各位热心人士及广大村民的大力支持与帮助，我们在此表示衷心感谢！

修史之难，莫过于志。《大梁庄村志》有的章节跨越年代久远，有的章节涉及门类较多，由于编写人员方志理论浅陋，资料采集和编写水平有限，书中定有疏漏、错误和不妥之处，敬请读者指正、批评与谅解。

编　者

2019 年 9 月